Koyo Kouoh, Holger Ehling (Hg.) · Töchter Afrikas

Koyo Kouoh/Holger Ehling (Hg.)

TÖCHTER AFRIKAS

Schwarze Frauen erzählen

MARINO
VERLAG

Gemeinsam mit der Deutschen Welthungerhilfe

Originalausgabe
Die Rechte liegen bei den Autoren oder ihren Verlagen.

Die Übersetzung wurde mit Mitteln des Auswärtigen
Amtes unterstützt durch die Gesellschaft zur Förderung der
Literatur aus Afrika, Asien uund Lateinamerika e.V.

Die Deutsche Bibliothek – CIP-Einheitsaufnahme

Töchter Afrikas : schwarze Frauen erzählen / Koyo
Kouoh/Holger Ehling (Hg.). - München : Marino-Verl., 1994
    ISBN 3-927527-64-5
NE: Kouoh, Koyo [Hrsg.]

© für diese Ausgabe Marino Verlag 1994
Wir danken den jeweiligen Rechteinhabern für die freundliche
Abdruckgenehmigung.

Herstellung: dm druckmedien München, Tel. 089/280 20 99
Druck & Bindung: Gorenjski Tisk, Kranj

Umschlagsillustration & -gestaltung: Juliane Steinbach

Marino Verlag · Theresienstr. 40 · 80333 München
Bitte fordern Sie unverbindlich unser Gesamtverzeichnis an.

Inhalt

Vorwort

Warum eine Anthologie mit Erzählungen von schwarzen Frauen, die in Afrika leben, in der Karibik, in Nord-
und Südamerika? Warum ,schwarze' Literatur, warum
,Frauenliteratur'? Diese Fragen sind nicht ganz einfach zu
beantworten, ohne sich in gängige Klischees zu flüchten.
Zunächst einmal: Auch für uns, die Herausgeber, gilt pri-
mär die Unterscheidung in ,gute' und ,schlechte' Literatur,
wie subjektiv die Kriterien für eine solche Unterscheidung
auch sein mögen. Alle Texte in dieser Sammlung halten wir
für ,gute' Literatur, die von schwarzen Frauen geschrieben
worden ist.

Das Thema ,Frau' scheint allmählich seinen Glanz zu
verlieren: das Etikett ,Frauenliteratur' hat von Frauen Ge-
schriebenes eher ghettoisiert als wirklich gefördert. Viele
große Verlage in Europa und Amerika haben in den siebziger und achtziger Jahren ,Frauenliteratur' als zugkräftiges
Segment auf dem Buchmarkt besetzt; ,Frauen'-Reihen
schoßen wie Pilze aus dem Boden. Heute, wo vielerorts von
der Periode der ,Post-Befreiung' gesprochen wird, möchte
Frau kein Thema an sich mehr sein, hat sie es nicht mehr
nötig, gesondert behandelt zu werden. Engagierte Frauen
haben die Zeit genutzt, um Förderungswege und Absatz-
kanäle für ihre Literatur zu schaffen – für Bücher von weißen Frauen zumeist. Nicht-weiße Autorinnen sind in dieses Netzwerk selten einbezogen.

Es gibt eine inhaltliche, geistige oder emotionale Verbindung zwischen schwarzen Autorinnen in Afrika und in
der ,Diaspora'; wie weit sie geht, ist Gegenstand der Diskussion. In vielen Texten schwarzer Autorinnen und Autoren sind die Spuren afrikanischer Erzähltradition nach-

vollziehbar, auch wenn sie nicht so lautstark auf sich aufmerksam machen wie andere Formen ‚außerafrikanischer' schwarzer Kultur.

Wieviele Millionen Menschen im Zeitalter der Sklaverei aus Afrika in die damals noch ‚Neue Welt' verschleppt wurden, wird wohl nie geklärt werden. In den amerikanischen und karibischen Kolonien wurden sie zur Arbeit gezwungen, bis sie starben – und sie starben meistens schnell. Doch sie alle brachten ihre Kultur mit – ihre Geschichten, ihre Lieder, ihre Tänze, ihre Musik. Die Kultur überlebte: Im Jazz, in den Riten der verschiedenen unabhängigen Kirchen, in Kulten wie dem Voodoo und Tänzen wie dem brasilianischen Capoeira sind sie auch dem oberflächlichen Betrachter präsent. Wer Bücher liest, muß oft genauer hinschauen.

Vielleicht kann als Gemeinsamkeit ‚schwarzer' Literatur in beiden Welten der Wunsch nach Rehabilitation und die Suche nach der geraubten Identität angesehen werden – nach historischer wie persönlicher Identität, nach den eigenen Wurzeln, den ‚Roots', die Alex Haileys Bestseller ausmachten. „Wer bin ich, was tue ich hier, wie ist es zu der Situation gekommen, in der ich mich befinde?" Dies könnten Leitfragen sein, die zum Erkennen inhaltlicher Parallelen führen. Viele schwarze Autorinnen setzen sich intensiv mit historischen Fragen auseinander, nehmen regen Anteil an der allgemeinen politischen Diskussion – bei ihren weissen Kolleginnen läßt sich dies nicht in solchem Ausmaß feststellen.

Auffallend ist auch, daß schwarzen Autorinnen häufig die besondere Situation der schwarzen Frau thematisieren, mit den besonderen Problemen der doppelten Diskriminierung, die sie erleben – durch Sexismus und Rassismus, wobei sich die meisten von ihnen klar distanzieren vom Feminismus europäisch-amerikanischer Prägung. Schwarze Frauen haben verbittert feststellen müssen, daß sie nicht gemeint waren, wenn ihre weißen ‚Schwestern' von Befreiung und Gleichberechtigung sprachen. Viele Forderungen erscheinen ihnen völlig unpassend für ihre Situation. Am Wert der Mutterschaft etwa scheiden sich die Geister – auch die selbstbewußtesten Frauenrechtlerinnen in Afrika sehen darin eines der höchsten Lebensziele.

Inhaltliche Brücken über den Atlantik schlagen zu wollen, ist sicherlich nicht immer möglich – den Alltag einer schwarzen Frau in New York mit dem einer Frau im ländlichen Simbabwe gleichsetzen zu wollen, wäre absurd. Aber das Leben der New-Yorkerin und das einer Frau in der nigerianischen Metropole Lagos kann durchaus in ähnlichen Bahnen verlaufen. Und die Bäuerin in Simbabwe wird im Leben einer Familie von *sharecroppers* in Mississippi gewisse Parallelen entdecken können. Bezeichnend auch eine Anekdote, die die schwarze amerikanische Literaturwissenschaftlerin Carole Boyce Davies erzählt: Während eines freien Tages bei einer Konferenz in der senegalesischen Hauptstadt Dakar ging sie mit einigen – ebenfalls schwarzen – Kolleginnen auf den Markt. Dort fielen ihnen die grandiosen Künste der afrikanischen Frauen beim Haarflechten auf. Also ließen sich die amerikanischen Professorinnen ebenfalls die Haare flechten, und innerhalb kurzer Zeit saßen sie inmitten einer großen Gruppe von Marktfrauen, schwatzten, lachten und teilten das Essen – für den Rest des Tages, ohne daß die Amerikanerinnen das einheimische Wolof beherrschten oder die Marktfrauen Englisch: Verbale Kommunikation war nicht möglich. Trotzdem sei dies für sie eines der tiefsten Erlebnisse von ‚Gemeinsamkeit‘ zwischen schwarzen Frauen in Afrika und Amerika gewesen, meint Carole Boyce Davies. Gibt es also doch so etwas wie die mythische ‚Mutter Afrika‘? Möglicherweise.

Wir nehmen nicht für uns in Anspruch, in diesem Band einen umfassenden Überblick zu geben über die Geschichte und die Vielfalt des Schreibens schwarzer Frauen in aller Welt: Wir möchten Ihnen, den Leserinnen und Lesern, Appetit machen auf diese Literaturen, wir möchten Sie anregen, selbst auf Entdeckungsreise zu gehen und für sich selbst herauszufinden, wie Yams zubereitet werden, was es eigentlich auf sich hat mit der Zauberkraft des Gongo-Pulvers, und warum eine Flasche Olivenöl nicht nur zum Kochen nützlich ist.

Am Ende bleibt der Dank – an Ilija Trojanow, dessen verlegerisches Engagement und vielfältige Hilfe diesen Band erst möglich gemacht hat. An Al Imfeld, Chantal Nouri, Monika Trebert, Doris Wolf, Frederick Cesar, Geoffrey Davis und Peter Ripken, deren Rat und praktische Hilfe uns vor vielen Klippen bewahrt haben.

Koyo Kouoh und Holger Ehling.

Martha Mvungi

Martha Mvungi (Tansania) ist eine der interessantesten neuen Autorinnen der Literatur, die in Kisuaheli geschrieben wird, der großen Verkehrssprache Ostafrikas. Sie studierte Englisch und Pädagogik im schottischen Edinburgh und arbeitet heute am ‚Africa Centre for Research in Oral Traditions and African Languages' in Sansibar. Schon seit langem beschäftigt sie sich intensiv mit den oralen Traditionen ihres Landes, mit den Geschichten, die teilweise seit Jahrhunderten weitergegeben werden. Bis heute bilden sie die Grundlage des Erzählens für viele Autorinnen und Autoren in Afrika, in der Karibik, in Nord- und Südamerika, die sich auf ‚afrikanische Wurzeln' berufen.

Bibliographie
Hana Hatia. Roman in Swahili.
(Hrsg.) Three Solid Stones: A Collection of Traditional Stories. Erzählungen. (Heinemann, 1975).

Mwipenza, der Schlächter

In einem Dorf lebte ein sehr böser Mann namens Mwipenza, dessen Gewalttaten und Morde die Herzen aller, die das Dorf passierten, mit Furcht erfüllten. Er war eine wahrlich abscheuliche Kreatur, und alle anderen Dorfbewohner lebten in ständiger Angst vor ihm und haßten ihn.

Mwipenza saß stets auf einem Stein an der Hauptstraße und hielt einige lange zugespitzte Stecken und einen Hammer in der Hand; eine scharfe panga* lag zu seinen Füßen. Neben sich hatte er einen Topf pombe* und eine Schüssel mit dem Essen, das seine Frau ihm gebracht hatte. Wann immer ein einsamer Reisender vorbeikam, stürzte er sich auf ihn und marterte ihn mit seinem Stecken, spießte sein Opfer dann mit einem der spitzen Pfähle auf den Boden, rammte ein Ende des Pfahls durch den Kopf des Opfers, bis er zwischen den Beine wieder heraustrat. Viele unvorsichtige Reisende starben auf diese Weise einen grausamen, schmerzhaften Tod. Hätten seine Opfer sich bereit erklärt, Mwipenzas Gehilfen zu werden, wäre ihnen die Tortur erspart geblieben, aber alle wollten lieber sterben, als sich dem Mörder anschließen.

Eines Tages erfuhr eine Frau, die ziemlich weit entfernt lebte, daß ihre Mutter in Mwipenzas Dorf schwer erkrankt war. Es war klar, daß sie sie besuchen mußte, aber der Gedanke, alleine dorthin zu reisen, beunruhigte sie sehr.

Sich an Mwipenza erinnernd, fragte sie ihren Mann: „Was sollen wir tun?"

„Ich werde dich begleiten", beruhigte er sie.

* *panga* (Kisuaheli): eine Art Machete für die Feldarbeit
* *pombe* (Kisuaheli): Bier

„Aber auf dem Rückweg wirst du Mwipenza begegnen, und er verschont keinen, der alleine reist. Ich habe Angst um dich, Mann."

„Ich werde schon auf mich aufpassen", versicherte er.

Am nächsten Morgen brach das Paar zum Dorf Mwipenzas auf. Die Frau trug ihren kleinen Jungen auf dem Rücken. Obwohl sie auf der Hauptstraße Richtung Dorf reisten, begegneten sie niemandem, und sie wußten, daß Mwipenza der Grund für die Totenstille war. Als sie sich dem Dorf näherten und die ersten Häuser erreichten, sahen sie, daß die kleinen Kinder, die draußen gespielt hatten, in die Häuser rannten und, als sie vorbeigingen, die Türen verriegelten, aus Angst, sie könnten Mwipenzas Gehilfen sein.

„Ich wünschte, wir könnten mit Dorfbewohnern sprechen", sagte die Frau unglücklich. „Sie könnten uns vielleicht sagen, wo sich die Bestie aufhält."

„Niemand wird sich in unsere Nähe wagen", antwortete ihr Mann, „schau, wie sie verängstigt in Gruppen herumstehen." Er deutete auf einige Männer, die unweit von ihnen unter einem großen Baum standen. Einige weitere Männer scharten sich um ein Feuer und schienen zu schweigen; jedenfalls war, was immer sie sagten, unhörbar. Das Paar setzte seinen Weg fort.

Als sie sich Mwipenzas Jagdrevier näherten, gesellten sich glücklicherweise ein Mann und ein Junge zu ihnen, die in die gleiche Richtung gingen. Sie starrten einander erleichtert an, da bekannt war, daß Mwipenza Reisende in Gruppen nicht angriff. Gemeinsam gingen sie am Schlächter vorbei, und nichts geschah, auch wenn er ihnen einen abscheulichen Blick zuwarf, als sie seinen Stein passierten, dann hustete er und spuckte auf den Boden. Sie wagten nicht zurückzublicken, wußten sie doch, daß er wütend war, aber immerhin waren sie in Sicherheit.

Makao war ihrem Mann sehr dankbar, daß er sie begleitet hatte, und bevor sie sich trennten, fragte sie den Mann und den Jungen, wann sie zurückkehren wollten. Am folgenden Tag, sagten die, und so wurde vereinbart, daß sie denselben Weg nehmen und ihren Mann für die Rückreise abholen würden.

Makao blieb bei ihren Eltern. Tage und Monate gingen vorüber, elende Tage und bittere Monate, aber ihre Mutter wurde nicht gesund. Die Sorge begann auch an der Gesundheit ihres Vaters zu zehren. Beide waren in einem so erbärmlichen Zustand, daß Makao beschloß, sich auf den Weg zu machen, um einen Doktor zu finden, der ihre Mutter zu heilen verstünde. Ihr Vater bat sie inständig, nicht wegzugehen; da die Leute täglich schlauer würden, streife Mwipenza auf der Suche nach Beute jetzt überall herum.

„Mir wird schon nichts passieren, Vater", versicherte ihm Makao. „Mwipenza ist immer an der Hauptstraße."

„Das ist er nicht", warnte der Vater. „Die Leute haben gelernt, nicht mehr wie früher zu reisen. Sie reisen jetzt gruppenweise, und die Bestie ist so wütend wie noch nie zuvor, weil sie seit langem kein Blut mehr vergossen hat."

„Für das Leben meiner Mutter bin ich bereit, mein eigenes Leben aufs Spiel zu setzen." Mit diesen Worten band sich Makao ihr Baby auf den Rücken und verließ die Hütte. Sie fühlte sich stark und furchtlos.

Makao schlug die Richtung zum Haus der Heilerin ein und folgte vorsichtig dem Weg. Sie war nicht sicher, ob sie das Haus wiederfinden würde, war sie doch erst einmal dort gewesen, als kleines Mädchen, als ihre Schwester krank war. Makao und ihre Mutter waren während der Nacht zur Heilerin, einer alten Frau, gegangen. Ihre Schwester war schwer krank gewesen, und die Heilerin hatte ihnen ein dunkles Pulver zum Einreiben mitgegeben. Die Mutter hatte auf dem ganzen Rückweg geweint, weil sie dachte, sie würden das Mädchen tot vorfinden. Sie lebte jedoch noch, und die Medizin der Alten heilte sie von ihrer Krankheit. Jetzt erinnerte sich Makao an all die Aufregungen, die sie auf dem Weg zur Heilerin erlebt hatten; an die Orte, wo sie Mutters Hand gehalten hatte und sie hatte anspornen müssen, an das Flüßchen vor dem Haus der Alten, an den eigenartigen Anblick im Innern des dunklen Hauses. „Hoffentlich ist sie nicht gestorben", dachte Makao bei sich. „Sie war schon sehr alt, als ich noch klein war."

Nach einer Weile kam sie zum Bach und wusch sich ihr Gesicht darin, dann ging sie weiter, den kleinen Hügel hoch, auf das Haus der Alten zu. Nichts hatte sich verändert; Makao war überrascht. Das kurze Gras vor dem Haus, die großen Büsche entlang den Mauern, sogar die Dornen der Büsche waren genau wie in ihrer Erinnerung. Sie konnte nicht begreifen, wie all dies hatte gleich bleiben können. Die Türe des kleinen Hauses lag jetzt direkt vor Makao, und sie dankte ihrer guten Erinnerungsgabe, die sie mühelos hergeführt hatte. Dann sah sie noch etwas.

Direkt vor dem Haus befand sich ein Mann mit dem feinsten, schärfsten und längsten Spieß, den Makao je gesehen hatte: er hielt auch einen Hammer in der Hand. Neben ihm standen ein Topf *pombe* und eine Schüssel mit Essen. Makao wußte, dies war nicht die Heilerin, und als sie Mwipenza erkannte, fühlte sie sich ganz plötzlich schwach. Sie wußte zu gut, wen sie vor sich hatte. Mwipenza hatte sie auch gesehen; der Gedanke an ein neues Opfer nach so langer Zeit erfreute ihn. Er spülte sich die Kehle mit der Flüssigkeit aus dem Topf; dies machte er immer, wenn alles nach seinem Wunsch zu verlaufen schien.

Dann streckte er die Arme aus und winkte sie herbei. Makao kam sich vor, als wäre sie tausend Jahre alt. Das Baby auf ihrem Rücken begann zu weinen, aber sie konnte nicht weglaufen. Sie hatte eine Verpflichtung gegenüber ihrer Mutter, gegenüber ihrem kleinen Sohn und auch gegenüber ihrem Mann, nur wünschte sie sich jetzt, sie hätte auf ihn gewartet. Plötzlich gaben ihre Knie nach und sie taumelte und stürzte auf alle Viere. Dann ließ sie sich langsam zu Boden sinken. Mwipenza, der sich seines Opfers sicher war, streckte sich langsam, ging dann auf Makao zu und bevor sie auch nur die Stimme erheben und um Gnade flehen konnte, begann er sie zu quälen.

Hammer und Stock arbeiteten schnell. Blut trat ihr seitlich aus dem Hals: Das Holz steckte fest. Mwipenza brüllte und drängte sie, aufzustehen, damit er ihr den Rest geben konnte; er mußte ja auch noch das Baby erledigen. Seine entsetzlichen Drohworte verletzten mehr als Stock und Hammer; Makaos Augen füllten sich mit Tränen, ihre Ohren verschlossen sich und ihr Körper wurde gefühllos. Das Baby war ihr vom Rücken geglitten und weinte irgendwo in der Nähe. Es war groß genug, um zu verstehen, daß sich etwas Schreckliches ereignete, aber es konnte ja noch nicht sprechen. Makao sah und begriff nichts mehr, aber plötzlich merkte sie, daß Mwipenza von ihr abgelassen hatte. Der lange Spieß hielt sie noch immer wie festgenagelt, aber sie weinte nicht, empfand keinen Schmerz; nur mit den Augen suchte sie, ohne Hoffnung, ihren geliebten Sohn Wukingule, ihr einziges Kind.

Nach einer Weile begann Makaos Gehör wieder zu arbeiten. Sie hörte den Mörder beim Anblick des Babys, das zu ihren Füssen hingekrochen war, glücklich grunzen. Das Kind berührte ihre Beine, und der Schmerz fuhr ihr durch den ganzen Körper. Sie atmete schon sehr flach, und die Lider wurden ihr schwer.

Makaos Mann gelangte zu der Hütte seiner Schwiegermutter, als man sich anschickte, die Tote zu begraben. Sein Schwiegervater war in tiefer Trauer versunken. Kaum war die Tochter weggegangen, um die Heilerin zu holen, war seine Frau gestorben; ihr Tod war ein schwerer Schlag für ihn, waren sie doch ein liebendes Paar gewesen. Wie betäubt erklärte er dies alles seinem Schwiegersohn.

„Ich werde Makao suchen, Vater", tröstete ihn der jüngere Mann. „Sie muß bei der Beerdigung ihrer Mutter hier sein. Schließlich ist sie das einzige Kind in der Nähe, und du wirst sie brauchen, bevor ihre Schwestern eintreffen."

Der arme alte Mann wollte nicht alleine mit den Leuten zurückbleiben, die sich in großer Zahl zum Begräbnis versammelt hatten, und versuchte seinen Schwiegersohn zum Bleiben zu überreden. „Bestimmt ist sie unterdessen angekommen", sagte er. „Wenn sie die Alte zu Hause angetroffen hat, wird sie ohnehin bald zurückkehren."

„Nein, ich muß sie suchen gehen." Mit diesen Worten ging Makaos Mann davon, um der Frau zu folgen, die er so sehr liebte. Als er dahineilte wanderten seine Gedanken umher, und er fühlte sich verwirrt, aber er wußte nicht, weshalb. „Verwirrung", dachte er. „Zu vieles geht mir durch den Kopf. Die Mutter meiner Frau ist tot; Makao hat keine Mutter mehr. Und wo ist sie jetzt? Sucht eine

Heilerin, um ihre *tote* Mutter zu heilen. Arme Makao, streift überall umher, mit Wukingule auf dem Rücken." Plötzlich stiegen ihm die Tränen in die Augen. Er haßte das, aber er konnte sie nicht aufhalten, und bald strömten sie ihm über die Wangen.

Unversehens war er am Bach angelangt; er eilte weiter, und dann, als er fast auf dem Hügel angekommen war, bot sich ihm ein schrecklicher Anblick. Vor ihm, auf den Boden gespießt, lag die sterbende Gestalt seiner geliebten Frau, ihr Söhnchen Wukingule saß weinend zwischen ihren erschlafften Beinen. In seinem Entsetzen sah er die andere riesenhafte Gestalt nicht, die unweit seiner Frau ebenfalls in die Erde genagelt war. Er stieß einen schmerzerfüllten Schrei aus und lief zu Makao. Er grub den Spieß aus, legte Makao hin und zog den Spieß aus ihrem Körper. Wukingule hörte auf zu weinen, als er seinen Vater erkannte.

Während der Unglückliche sich über seine Frau beugte und in ihrem Körper Lebenszeichen zu entdecken versuchte, trat die Alte oben auf dem Hügel aus ihrer Hütte und schrie laut um Hilfe. Makaos Mann wußte nicht, was er tun sollte. Hier war seine Frau dem Tode nahe und dort die Alte, die dringend Hilfe brauchte. Wem sollte er zuerst beistehen? Mit gespaltenem Herzen ließ der arme Mann seine Frau zurück, um der Alten zu helfen.

Als nun aber Makaos Mann auf sie zuging, hörte die Alte auf zu schreien. „Ich wollte nur prüfen, ob dein Herz weich ist", rief sie ihm zu. „Ich weiß, daß du deine Frau liebst, und dennoch bist du noch großherzig geblieben. Du warst bereit, mir zuerst zu helfen, darum will ich dir zuliebe jetzt deiner Frau helfen. Schau dir die Gestalt an, zu deiner Linken."

Der Mann drehte sich langsam um und sah zum ersten Mal den anderen Körper, der, von einem Pfahl durchstoßen, auf dem Boden lag. Er ging ein paar Schritte näher und sah, daß es der Körper eines Mannes war. Er fragte sich einen Augenblick lang, wer es sein könnte, aber da er viel zu sehr in Sorge um seine Frau war, wandte er sich rasch wieder dorthin, wo sie lag; überrascht stellte er fest, daß die Alte bereits ganz friedlich neben Makao saß und sein Sohn auf sie zukroch. Als er nähertrat, bemerkte er, daß die klaffenden Wunden seiner Frau sich rasch schlossen, als die Alte eine dunkelgrüne Flüssigkeit darauf schmierte. Makao hatte die Augen jetzt geöffnet; sie starrte vor sich ins Leere. Er wußte nicht, wie die Alte so schnell herbeigekommen war, aber sie schien beschäftigt; er beschloß, sich ruhig zu verhalten und sich um seinen Sohn zu kümmern, da er nicht wußte, welche Hilfe er sonst leisten konnte. Er starrte den Körper seiner Frau an, der in der schmierigen Maske so eigenartig aussah, ganz anders als die Makao, die er kannte.

Nach kurzer Zeit hatte die Alte ihre Behandlung beendet, und dann war seine geliebte Makao plötzlich wieder lebendig, konnte sprechen, gehen und lachen. Sie war gesund! Erleichtert atmete er auf und umarmte sie, drängte sie, ihm zu erzählen, was geschehen war – wie sie dem Mörder in die Hände geraten war. Hastig berichtete sie ihm alles, dann wandte sich das glückliche Paar an die Alte und wollte wissen, wie der unbesiegbare Mwipenza besiegt worden war.

Die alte Heilerin lachte und sagte: „Geht jetzt mit eurem Kind, ihr beiden. Schade ist nur, daß ich deiner Mutter nicht helfen kann." Dann verschwand sie.

Makao hob Wukingule hoch und band ihn sich auf den Rücken, während ihr Mann vom Tod ihrer Mutter erzählte. Gemeinsam gingen sie zur Totenfeier zurück, bekümmert über den Tod eines Elternteils, aber dankbar, daß Mwipenza, der Schlächter, endlich tot war.

Aus dem Englischen von Chudi Bürgi.
Aus: Martha Mvungi, *Three Solid Stones*.
© Heinemann African Writers Series 159, London 1975.

Foto: Peter Højrup

Bessie Head

Bessie Head (Südafrika/Botswana) ist die wohl anspruchs-
vollste Autorin des südlichen Afrikas. Ihr Leben stand von
Beginn unter einem unglücklichen Stern: Sie wurde 1937
in einer psychiatrischen Klinik im südafrikanischen Pieter-
maritzburg geboren, in die man ihre (weiße) Mutter einge-
wiesen hatte, weil sie eine Affaire mit einem Schwarzen hatte. Bessie Head wuchs bei ,farbigen' Adoptiveltern auf, in
einer traumatischen Slum-Umgebung. Sie wurde Journalistin, beteiligte sich am Widerstand gegen das Apartheid-
Regime, litt unter einer zerrütteten Ehe und emigrierte 1964
mit ihrem Sohn nach Botswana, wo sie als Lehrerin, Bäuerin und Autorin arbeitete. Immer wieder wurde ihr Schaffen unterbrochen von psychischen Zusammenbrüchen; bis
zuletzt lebte sie auch materiell am Rande des Existenzmi-
nimums. Bessie Head starb am 17.4.1986.

Bibliographie
When Rain Clouds Gather. Roman. (Simon and Schuster, 1968).
Maru. Roman. (Gollancz, 1971).
Die Farbe der Macht. Roman. (1973; Orlanda, 1987).
Die Schatzsammlerin. Erzählungen. (1977; Orlanda, 1988; dtv Ta-
schenbuchausgabe, 1993).
A Bewitched Crossroad. Roman. (Donker, 1984).
Tales of Tenderness and Power. Geschichten. (Donker, 1989).
A Woman Alone. Autobiographical Writings. (Heinemann, 1990).
A Gesture of Belonging. Briefe. (Witwatersrand Univ. Press, 1991).
The Cardinals. Roman. ([1962] David Philip, 1993).

Auf der Suche nach dem Regengott

Es ist einsam dort, wo die Leute ihre Felder bestellen. Die Felder sind riesige Lichtungen im Busch, und der Busch selbst ist auch sehr einsam. Die meisten Felder sind vom Dorf aus zu Fuß erreichbar. An ein paar Stellen im Busch, an denen das Grundwasser nahe an der Oberfläche ist, hatten die Leute kleine Rastplätze eingerichtet und flache Brunnen ausgehoben, um auf dem Weg zu ihren Feldern ihren Durst stillen zu können. Wenn sie einmal das Dorf hinter sich gelassen hatten, gab es viel zu erleben. Sie konnten sich an wundervoll schattigen Bäumen ausruhen, unter denen zarte, blaßgoldene und purpurrote Blüten zwischen dem weichen, grünen Moos hochschossen, und die Kinder konnten nach den wilden Feigen und Beeren suchen, die gerade reif waren. Aber 1958 setzte eine sieben Jahre anhaltende Dürre ein, und selbst die Wasserstellen sahen bald so trostlos aus wie das offene, mit Gestrüpp bewachsene Land; das Laub der Bäume rollte sich zusammen und welkte; das Moos wurde trocken und hart, und der Boden unter den ineinandergewachsenen Bäumen verwandelte sich in schwarzweißes Pulver, weil nie ein Tropfen Regen darauffiel. Die Leute meinten humorvoll, daß man gerade einen Teelöffel Regen zusammenkriegen würde, wenn man ihn in einer Tasse auffinge. Als es auf das siebte Jahr zuging, war der Sommer zum Alptraum geworden. Die Luft enthielt nicht die geringste Feuchtigkeit, sie war so trocken, daß sie die Haut verbrannte. Und die Leute wußten nicht, wie sie der Hitze und dem Unheil, das in der Luft lag, entkommen sollten. Zu Beginn des Sommers verließen etliche

Männer ihre Familien und erhängten sich an den Bäumen. Die meisten hatten von den Erträgen ihrer Felder gelebt, aber in den letzten beiden Jahren waren sie nur mit ihren zusammengerollten Häuten und dem Kochgeschirr von den Feldern zurückgekommen. Nur die Medizinmänner, Scharlatane und die Geisterbeschwörer scheffelten Geld, weil die Leute in ihrer Verzweiflung kleine Talismane und Kräuter kauften, mit denen sie ihre Pflüge einrieben, damit die Saat aufgehen und der Regen kommen sollte.

Die Regenzeit setzte sehr spät in diesem Jahr ein. Anfang November fiel der erste Regen, der noch Anlaß zum Hoffen gab. Es waren jedoch nicht die kräftigen anhaltenden Güsse wie in den guten Jahren, sondern dünne, unzulängliche Sprühregen. Sie machten die Erde weich, und überall schoß das Grün hervor, das die Tiere fressen konnten. Eine Dorfversammlung wurde einberufen, und die Leute wurden aufgefordert, mit dem Pflügen zu beginnen; sie setzten sich in Bewegung, und ganze Familien brachen auf, um ihre Felder zu bestellen.

Die Familie des alten Mannes, Mokgobja, war unter denen, die schon frühmorgens losgezogen waren. Sie besaßen einen Eselskarren, und auf ihm mußten alle Platz finden – Mokgobja, der schon über siebzig Jahre alt war, zwei kleine Mädchen, Neo und Boseyong, ihre Mutter Tiro, eine unverheiratete Schwester, Nesta, und der Vater und Ernährer der Familie, Ramadi, der auch den Karren lenkte. Angespornt von der Aussicht auf Regen befreiten Ramadi und die beiden Frauen das Land von dem dornigen Gestrüpp. Später zäunten sie damit das weite Ackerland ein, um die zukünftige Ernte vor den Ziegen zu schützen, die sie mitgebracht hatten, weil sie die Milch benötigten. Sie säuberten und vertieften den alten Brunnen mit dem schlammigen Wasser, Ramadi spannte zwei Ochsen an und lockerte mit dem Handpflug die Erde, während der leichte Nieselregen niederging.

Das Land war gepflügt und wartete auf die Saat. Nachts wimmelte es nur so von zirpenden Insekten, die in der Erde nach Nahrung suchten. Aber Mitte November verflüchtigte sich plötzlich der Regen – die Regenwolken verzogen sich und ließen einen völlig nackten Himmel zurück. Die Sonne tanzte und flimmerte mit einer unbegreiflichen Grausamkeit am Himmel. Jeden Tag lag eine Dunstschicht über dem Land, während die Sonne den letzten Tropfen Feuchtigkeit aus der Erde sog. Verzweifelt saß die Familie herum und wartete und wartete. Sie waren so voller Hoffnung gewesen; die Ziegen hatten gerade angefangen, Milch zu geben, die sie begierig über ihren Brei gegossen hatten, jetzt aßen sie ihn wieder ohne Milch. Der Mais, das Getreide, die Kürbis- und Melonenkerne ließen sich unmöglich in die ausgetrocknete Erde säen. Den ganzen Tag lang saßen sie im Schatten ihrer Hütten und hörten sogar auf, sich Gedanken zu machen, denn der Regen war einfach auf und davon. Nur die beiden Kinder, Neo und Boseyong, waren ganz glücklich in ihrer kleinen Welt. Sie spielten Hausmütterchen, ahmten ihre Mutter nach und plapperten unablässig mit ihren hellen, piepsigen Stimmchen. Ihre Kinder verfertigten sie sich aus Stecken, um die sie alte Lappen wickelten, und sie hielten ihnen Strafpredigten, die denen ihrer Mutter aufs Haar glichen. Den ganzen Tag über hörte man sie schimpfen: „Du dummes Ding, warum mußt du immer die Hälfte von dem Eimer verschütten, wenn ich dich Wasserholen schicke! Du dummes Ding, mußt du jedesmal den Brei anbrennen lassen, wenn du auf den Topf aufpassen sollst!" Und mit strafender Miene versohlten sie ihren Flickenpuppen das Hinterteil.

Die Erwachsenen beachteten sie überhaupt nicht; sie hörten nicht einmal ihr komisches Geplapper; sie saßen einfach nur da und warteten auf den Regen. Ihre Nerven waren zum Zerreißen angespannt, so sehr konzentrierten sie sich darauf, den Regen vom Himmel zu beschwören. Das war das einzige, was zählte. Die Tiere hatten sie samt und sonders während der schlechten Jahre verkaufen müssen, um sich Lebensmittel zu besorgen; von der ganzen Herde waren nur zwei Ziegen übriggeblieben. Es waren die Frauen, die schließlich unter dem Druck des Wartens zusammenbrachen. Im Grunde waren es also die zwei Frauen, die den Tod der kleinen Mädchen herbeiführten. Jede Nacht stießen sie dieses seltsame, schrille Geheul aus, das tief und

klagend begann und sich bis zur Raserei steigerte. Sie stampf-
ten mit den Füßen und schrien, als hätten sie den Verstand
verloren. Die Männer blieben ganz ruhig und beherrscht;
es war wichtig für sie, ihre Selbstbeherrschung nicht zu verlieren, aber ihre Nerven waren genauso angespannt. Sie
wußten von der Angst der Frauen, im nächsten Jahr zu ver-
hungern.

Schließlich wurden in dem alten Mann Mokgobja Erinnerungen an alte, längst vergessene Dinge wach. Als er
noch sehr jung war, und die alten Traditionen das Land
beherrschten, hatte er einmal einer Zeremonie beigewohnt,
bei der der Regen vom Himmel geholt worden war. Und er
wurde etwas lebendiger, während er angestrengt versuchte, sich an die Details zu erinnern, die unter all den Jahren
christlicher Gebete begraben lagen. Als sich der Nebel etwas lichtete, fing er an, sich leise flüsternd mit Ramadi,
seinem jüngsten Sohn, zu beratschlagen. Es gab da, sagte
er, einen Regengott, dem nur Kinder als Opfer dargebracht
werden könnten. Dann würde er es regnen lassen, dann
würde auf den Feldern die Saat sprießen. Er erklärte das
Ritual, und während er sprach, wurde seine Erinnerung zur
Überzeugung, und er sprach mit einer Autorität, die unan-
fechtbar schien. Das nächtliche Geheul der Frauen hatte
Ramadi an den Rand des Wahnsinns getrieben, und die
beiden Männer flüsterten kurz darauf auch mit den beiden
Frauen. Die Kinder ließen sich bei ihren Spielen nicht stören: „Du dummes Ding! Auf dem Weg zum Laden das Geld
zu verlieren! Du hast bestimmt herumgespielt."

Als alles vorbei war und die Leichen der beiden Mädchen auf den Feldern verstreut lagen, fiel immer noch kein
Regen. Statt dessen herrschte nachts Totenstille und tagsüber diese erbarmungslose Hitze der Sonne. Ein unsägli-
ches, tiefes Grauen bemächtigte sich der ganzen Familie.
Sie fingen an zu packen, rollten ihre Häute zusammen, sammelten ihre Töpfe ein und flohen ins Dorf zurück.

Die Leute aus dem Dorf bemerkten sofort, daß die beiden Mädchen fehlten. Sie seien draußen gestorben und sie
hätten sie gleich begraben, sagte die Familie. Aber die Leute sahen die verstörten aschgrauen Gesichter, und allerlei

Gerüchte kamen in Umlauf. Woran die Kinder denn gestorben seien? Einfach so, erwiderte die Familie. Die Leute
fragten sich, wie beide zugleich sterben konnten. Das ver-
störte Aussehen der Familie bewirkte ein allgemeines Un-
behagen. Kurz darauf erschien die Polizei. Die Familie erzählte ihr dieselbe Geschichte. Aber sie konnte nicht erklären, woran die Kinder gestorben waren. Die Polizei wollte
daraufhin die Gräber sehen. Die Mutter der beiden Kinder
brach zusammen und gestand alles.

Den ganzen schrecklichen Sommer über hing die Geschichte der beiden Kinder wie eine dunkle Wolke über dem
Dorf, und daran änderte sich auch nichts, als der alte Mann
und Ramadi wegen Ritualmords zum Tode verurteilt wurden, so wie es die Gesetzbücher vorschrieben. Der Druck,
die Angst vor dem Hungertod, wurden vor Gericht nicht
berücksichtigt, aber alle die von ihren Feldern lebten, wußten in ihrem Herzen, daß sie nur um eine Haaresbreite dem
Schicksal dieser Familie entgangen waren. Auch sie wären
fähig gewesen zu töten, um den Regen fallen zu lassen.

Aus dem Englischen von Uta Goridis.
Aus: Bessie Head, *Die Schatzsammlerin*. Erzählungen.
© Orlanda Frauenverlag Berlin, 1988.

Paulina Chiziane

Paulina Chiziane (Mosambik) wurde 1955 in der südlichen Provinz Gaza geboren. Sie wuchs am Rande der Haupstadt Maputo auf, in einer Zeit, in der Mosambik noch eine portugiesische Kolonie war und die Stadt Laurenzo Marques hieß. Heute studiert sie in Maputo und schreibt regelmäßig für die Wochenzeitung *Tempo*; bisher hat sie einen Roman veröffentlicht. Wie viele andere junge Autorinnen und Autoren ihres Landes steht Paulina Chiziane unter dem Eindruck des Bürgerkriegs, der in den vergangenen 30 Jahren Mosambik verwüstet hat. Trotzdem bemüht sie sich, über die schrecklichen Ereignisse dieser Zeit nicht den Blick für die Menschen ihres Landes zu verlieren.

Bibliographie
Balada de Amor ao Vento. (AEMO, 1990).

Die Narben der Liebe

Der Teufel soll mich holen, wenn ich mich nicht wohl-
fühle in dieser Runde, inmitten der Frauen, die am Boden
sitzen, und der Männer auf den Stühlen. Alle Kehlen net-
zen sich mit frisch gegärtem Palmwein, der reichlich fließt.
Die gute Stimmung paßt zu den einfachen, ehrlichen und
mutigen barfüßigen Leuten.

Der leichte Wind aus Südosten spielt mit den Kronen der
Kajubäume. Eine leichte Brise kühlt die sommerlich ver-
schwitzten Körper. Das häßliche Grau des Himmels geht über
in die Durchsichtigkeit des Indischen Ozeans. Gruppen von
Krähen krächzen Verwünschungen, denen niemand zuhört.
Wer in Marias Bar eintritt, trinkt Freude und vergißt den Rest.
So ist es wirklich. Selbst in diesem Vertriebenenlager auf In-
haca schafft das Volk aus der Trauer neue Freuden.

Eine Fliege, die mit dem Wind tanzte, verirrte sich und
landete in meinem Glas. Welches Pech!

„Welches Glück, Mädchen, die Fliege bringt Glück!"

Glück? Ja, wirkliches Glück, bestätigen die lächelnden
Gesichter. Mit der Spitze des Fingernagels hob ich den Ein-
dringling heraus und leerte das Glas in einem Zug, um das
Glück nicht wieder entschwinden zu lassen. Ich schloß halb
die Augen und genoß die Schönheiten dieses Paradieses der
Armut. Das Getränk war gut, und der Wind kühl; die Musik
lieferten die Vögel, und die Wärme wuchs aus dem Lächeln.
Hände wurden mit festem Druck geschüttelt, mit herzlichen Begrüßungen und mit einem „Willkommen, trink auch
ein Glas mit!"

Jemand blätterte in einer alten Zeitung.

„Na sowas, Leute. Zwei Kinder, von ihrer eigenen Mutter ausgesetzt."

Die Hausherrin unterbrach ihr Geplapper, starrte auf die Zeitung und versuchte, die Gesichter der beiden Unglücklichen zu erkennen.

„Was ist mit denen passiert?"

„Jemand hat sie ausgesetzt. Die Frauen sind verrückt."

„Schuld an sowas ist der PRE", antwortete ein anderer. „Wenn die Eltern Milch für ihre Kleinsten kaufen müssen, bleibt nichts übrig für ein Bier. Kein Zweifel, in den heutigen Zeiten hat das Böse zugenommen."

„Das Böse gab es schon, bevor die Menschheit kam. Schuld sind nicht die Mütter, sondern die ganze Gesellschaft", urteilte die Frau.

„Versuch dich nicht herauszureden, Schwester, die Schuld liegt bei den Frauen. Was du erzählst, ist Blabla; das kommt vom Wein, du bist ja betrunken."

Die beißende, harte Stimme des Mannes wirkte wie frisches Stroh auf ein niedergebranntes Feuer.

„Was ihr nicht verstehen könnt", sagte Maria, „ist, daß hinter jeder Geburt eine eigene Geschichte steckt und hinter jeder Handlung eine Ursache. In meiner Jugend habe ich dasselbe Verbrechen begangen, oder sagen wir besser, ich war nahe daran. Alles wegen dieser bitteren Liebe, der Liebe, die einen zur Sklavin macht, die einen verändert, verhext und aus der Liebenden den Schatten des Geliebten macht."

Maria wird traurig. Sie hebt die Augen zum Himmel, erbittet Ruhe. Der Vulkan der Erinnerungen bricht aus in einer Geschichte, die niederfallende Lava schnürt die Kehlen zu; schweigt alle, die Schwester erzählt etwas! Aus den Tiefen der Zeit ertönt die Stimme Marias.

„Ich erinnere mich an die mondlose Nacht, als ich unter dem Kajubaum zum Mann meiner Träume ja gesagt habe. Der Statthalter von Matutuine, mein Vater, hatte nein gesagt zu ihm, der nicht einmal das Vieh besaß, um den Brautpreis für die Tochter des Königs zu bezahlen. Meinem abgelehnten Mann blieb nichts anderes übrig, Trost für seine verletzte Ehre auf der anderen Seite der Grenze zu suchen, in Johannesburg. Und er verließ mich mit seiner Saat in meinem Bauch. In den neun Monaten der Schwan-

27

gerschaft litt ich unter der Verachtung, zwei Wochen nach der Geburt des Kindes sagte mein Vater: „Verschwinde aus diesem Haus!"

Die Geschichte schmeckte wie eine grüne Mango mit Salz, zum Frösteln, erregend – sie fesselte die Aufmerksamkeit aller. Weiter Maria, erzähle alles, scheinen lautlose Stimmen zu fordern.

„Ich flehte um Verzeihung, ich bat Freunde um Hilfe. Vergebens. Die Freundschaft umarmt den Reichtum, der schön ist, und nicht die Traurigkeit, die aussätzig scheint. Wirkliche Liebe kann nur die Erde geben, wenn sie am Ende der Reise sagt: ‚Ruhe in meinen Armen für alle Ewigkeit'. Ich band das Tuch mit aller Kraft, und, mit dem Baby fest auf dem Rücken, schwor ich: Alle Hindernisse auf meinem Weg würde ich eigenhändig wegräumen, und ich würde es schaffen, nach Johannesburg zu kommen, in mein versprochenes Land. Ich verließ mein Zuhause im Morgengrauen und folgte dem Stern des Südens. Ich marschierte Tage und mehr Nächte, als nötig waren, um alle Sterne des Firmaments zählen zu können."

Fetzen eines Lebenslaufes, die die Zuhörenden bis ins Innerste bewegen. Achtung, was hier erzählt wird, passiert auch heute, hier und jetzt, irgendwo auf der Welt. Und du tanzt, Maria, mit vom Alkohol gelockerter Zunge den Striptease deiner Vergangenheit.

„Aber so ist halt das Leben. Ein Bruder ist derjenige, der dich auch im Unglück umarmt. Auf der anderen Seite der Grenze traf ich einen Unbekannten, der mir die Hilfe, die Unterstützung und das Geld gab, um meine Reise fortzusetzen. Ich fuhr mit einem Zug. Das Kind war so geschwächt, daß es nicht einmal mehr schrie. In seinem zerbrechlichen Körper brannte ein Feuer, heißer als die Sonne im Dezember, und gleich darauf wurde es wieder kälter als jeder frühe Morgen. Während der Zug vorwärts eilt, die Passagiere plaudern, lachen, stirbt mein Kind. Mach doch irgend etwas. Gott im Himmel! Was soll aus mir werden, allein, in einem fremden Land, mit einem toten Kind auf dem Arm? Mein Bauch, öffne dich, ich möchte dir dieses Wesen zurückgeben. Rufe der Verzweiflung. Ich verließ den

Zug. Ich bahnte mir mit den Ellenbogen einen Weg zwischen den Massen von Schwarzen, die bis in die hintersten Ecken des Ghettos strebten. Meine unruhigen Augen suchten einen Abfallhaufen, einen Graben, einen Bach, einen Wasserablauf, irgendeinen Platz, um meine Last loszuwerden. Ich weinte um die Liebe, die mich zum Weinen brachte, um die Heimat, die ich verlassen hatte, um die standesgemäße Hochzeit, die ich verweigert hatte, um das würdige Begräbnis, das meine Tochter entbehren würde, mit Tränen und Gesängen, um mich, die ich jeden Tag das Grab besuchen würde, mit einem Strauß bunter Blumen an die Brust gedrückt, wie die Braut, die ich niemals gewesen war. Plötzlich stockte das Herz. Ein Wäldchen kam in mein Blickfeld. Dort, dort würde das Grab meines Kindes sein, und in der Nacht würden die Krähen sich am ausgemergelten Körper meines Sprosses erfreuen. Welch ein Schmerz!"

Du verdeckst die Augen, du zitterst vor Schmerzen, Maria. Deine Erzählung ist nicht mehr nur eine Erinnerung, sie ist ein Wiedererleben, ein lebendiges Bild deiner Vergangenheit. Und wir, wir lassen nicht einmal das leiseste Stöhnen hören, wie hypnotisiert durch deinen Schmerz.

„Ich betrat das Wäldchen, verbotenes Paradies. Liebespaare waren auch dort, ihre Umarmungen vor indiskreten Blicken schützend. Ich sah sie noch nicht einmal, so beschäftigt war ich mit meiner geheimen Aufgabe. Adieu, Frucht der Liebe und der Schmerzen, Gott behüte dich! Fluchtartig verließ ich den Platz; das Paar, das mich beobachtet hatte, schrie laut und machte die Passanten auf mich aufmerksam. Eine Alte holte mich heraus und nahm mich mit nach Hause, um das Kind zu behandeln. Aber ich ließ immer noch nicht von meiner Absicht ab. Die Latrine des Hauses schien ideal für die Vollendung dessen, was ich begonnen hatte. Ich wartete, daß die Alte einschliefe. Vergebens. Sie war aufmerksamer als alle Schutzengel zusammen. Ich wurde vom Schlaf übermannt. Im Traum sah ich meine Kleine groß geworden, laut lachend in den Armen ihres Vaters. Das Weinen des Kindes weckte mich auf und führte mich in einen neuen, diesmal echten Traum: Das Kind lachte, es hatte die Krankheit bezwungen. Gott im Himmel, du hast meine Bitten erhöht, danke. Geister des Meeres, ihr habt das Böse besiegt, Amen. Im Zeichen des heiligen Kreuzes."

Ich Sünderin bekenne mich. Ich habe die Geschichte von den Lippen der Erzählerin getrunken. Und ich versuchte, mit einem einfachen Blick ins Innerste der Seele einzudringen. Was sind wir eigentlich? Wie viele Dickichte haben wir überqueren müssen, bis wir die Stufe zum Heute erklommen haben?

Du tanzt, Maria, mit deiner völlig unbekleideten Seele. Deren Körper zeigt glühende Kurven, wie sie die Männer mögen, aber die Tätowierungen sind die geheimen und geheiligsten deines Lebens.

„Und dann fiel ich in die Hände einer Betrügerin, die mich für sich arbeiten ließ mit der Drohung, mich bei der Polizei wegen illegalen Grenzübertritts anzuzeigen. Sechs Monate dauerte das Gefängnis, und sechs Monate lang plante ich den Ausbruch. Verdammt! Ich habe die böse Lektion gelernt. Gegenmittel gegen Betrug: noch mehr betrügen. Eines Tages betrank sie sich zu sehr. Ich habe ihr alles Wertvolle gestohlen und verschwand. Wie eine Feder im Wind flog ich von Ort zu Ort, die Dörfer und Städte meidend, bis ich das Ziel meiner Reise erreichte: meinen Mann."

„Und dann?"

„Ah, das Leben ist wie ein Spiel, voll hier, leer dort. Ich habe das wahre Glück an der Seite meines Mannes kennengelernt."

„Und das Kind?"

„Es ist die dort, und sie hat mir schon zwei Enkelkinder geschenkt."

Warum senkst du den Blick, Maria? Schämst du dich dessen, was du getan hast? Tut es dir leid, daß du alles erzählt hast, oder lehnst du dich gegen eine Gesellschaft auf, die dich auf diesen tragischen Weg geführt hatte? Die Narben der Liebe öffnen sich, und aus den alten Wunden fließt Blut, das über deine Lider rinnt.

Die Tochter, um die es ging, legte den Pfeil auf und traf voll ins Ziel:

„Mutter, wärest du fähig gewesen, mich wegzuwerfen, mich?"

„Verzeih mir, Tochter, ich wollte es gar nicht sagen. Ich wollte bloß, daß die Menschen mehr Menschlichkeit, mehr Liebe und mehr Zusammengehörigkeitsgefühl zeigen."

In Marias Bar weinte eine Frau. Ihr Schluchzen ertönte im Gleichklang mit dem Tanz der Palmblätter. Die Krähen krächzten ihre Verwünschungen, die Wolken verschwanden, und die Sonne begann von neuem zu brennen. Die Wellen des Indischen Ozeans erhoben sich höher mit dem Wind aus dem Süden. Und im Herzen der Nacht wohnte der Sturm.

Aus dem Portugiesischen von Elisa Fuchs &
Elsa Fuchs-de Melo.
Aus: Elisa Fuchs & Elsa Fuchs-de Melo (Hg.),
Die Liebe aller Tage. Erzählungen aus Mosambik.
© dipa Verlag Frankfurt/M., 1993.

Geni Guimarães

Geni Guimarães (Brasilien), 1955 im Bundesstaat São Paulo geboren, studierte Pädagogik und arbeitet heute als Lehrerin in einer Grundschule in Barra Bonita, einem Vorort von São Paulo; außerdem schreibt sie als Journalistin regelmäßig für Zeitungen und Zeitschriften. Mehrere ihrer Gedichte und Geschichten sind bereits in deutscher Übersetzung erschienen. Wie viele schwarze Autorinnen in Brasilien lehnt sie sich auf gegen den offenen Rassismus in ihrem Land, in dem Menschen mit dunkler Hautfarbe allenfalls als Fußballern und Musikern gleiche Chancen eingeräumt werden, und in dem schwarze Frauen eigentlich nur als Sambatänzerinnen oder Hausangestellte zur Kenntnis genommen werden.

Bibliographie
Terceiro filho. Gedichte. (Editora Jalovi, 1979).
Da flor o afeto, da pedra o protesto. Gedichte. (Selbstverlag, 1981).
Leite do peito. Erzählungen. (1988).
A cor da ternura. Erzählungen. (FTD, 1989).
Bal das emoções. Gedichte. (Selbstverlag, 1993).

Metamorphose

Im zweiten Jahr des Gymnasiums nahm ich gleich am ersten Schultag ein vierzeiliges Gedicht mit, das lautete so:

> Sie war zu den Sklawen
> Süs wie eine Mirabelle
> Ich glaube, sie ist Gotes Schwester
> Es lebe die Prinzessin Isabella.

Zunächst hatte ich keinen Mut, es der Lehrerin zu zeigen. Jedesmal, wenn ich es versuchte, überlief es mich eiskalt, und das Herz schlug mir bis zum Hals.

Am zweiten Schultag aber, als sie mir sagte, meine Schrift sei so schön, riß ich das Gedicht aus der Tasche und gab es ihr. Sie ging zu ihrem Tisch und setzte sich mit meinem Zettel in der Hand hin. Sie las ihn und las ihn wieder. Dann nahm sie den Kugelschreiber, schrieb etwas über meine Verse und schickte Padro nach dem Schulleiter.

Sofort verspürte ich den Drang zu pinkeln und mich zu erbrechen. Ob ich etwas falsch gemacht hatte? Und wenn ja, würde ich mich dann auf den Maiskörnern hinknien müssen? Der Schulleiter kam, gefolgt von Pedro.

Die Lehrerin, Dona Cacilda, gab ihm das Papier. Der Direktor las es. Sie sprachen eine Weile leise miteinander, und sie zeigte auf etwas, das ich geschrieben hatte.

Dann ging er wieder, und die Lehrerin gab mir das Gedicht zurück und setzte ruhig ihren Unterricht fort, ohne irgendeine Andeutung zu machen, ob sie meine Verse gut fand oder schlecht. Aber beim geringsten Geräusch mußte ich am ganzen Körper zittern, ich fieberte nach einem Hinweis, einer Erklärung, so banal sie auch sein mochte.

Daran änderte sich nichts bis zum Ende der Stunde,

aber als meine Reihe hinausging und an der Tür des Direk-
torzimmers vorbeikam, trat der Schulleiter heraus, suchte
mich mit den Augen und sagte: „Meinen Glückwunsch."

„Das war doch nichts Besonderes. Danke."

Ich ging glücklich nach Hause. Ein stolzer Singvogel
jubilierte in meiner Seele.

Es muß am zehnten oder elften Mai gewesen sein.

Nach der Pause sagte Dona Cacilda zu uns: „Am drei-
zehnten feiern wir ein Fest zu Ehren der Prinzessin Isabella,
die die Sklaven befreit hat. Wer möchte etwas vortragen?"

Mehrere Kinder riefen: „Ich! Ich! Ich!"

Poch, poch ... Mein Herz schlug mir wieder bis zum
Hals. Jetzt war die Stunde gekommen, mein Gedicht vorzutragen. Ich durfte diese Chance nicht verpassen. Aber
woher sollte ich den Mut dazu nehmen? Und wenn ich etwas falsch machte?

„So geht das nicht!" schrie die Lehrerin. „Wer will,
zeigt auf."

Ich zeigte auf und zaghaft schimmerte eine schwarze
unter fünf oder sechs aufgeregten, kleinen weißen Händen.

„Du ... du ... du ..."

Ich wurde nicht ausgewählt. So viele zu nehmen sei
nicht möglich, erklärte sie uns. Aber ich durfte die Gelegenheit nicht verpassen. Ich lief zu ihr hin, ganz aufgeregt.

„Dona Cacilda, ich hab doch neulich ein Gedicht geschrieben, das haben Sie doch selbst gesehen, und sie haben den Direktor gerufen, und er hat mich beglückwünscht,
und ich schreibe es auch noch weiter ..."

Ich sagte alles in einem Atemzug. Mit aufgerissenen
Augen. Angst, sie nicht zu überzeugen, die Augen zuzu-
kneifen und vor lauter Aufregung den Tränen freien Lauf
zu lassen. Ich war am Ende.

„Na schön. Morgen bringst du dein Gedicht mit, und
wir üben es ein." Sie streichelte mir übers Gesicht und lachte
milde. Ihre Hand war wie eine Hühnerfeder, und wenn sie
lachte, sahen ihre Lippen aus wie die Schalen der kleinen
Tomaten, mit denen meine Mutter den Reis würzte.

Ich ging ziemlich bedrückt nach Hause. Fast bereute ich

es, so gedrängt zu haben. Das Gedicht zu vollenden und auswendig zu lernen war das wenigste. Viel schwieriger war es, nicht zu zittern, nicht zu weinen, im entscheidenden Moment nicht zu stocken. Ich dachte daran, ein paar Tage nicht zur Schule zu gehen, Bauchschmerzen vorzuschützen, aber ich konnte Prinzessin Isabella doch nicht im Stich lassen. Sie hatte es verdient. Wenn sie nicht gewesen wäre ...

Welche Sünde wäre größer: zu lügen, ich sei krank, oder der heiligen Prinzessin Isabella nicht die Ehre zu erweisen?

Ich beschloß, hinzugehen und nicht zu sündigen. Besser zittern und weinen, als von Gott bestraft werden. Von Gott oder von der heiligen Isabella? Von beiden, klar.

Sie würde ihn um seine Zustimmung bitten müssen, mich zu bestrafen, er ist ja der Vater, der Chef, Herr über alle Entscheidungen. Sicherlich würden die Heiligen und die Engel im Himmel eine Versammlung abhalten ... Nein. Die Engel nicht. Kinder haben keine Meinung abzugeben, Kinder haben nichts zu entscheiden. Und sie stimmen auch nicht mit ab. Ach, wenn sie nur könnten ...!

Wenn sie könnten, wäre alles einfach. Ich selbst habe ein paar Engelchen gekannt ... Tilica, die an Würmern starb, war der erste Engel, dann Luzia, an Durchfall, und dann noch Jorge, der in einen Brunnen fiel ...

Es gab noch mehr, und zum Glück hatten sie dieselbe Hautfarbe wie ich. Es wären Stimmen für mich, ganz bestimmt. Und da war auch noch Ana, die weiß war, und João Cláudio ... Ich glaube, sogar die ...

Aber es ist zwecklos, sich den Kopf zu zerbrechen. Kinder dürfen nur zuhören, wenn überhaupt.

Tatsache ist, daß alle im Himmel es erfahren werden. Ich schämte mich in Grund und Boden, genau wie damals, als ich herausfinden wollte, wie das Ei des Hahns in den Bauch der Henne gelangte, und man mich dabei erwischte. Es führte kein Weg daran vorbei. Jetzt mußte ich ein für allemal dazu stehen und versuchen, alles schön und richtig zu machen.

Ich aß schnell zu Mittag. Ich schlang das Essen förmlich hinunter und verschluckte mich an den Fischgräten. Dann machte ich mich beherzt ans Werk.

Ich schrieb weiter und dichtete vier neue Verse.

Die Menschen werten sich tapfer
Und ire Herren waren böse
Da lies die schöne Isabella
Die Feseln der Sklawen lösen

Ich las die ersten Verse noch einmal durch und fand, sie müßten ans Ende, um den Vortrag mit einem ‚Es lebe die Prinzessin Isabella' abzuschließen.

Ich gab meinem Gedicht den Titel ‚Heilige Isabella'. Es lautete so:

Heilige Isabella

Die Menschen werten sich tapfer
Und ire Herren waren böse
Da lies die schöne Isabella
Die Feseln der Sklawen lösen

Sie war gut und süs
Wie eine Mirabelle
Ich glaube, sie ist Gotes Schwester
Es lebe die Prinzessin Isabella.

In einer halben Stunde konnte ich alles auswendig.

Danach fing ich an, mit Betonungen und Pausen vorzutragen. Ein paarmal fing ich am Ende an und sagte es von hinten nach vorne auf. Alles ganz richtig. Keinen Satz übersprungen, kein Stottern, nichts.

Am anderen Tag legte ich mein Werk der Lehrerin zur Begutachtung auf den Tisch. Sie nahm es, las es, korrigierte die Stellen, wo ein Buchstabe fehlte und so weiter. Dann gab sie es mir zurück. „Lern es auswendig, damit du es morgen vortragen kannst, ja."

Ich erzählte ihr nicht, daß ich das schon gemacht hatte.

Das Fest sollte am folgenden Tag nach der Pause stattfinden. Aber gleich zu Beginn des Unterrichts fing sie an, über das Datum zu sprechen: „Heute begehen wir die Befreiung der Sklaven. Sklaven waren Neger, die aus Afrika kamen. Hier wurden sie gezwungen zu arbeiten, und sie erhielten nichts für das, was sie leisteten. Sie wurden an Pfählen fest-

gebunden und manchmal sogar zu Tode geprügelt. Als ...”
Und so sprach sie vielleicht fünfzehn Minuten lang.

Ich spürte, daß nichts davon mit dem übereinstimmte, was Oma Rosária uns erzählt hatte. Da waren die Sklaven gut, einfach, menschlich und religiös. So wie sie es jetzt darstellte, waren sie dumm, feige und blöde. Sie reagierten nicht auf die Bestrafungen, zumindest wehrten sie sich nicht.

Plötzlich merkte ich, wie die ganze Klasse mich kummervoll oder spöttisch anschaute. Ich war die einzige Vertreterin einer bemitleidenswerten Rasse im Zimmer!

Ich wollte verschwinden, mich in Luft auflösen, konnte es aber nicht. Ich schaffte es lediglich, die verschwitzte, zitternde Hand zu erheben und um Erlaubnis zu bitten, auf die Toilette zu gehen. Als ich auf dem Klo saß, streckte ich meinen Zeigefinger in die Luft und schrieb: ‚elend‘. Aber das reichte nicht aus. Also fügte ich hinzu: ‚aussätzig‘. Ich setzte die Pünktchen auf das *a* und ging zurück ins Klassenzimmer.

In der Pause kam Sueli und schenkte mir einen Apfel, und Rachel, die Tochter des Verwalters unserer Farm, bot an, mein Brot mit gedünstetem Kürbis gegen ihres mit Schinken und Käse zu tauschen. Ich aß natürlich nichts davon. Das war keine würdige Entschädigung. Es handelte sich schließlich nicht um verschüttete Milch, die man mit einem Tuch aufwischt, und alles ist in Ordnung.

Es war Blut. Wer könnte es zurückgeben ... Leben?

Das kleine, zarte Rinnsal konnte man vielleicht trocknen. Aber wie das Blut da drinnen stillen, wo die offene Wunde ein Schweigen war, das nur ich kannte, ein mit niemandem geteilter Schmerz?

Bei der Feier war ich ein Häufchen Elend.

Allerdings machte ich mir keine Sorgen mehr, es richtig oder falsch zu machen, Erfolg oder Mißerfolg waren mir einerlei. Es war die Schande, die mich lähmte. Ich hatte gedacht, ich sei der Star der Klasse, nur weil ich die einzige war, die Verse schrieb ... Wie oft mögen sie über mich gelacht haben, über meine blöden Versuche, mir Ringelreigenliedchen auszudenken ...? In Wahrheit gehörte ich einer feigen Rasse an, die keine Helden kannte. Wie Hunde sind sie gestorben ... Caxias und Tiradentes mußte man ehren, und alle Dom Pedros der Geschichte. Logisch. Die haben gekämpft, haben sich und ihr Vaterland verteidigt. Die Idioten von Neger doch nicht.

Deshalb hatte meine Vater Angst vor Herrn Godói, dem Verwalter, und meine Mutter brachte uns bei, keinen Streit mit Flávio anzufangen. Die Neger waren wirklich alle Schlappschwänze. Sogar mein Vater, meine Mutter ...

Und deshalb hatte ich auch vor allem Angst. Der Sohn wird wie der Vater, der dem Großvater nachschlägt, der wiederum wie sein Vater war, der ... Und ich Blöde gehörte natürlich auch in dieser Reihe.

Ich kam erst wieder zu mir, als die Lehrerin sagte: „Hast du es vergessen? Das macht doch nichts. Beim nächsten Fest kannst du was vortragen. Bald kommt der Anchieta-Tag, der Tag des Soldaten. Komm, setzen wir uns. Ist halb so schlimm."

Sie führte mich behutsam weg und setzte mich auf einen Stuhl neben die anderen Lehrer, ganz vorn. Ich war sehr müde und durstig. Es kam mir seltsam vor, daß mein Herz so ruhig war und mir nicht bis zum Hals schlug.

Ich befühlte meinen Hals überall und wollte schon nachprüfen, ob das Herz noch in der Brust schlug, ließ es aber bleiben. Ob es gestorben ist? Und wenn schon! Wenn es sterben will, dann soll es doch, dachte ich und schaute auf den Rotz, der träge aus meiner Nase lief und auf die engen Falten des neuen, nagelneuen blauen Röckchens tropfte.

An diesem Tag rannte niemand auf dem Nachhauseweg. Sie gingen alle mit mir zusammen und waren besorgt, weil ich so vor mich hinschlich. Ich fühlte mein eigenes Gewicht nicht, und wenn ich schneller gehen wollte, hatte ich den Eindruck, als sei der Boden vor mir uneben, weit weg und weich.

Als ich zu Hause ankam, sagte meine Mutter zu mir: „Dein Mittagessen steht auf dem Herd. Bring mir den Teller dann raus zum Spülstein, ich fang mit dem Abwasch an."

Ich legte die Schulsachen ab und nahm mir meinen Teller. Ich wollte das Essen schon den Hühnern im Hof hinwerfen, aber da fiel mir ein, daß meine Mutter sicher mißtrauisch würde, wenn ich ihr den Teller sofort brächte, in so kurzer Zeit ißt man ja nicht. Also beschloß ich zu warten. Ich hob den Deckeltopf hoch und rührte im Essen. Ich sortierte die schwarzen Bohnen mit dem Löffelstiel heraus und warf sie in das offene Herdfeuer. Danach warf ich das Essen in den Hühnerhof und brachte den Teller raus, wie meine Mutter mir gesagt hatte.

Damals kannten die Frauen auf dem Land noch nicht diese praktischen Scheuerschwämmchen; um das Aluminium zum Glänzen zu bringen, zerstampften sie Ziegelsteine und scheuerten mit diesem Pulver das Geschirr.

Die Idee kam mir, als meine Mutter das Pulver nahm und damit die feste Rußschicht auf der Unterseite des Topfes entfernte. Sobald sie mit dem Abwasch fertig war, ging sie ins Haus, nahm das restliche Pulver und scheuerte damit meine Wade. Ich rieb und rieb, und mir wurde klar, daß ich bei solchen Schmerzen unmöglich das ganze Schwarz von der Haut abreiben konnte.

Also tauchte ich meinen Finger in das rote, dicke, heiße Blut und fing an, damit unanständige Wörter an den Spülstein zu schreiben.

Als ich wieder hineinging und meine Mutter mich so zerkratzt sah, ließ sie alles stehen und liegen, ging hinters Haus, pflückte eine Handvoll Rubinkraut und machte damit eine Paste für meine Wunden. Während sie einen Lappen mit der zubereiteten Mischung einschmierte und auf mein Bein legte, sagte sie: „Um Gottes willen! Wie oft soll ich dir noch sagen, du sollst nicht auf die Mauern klettern und nicht Fangen spielen, aber es hilft alles nichts! Zum einen Ohr rein und zum andern wieder raus. Wie ein Straßenjunge bist du. Nein, schlimmer! So was macht nicht einmal ein Straßenjunge. Sieh dir doch den kleinen Zeh an ..." Ich hörte ihre Stimme ganz weit weg, freundlich streng. Balsam.

Nach einer Woche verrieten nur ein paar Streifen am Bein die Gewalt gegen mich, meine Gewalt gegen mich selbst. Es blieben nur die Wunden der Seele, und die warteten auf die heilende Kraft der Zeit und die Gerechtigkeit der Menschen.

Aus dem brasilianischen Portugiesisch von Johannes Augel und Marianne Gareis.
Aus: Moema P. Augel (Hg.), *Schwarze Prosa, Prosa Negra*.
© Edition diá Berlin, 1993.

Olive Senior

Olive Senior (Jamaika) wurde 1943 in einer ländlichen Gegend Jamaikas geboren, studierte in ihrer Heimat und in Kanada und gilt, mit Lorna Goodison, als wichtigste Autorin des Landes. Sie ist Direktorin des größten jamaikanischen Verlags und Herausgeberin zweier soziologischer Zeitschriften. Als Schriftstellerin hat sie durch die Einbeziehung des Kreolischen in ihre Gedichte und Erzählungen eine ganz eigene, originelle Sprache gefunden, die u.a. mit dem „Commonwealth Writers Prize 1987" (für den Erzählband *Summer Lightning*) anerkannt wurde. Dabei gilt ihr Interesse, als Soziologin wie auch als Künstlerin, immer wieder besonders der Situation der Frau in der Karibik – auf beiden Feldern brilliert sie mit unverkrampften, klugen Texten und bissiger Ironie.

Bibliographie
The A-Z of Jamaican Heritage. Kulturanthropologie. (Gleaner/ Heinemann Caribbean, 1983).
Talking of Trees. Gedichte. (Calabash, 1985)
Summer Lightning. Erzählungen. (Longman Caribbean, 1986).
Arrival of the Snake-Woman. Erzählungen. (Longman Caribbean, 1989).
Working Miracles: Women's Lives in the English-Speaking Caribbean. Sozialgeschichte. (James Currey, 1991).

Tragen Engel Büstenhalter?

Beccka beendet gerade auf den Knien ihr Gute-Nacht-Gebet, als Cherry ihr sanft aufgibt: „Und bitte Gott, Auntie Mary zu segnen." Verärgert darüber, daß jemand ihr Privatgespräch mit Gott so unterbrechen kann, sagt Beccka ganz laut: „Nein! Für jemand, der mir meine Murmel wegnimmt, bete ich nicht."

„Beccka!" Cherry weint fast vor Scham. „Schhhhh! Sie wird Dich hören! Sie hat Dir doch gesagt, Du solltest die Murmel nicht auf dem Flur rollen lassen, wenn sie ihre Kopfschmerzen hat."

„Ich höre sie jetzt schon", – das ist die selbstgerechte Stimme von Auntie Mary im Nebenzimmer – „aber ich bin sicher, daß Gott solchen wie ihr nicht zuhört. Frevelhafter kleiner Wicht." Den letzten Satz murmelt sie vor sich hin, dann wendet sie sich wieder ihrer Bettlektüre zu, den *Imitations of Christ*, wobei sie die Augen oft zum Himmel erhebt.

„Oh Beccka, Rebecca, schau was Du getan hast", flüstert Cherry mit Schluchzen in der Stimme.

Beccka streckt der ganzen Welt einfach ihre Zunge entgegen, zwinkert Gott zu, von dem sie weiß, daß er sich gerade in Gestalt eines großen fetten *anansi** in einer Ecke unter dem Dach befindet, küßt ihre Mutter und geht ins Bett.

Sobald ihre Mutter in Auntie Marys Zimmer gegangen ist, um alles wiedergutzumachen und die ganze Nacht das Flüstern zu kriegen, schnappt Beccka sich die Taschenlampe und macht sich daran, unter der Bettdecke zu lesen.

---

* Die trickreiche männliche Spinne als Figur in westafrikanischen und karibischen Volksmärchen (*Anm. d. Übers.*).

Beccka liest im geheimen die Bibel von vorne bis hinten, nicht aus Überzeugung – der kleine Wicht –, sondern weil alle um Beccka herum dieses Buch immer wieder erwähnen und weil sie versuchen will, Unstimmigkeiten und Fragen zu finden, mit denen sie die anderen schlagen kann.

Am nächsten Morgen ärgert sich Auntie Mary immer noch. Auntie Mary wäscht draußen beim Wasserspeicher Kleidung und klatscht sie fest gegen den großen Fels. Die fette, verschlagen schauende Katie vom Hinterhof nebenan besucht und tröstet sie. Alle besuchen Auntie Mary in diesen Tagen und trösten sie wegen des Kreuzes, das sie zu tragen hat (womit sie Beccka meinen). Die fette Katie hat viel Zeit, herumzugehen und andere zu trösten, seitdem ihr Sohn und seine Frau zu Katie aufs Land zogen, nachdem sie schwere Zeiten in der Stadt durchgemacht hatten. Und seit die junge Frau so plötzlich durch die Tür kam, behauptet Katie, daß sie selbst zu kränklich sei, um irgendeine Hausarbeit oder die Wäsche zu erledigen. Während also die Schwiegertochter im Hof Seife schaumig schlägt, teilt Katie drüben bei der Waschtonne Auntie Mary mit, daß sie ihr Gesellschaft leisten werde. Im Moment tröstet Katie sie wegen Beccka, deretwegen (wie sie Auntie Mary erzählt) jede anständige aufrechte christliche Seele das heißt jeder hier außer jener Dorcas Waite über die man sich nicht den Mund durch Reden schmutzig machen sollte jawohl das Herz aller ordentlich lebenden Menschen fühle mit Auntie Mary denn bei allem Respekt für ein reizendes wohlerzogenes Kind wie Cherry deren Tochter sei eine Ausgeburt des Teufels. Nicht daß irgendwer etwas gegen Cherry sagte Gott wisse die habe genug Ärger um den Kopf seit sie sich mit diesem großen stocksteifen Mann treffe obwohl kleine junge Mädchen wie sie niemals etwas mit verheirateten Männern anfangen sollten.

Katie holt lang genug Luft, um zu fragen: „Sehn Sie Miss Mary glauben Sie nicht daß Cherry dem Teufel höchstpersönlich begegnet ist als sie mit ihr schwanger ging? Das passiert häufig wissen Sie. Denken Sie an die Frau drüben in Allside die das Kind mit den zwei Köpfen geboren hat gelobt sei Jesus daß es eine Totgeburt war. Sehn Sie, Sie wissen doch noch eines Tages als sie zum Fluß runter ging um Wäsche zu waschen ist ihr der Teufel höchstpersönlich begegnet. Jawohl. Trat ihr einfach in den Weg. Sie ließ einen großen Schrei raus bevor sie ohnmächtig wurde und als alle angerannt kamen hat ihn keine Seele mehr gesehen. Weg war er einfach weg. Wissen Sie wohin er ging? Mitten hinein in die Kleine. Mitten in ihren Bauch. Und Miss Mary ich sag Ihnen die reine Wahrheit grad als das Kind geboren wurde hat die Hebamme einen Schatten aus der Mutter raus und durch den ganzen Raum fliegen sehen. Sie hat sich so erschrocken daß sie beide Augen feste zugemacht hat und so ist der Teufel dann entkommen."

„Also davon weiß ich nichts. Beccka ist ganz sicher nicht mit zwei Köpfen geboren worden, auch sonst ist nichts mit ihr verkehrt. Sie will bloß nicht hören, einfach nicht hören."

„Hab ich's nicht gesagt?"

„Das Problem ist, Cherry ist zu weich, um sie zu bändigen. Wenn Sie Cherry scharf ansehen, fängt sie selbst an zu weinen. Sie war nie ein starkes Kind, und sie ist auch jetzt keine starke Frau, ihr Herz ist einfach zu weich."

„Wie dem auch sei Recht muß Recht bleiben und es gibt nur eine richtige Art Kinder großzuziehen und das ist wenn man ihnen den Arsch versohlt entschuldigen Sie den Ausdruck Miss Mary aber für grobe Dinge braucht's grobe Worte. Dieses Kind hätte vom Tag seiner Geburt an Schläge bekommen sollen. Dann wäre sie jetzt auch nicht so frühreif. Wer nicht hören will muß fühlen und aus Tadel wächst Weisheit aber ein allein gelassenes Kind macht seiner Mutter Schande. Schande, Miss Mary."

„Das ist wahr. Wissen Sie, ich hätte nichts dagegen, wenn das Kind bloß etwas anstellen würde, aber was mir richtig wehtut, Miss Katie, ist, daß das Kind so viel weiß und damit angibt. Kleine Kinder haben kein Recht, so viele Dinge im Kopf zu haben. Raten Sie mal, was sie mich letztens gefragt hat, na? – ob ich wüßte, wie sich Würmer vermehren."

„Meine Liebe, was sagen Sie?"

„So wahr Jesus mein Zeuge ist. Zu einer erwachsenen Frau wie mir kommt sie und fragt mich das. Vermehren, sag ich Ihnen. Jawohl Auntie Mary, sagt sie, als ob ich blöd

wäre. Wenn der Wurmmann und die Wurmfrau zusammen-
kommen und ein Baby haben. Weißt Du wie das geht? –
Genauso hat sie mich gefragt."

„Was sagen Sie da? Jesus von Nazareth!"

„Bitte sehr. Das hat das Kind mich gefragt. Mich soll
der Blitz erschlagen, wenn ich eine Lüge erzähle. In meinem eigenen Haus. Das Kind meiner eigenen Schwester. So
wahr er mir helfe, ich war so erschrocken, daß das Gör so
frech sein konnte, daß ich im Nu Kopfschmerzen bekam.
Aber bevor ich mich hinlegen konnte, Miss Katie, habe ich
ihr solche Schläge versetzt, daß sie alles über Würmer und
Vermehrung vergessen hat."

„In Jesu Namen!"

„Jawohl. Das kommt von all den Büchern, mit denen
ihr Vater sie vollgestopft hat. Bücher waren alles, für das
er gut war. Statt daß er dem Kind was zu essen gekauft oder
Cherry geholfen hätte, unterzukommen, hat er immer nur
Bücher besorgt. Und hat dem Kind seinen Stempel aufge-
drückt. Der Mann hatte nie einen Funken Verantwortungs-
gefühl. Sehn Sie doch nur, wie er sich in die Fremde fort-
gemacht hat, ohne seiner rechtmäßigen Ehefrau und den
Kindern was zu sagen, geschweige denn Cherry und ihrem
Kind. Gott weiß wo das alles noch enden soll."

„Also Miss M., die beiden wollen tatsächlich für immer bei Ihnen bleiben?"

„Ich weiß es nicht, meine Liebe. Was sollen sie tun?
Wissen Sie, Cherry hält's auf keiner Arbeit lange aus. Schon
als kleines Mädchen war sie so nervös, daß sie keine Sache
lang hat machen können. Seit Papa und Mama gestorben
sind, bin ich die einzige, an die sie sich wenden kann, wissen
Sie. Und ich sage Ihnen, Miss Katie, selbst wenn die beiden
mir die Haare vom Kopf fressen und das Kind mich in die
Klapsmühle bringen sollte, werde ich es als das Kreuz annehmen, das ich tragen soll auf dieser Welt."

„Amen. Dennoch vergessen Sie nicht was ich Ihnen
über den Teufel erzählt habe. Das Kind könnte den Teufel
im Leib haben. Normalerweise ist kein Balg so frech und
frühreif. Lassen Sie besser den Herrn Diakon mal nach-
schauen wenn er das nächste Mal kommt."

„Jaja. Trotzdem, Miss Katie, ist sie nicht durch und durch schlecht, wissen Sie. Manchmal, wenn sie nachts singt und tanzt oder sich ein Stück ausdenkt und es uns vorführt, kommen wir aus dem Lachen nicht mehr heraus. Und wenn ich mir sie dann so ansehe, sag ich mir, das ist wirklich ein begabtes Kind."

„Na ja meine Liebe es ist Ihr Kreuz. Wenn Sie's so sehen, es ist immer noch das Kind Ihrer Schwester."

„Eben. Ich hoffe bloß bei Gott, daß das Kind die Stipendienprüfung schafft, und Gott weiß, sie ist so helle, daß sie es schaffen müßte. Und wissen Sie was, Miss Katie, ich hab sie für die drei Internate angemeldet, die am weitesten weg von hier liegen. Sollen deren Lehrer sich mit ihr herumschlagen, dafür werden sie schließlich bezahlt."

Versteckt hinter dem Wasserspeicher hat Beccka die Unterhaltung belauscht, wie immer. Sie überlegt, ob sie einen Draht über den Weg spannen soll, damit die fette Katie stolpert, aber heute ist sie zu faul dazu. Die fette Katie wird schon noch ihren Auftritt beim Jüngsten Gericht haben, denn sie wird nicht schnell genug laufen können, um sich den himmlischen Heerscharen anzuschließen. Beccka sitzt dort und stellt sich vor, wie Katie außer Puste auf der Wiese erscheint, gerade als die Gemeinschaft der Standhaften in ihren weißen Roben wie ein Körper auf einem Lichtstrahl emporsteigt. Sie sieht Katie festgekrallt am Rocksaum eines der Standhaften und wie durch ein Wunder, langsam, langsam beginnt Katie emporzusteigen. Aber ihr Gewicht ist eben doch zu groß, und mit einem ratschenden Geräusch, das den feierlichen Augenblick verdirbt, reißt der Saum vom Gewand ab und Katie fällt mit einem lauten Klatsch auf die Erde zurück, jammernd und den anderen zurufend, sie sollten auf sie warten. Beccka muß bei dieser Vorstellung so stark kichern, daß sie sich schnell aus dem Staub machen muß, bevor Auntie Mary und Katie sie hören. Die denken, das Krachen in der Kakaopflanzung komme von einem Mungo.

Beccka ist in Auntie Marys Zimmer – das ihr verboten ist – und macht sich fein mit Auntie Marys Perlen, Auntie Marys hochhackigen Schuhen, Auntie Marys Schal und Auntie Ma-

rys großem Schlapphut, den die nur zu Hochzeiten trägt –
alles verbotene Sachen. Beccka stolziert vor dem dreifach ver-
stellbaren Spiegel hin und her, her und hin, ganz in Auntie
Marys eitler Art, die sie neben ihrem hartverdienten Geld aus
Kuba mitgebracht hat. Beccka stellt sich vor, sie sei eine
wunderschöne Frau am Arm eines stattlichen Gentleman, der
ganz wie ihr Vater aussähe. Sie wären dabei, eine Bar zu
betreten – Neonlicht blitzt – und Beccka weiß, daß dies die
zweit-verruchteste Sache ist, die eine Frau tun kann. Ge-
dämpfte Musik spielt, als Beccka an einem von einer chinesischen Lampe beleuchteten Ecktisch das Verruchteste macht,
was eine Frau begehen kann – sie nimmt einen Drink. Keinen Rum. Einmal, als Beccka mit Auntie Mary zu einer Hochzeit gegangen war, hatte sie einen Rum stibitzt, und ihr war
zwei Tage lang übel. Beccka denkt an die Anzeigen mit all
den leuchtenden Getränken, die sie in dem Magazin gesehen
hat, daß Cherry von einer Lady mitgebracht hatte, für die sie
in der Stadt arbeitete – ein leckerer gelber Drink in einem
hohen, milchigen Glas . . .

   „Beccka, Rebecca, oh mein Gott!" Das ist Cherry, wie
sie in das Zimmer stürzt und jammert. „Du weißt doch, sie
wird fuchsteufelswild werden, wenn sie Dich mit ihren
Sachen sieht – Du weißt doch, daß Du ihre Sachen nicht
anfassen sollst."

   Cherry entreißt Beccka Auntie Marys Sachen und wirft
sie wieder an den hoffentlich richtigen Platz, stellt den Spiegel wieder auf den hoffentlich richtigen Winkel ein und
betet, ja betet, daß Auntie Mary nicht herausfinden möge,
daß Beccka in ihren Sachen herumgekramt hat. Schon wieder. Denn Auntie Mary ist so ordentlich, daß sie immer
merkt, wenn etwas nicht an Ort und Stelle ist. „Mein Gott
Beccka," stöhnt Cherry.

   Beccka, ihres Kostüms beraubt, verschwendet keinen
Gedanken an ihre aufgeregt um sie herumlaufende Mutter. Sie trägt die Geschichte im Kopf mit sich in das Zimmer nebenan, obwohl der Spiegel hier viel zu hoch für sie
hängt, so daß Beccka den Schwung ihres Kleids nicht sehen kann, als sie das Dritt-Verruchteste macht, was eine
Frau tun kann, nämlich die ganze Nacht durchzutanzen.

Auntie Mary ist mit den Nerven am Ende, und Cherry weint täglich vor Aufregung. Der Herr Diakon wird kommen. Auntie Mary ist so aufgeregt, daß sie weder sitzen noch stehen noch ihre Stickerei beenden noch essen kann – sie vergißt Sachen – das Haus geht vor die Hunde – sie merkt nicht einmal, daß Beccka ihren Lippenstift benutzt hat. Schon wieder. Der Herr Diakon kommt Mittwoch zu den Kirchen im Umkreis und wird anschließend (wie üblich) sicherlich wenigstens für einen Moment vor Auntie Marys Tor halten, um (wie üblich) zwei Dutzend von Auntie Marys schönsten Rosen und eine Flasche Pimentlikör von Weihnachten zu erhalten. Und vielleicht wird der Herr Diakon bloß dieses eine Mal Auntie Marys Bitte entsprechen und in ihrem bescheidenen Heim zum Tee hereinschauen. Bloß dieses eine Mal.

Auntie Mary stünde diese Ehre wenigstens einmal zu, denn sie ist die Vorsteherin des Müttervereins, und wenn viele der anderen auch eifersüchtig auf sie sind und hinter ihrem Rücken über sie reden, weil der Herr Diakon noch nicht ein Mal vor ihren Türen haltgemacht hat, so sollten sie es bloß wagen, ihr etwas offen ins Gesicht zu sagen.

Für den sicheren Halt des Herrn Diakons vor ihrem Tor schrubbt Auntie Mary das Haus von oben bis unten holt die frisch gereinigten Weihnachtsvorhänge und die Spitzendecke und die frisch gestärkten Deckchen und die Sesselschoner wieder hervor putzt alle Fenster im Haus läßt die Hibiskushecke so stutzen daß man über die Oberkante schliddern kann wäscht den Hund streicht jeden Stein im Garten und jeden Baumstamm weiß streicht das Tor poliert das Silber und holt die gläserne Kuchenplatte und die Kristallgläser hervor, die sie vor fünfundzwanzig Jahren aus Kuba mitgebracht und für ihr Alter zurückgelegt hatte. Bloß für den Fall, daß der Herr Diakon zum Tee bleiben kann, hat Auntie Mary einen Früchtekuchen, einen gestürzten Kuchen, einen Dreilagenkuchen und einen Schokoladenkuchen gebacken, denn sie weiß nicht, welchen er lieber mag, außerdem einige Kokosplätzchen, denn auch wenn der Herr Diakon ein Engländer ist, heißt das nicht, daß er kleine jamaikanischen Leckerbissen nicht mag. Alles wird hübsch und fein für den

Herrn Diakon bereitet sein, ganz so wie die amerikanische Lady, für die sie in Kuba gearbeitet hat, es ihr beibrachte.

Das einzige, was Auntie Mary jetzt noch Sorgen macht, da sie ihren sauberen und ordentlichen Haushalt betrachtet, ist Beccka, die schmutzige Beccka, die gerade auf den Küchenstufen sitzt und die Mixschüsseln ausleckt. Der Gedanke an Beccka im selben Haus wie der Herr Diakon ruft einen von Auntie Marys Kopfschmerzanfällen hervor. Sie überlegt, Cherry zu bitten, Beccka am Nachmittag, wenn der Herr Diakon kommt, irgendwo anders hinzubringen, aber Cherry arbeitet so hart und ist genauso aufgeregt über das Kommen des Herrn Diakons. Auntie Mary hat nicht den Mut, Beccka zu irgendjemand anderem zu schicken, denn niemand weiß, was das Kind das nächste Mal anstellt, und die meisten Leute reagieren nicht so tolerant wie sie, Auntie Mary. Sie betet darum, daß dem Kind so schlecht werden möge, daß es im Bett bleiben muß, ja sie – Gott vergebe ihr, aber es ist für einen guten Zweck – sie erwägt sogar, das Kind für den Nachmittag zu narkotisieren. Aber ihr fehlt das Herz dazu. Und außerdem weiß sie nicht genau, wie. Also nimmt Auntie Mary zwei Aspirin und ein kleines Glas *tonic wine* als Stärkungsmittel und betet fest, daß Beccka am Nachmittag, wenn der Herr Diakon zu Besuch kommt, wie durch ein Wunder verschwinden möge.

Nun ist der Herr Diakon da und Beccka und alle anderen erscheinen in ihren besten Kleidern. Gott sei Dank zeigt Beccka sich auch sonst von ihrer besten Seite (sie kann sich sehr gut benehmen), und bis jetzt wirkt sie tatsächlich wie ein kleiner Engel, so sauber und wohlerzogen.

Tatsächlich ist auch der Diakon ganz entzückt von Beccka und fühlt wachsende Befriedigung darüber, daß er eingewilligt hat, an diesem Nachmittag bei Auntie Mary auf eine kleine Tasse Tee hereinzuschauen. Beccka benimmt sich so fein und und unterhält sich so gut mit dem Herrn Diakon, daß Auntie Mary ihr Herz vor Stolz und Freude überlaufen fühlt. Tatsächlich benimmt sich Beccka so gut, daß Auntie Mary und Cherry nicht zweimal darüber nachdenken, sie in der guten Stube zurückzulassen, wo sie mit dem Herrn

Diakon sprechen kann, während sie nebenan in der Küche den Tee bereiten.

Inzwischen tauschen Beccka und der Diakon ihre Bibelkenntnisse aus. Beccka stellt ihm Fragen, und er versucht sie nach besten Kräften zu beantworten, obwohl sie ihm auf dem Seminar keines dieser Dinge je beigebracht haben. Zuerst fragt er Beccka, ob sie ein braves kleines Mächen sei. Ja, sagt Beccka, sie lese ihre Bibel jeden Tag. Tust Du das wirklich, sagt der Diakon, großartig. Beccka schaut verlegen und lächelt.

„Sag mir, meine Kleine, gibt es irgendetwas in der Bibel worüber Du mich gerne fragen würdest?"

„Ja, Sir. Wer in der Bibel hat groß geschrieben?"

„Wer in der Bibel groß geschrieben hat. Mein liebes Kind!"

Dies ist nicht die Art Fragen, die der Diakon erwartet hat, aber stolz wie er ist auf seinen Umgang mit Kindern, entschließt er sich, seine Unwissenheit zuzugeben.

„Sag es mir?"

„Paulus!", ruft Beccka.

„Paulus?"

„Galater sechs elf: ‚Seht, mit welch großen Buchstaben ich Euch schreibe mit meiner eigenen Hand'."

„Ho ho ho ho", lacht der Diakon. – „Gut gemacht. Probier's mit noch einer anderen Frage."

Beccka will es ihm dieses Mal leichter machen.

„Welches Tier hat einen Engel gesehen?"

„Welches Tier hat einen Engel gesehen? Meine Güte. Welches Tier . . . natürlich. Balaams Esel!"

„Ja, Sie haben's."

Beccka hüpft hin und her, so aufgeregt ist sie. Sie will nun dem Herrn Diakon eine raffinierte Frage stellen, die sie von ihrem Vater hat.

„Was haben Adam und Eva gemacht, nachdem sie aus dem Paradies vertrieben worden sind?"

„Äh", stottert der Diakon, kann aber keine passende Antwort finden.

„Kain großgezogen ha ha ha ha ha."

„Sie haben Kain großgezogen ho ho ho ho ho."

Der Diakon nimmt sich vor, diesen Spruch dem Subdia-
kon zu erzählen. Trotzdem fühlt er sich nicht ganz wohl in
seiner Haut. Es schickt sich eigentlich nicht für einen Diakon, diese Art Unterhaltung mit einem elfjährigen Mädchen zu führen. Aber Beccka ist schon mit Volldampf bei
der nächsten Frage, und der Diakon konzentriert sich.

„Wer ist beinahe der älteste Mann in der Bibel?"
Der Diakon stöhnt auf.

„Abraham. Denn er hätte in Ur alt werden können.
Ha ha ha."

„Ho ho ho ho ho."

„Welche Reise dauert am längsten in der Bibel?"

„Der Weg ins Gelobte Land", ruft der Diakon.

„Der Fluch der Verdammten", schreit Beccka.

„Ho ho ho ho ho ho."

Der Diakon muß jetzt so heftig lachen, daß er zu husten anfängt. Er hustet und hustet, bis das Husten ihn zur
Besinnung bringt. Er schaut den Flur hinunter in die Richtung, in die Auntie Mary gegangen ist, und wünscht, sie
würde schnell zurückkommen. Er hustet einige Male in sein
Taschentuch, reibt sich sein Auge, setzt sich kerzengerade
und nimmt seine ehrwürdigste Haltung an. Sogar Beccka
ist beeindruckt.

„Also Rebecca. Äh. Du bist ein sehr kluges, sehr amü-
santes kleines Mädchen. Wirklich sehr. Aber was ich im Sinn
hatte, waren ein bißchen ernsthaftere Fragen. Deine Tante
hat mir erzählt, daß Du auf die Konfirmation vorbereitet
wirst. Ganz sicher bewegen Dich einige Fragen zur Dogma-
tik, äh, zur Religion. Irgendwelche ernsthaften Fragen?"

Beccka schaut den Diakon lang und gründlich an. „Ja",
sagt sie leise nach einer langen Weile. Sofort richtet sich
der Diakon noch gerader auf.

„Was ist es, meine Kleine?"

Becckas Miene zieht sich vor Konzentration zusammen.

„Sir, ich möchte etwas wissen, auf das ich in der ganzen Bibel keine Antwort finden kann. Bitte, Sir, tragen Engel
Büstenhalter?"

Auntie Mary kommt gerade in diesem Augenblick mit
einem vollen Tablett durch den Türbogen, und Cherry hin-

ter ihr trägt ein weiteres großes Tablett. Ausreichend Speisen und Getränke für zehn Diakone. Auntie Mary bleibt starr vor Schreck im Eingang stehen, als sie Becckas Frage hört. So plötzlich hält sie an, daß Cherry in sie hineinläuft und ihr einen vollen Krug mit kaltem Getränk über den ganzen Rücken gießt. Als Auntie Mary die Kälte spürt, hüpft sie und schleudert ihr halbes Tablett auf den Boden. Milch und Zucker und Sandwiches regnen auf den Herrn Diakon hinab. Der Diakon springt auf und beginnt, sowohl sich selbst als auch Auntie Mary mit seinem Taschentuch abzuwischen, während er gleichzeitig versucht, ihr das Tablett abzunehmen. Zur gleichen Zeit versucht Auntie Mary, den Herrn Diakon mit einer Serviette abzuwischen und merkt in ihrer Bestürzung nicht einmal, wie erleichtert der Diakon darüber ist, daß soviel Chaos gerade im rechten Moment gekommen ist. Die arme weichherzige Cherry, die zwar noch nicht den Grund dafür weiß, aber sieht, daß das ganze Leben ihrer Schwester nun ruiniert ist, läuft hinaus, setzt sich auf den Küchenhocker, wirft die Tischdecke über ihren Kopf und bleibt dort sitzen, klagend und klagend vor Mitgefühl.

Beccka erhält das Stipendium für die höhere Schule. Sie schneidet so gut ab, daß sie auf diejenige Schule von Auntie Marys Wahl kommt, die am weitesten entfernt liegt. Beccka ist verärgert, denn sie will nicht mit einem Haufen Mädchen ein Internat besuchen. Beccka will überhaupt gar keine Schule besuchen.

Alle sind so zufrieden mit Beccka. Auntie Mary ist sogar noch zufriedener, als sie den Brief der Direktorin erhält, worin die Schulordnung ausführlich dargelegt wird. Es tut ihr lediglich leid, daß die Liste nicht noch länger ist, denn ihr fallen noch eine Menge Sachen ein, die sie hinzusetzen könnte. Auntie Mary erhält noch einen weiteren Brief, in dem die Schuluniform beschrieben wird, und sofort macht sie sich ans Nähen. Cherry nimmt eines Tages den Bus in die Stadt mit Geld von werweißwoher (denn das Kind hat ja keinen Vater, der der Rede wert ist), und sie kauft Schuhe und Söckchen und Unterwäsche und ein Haarband und

Handtücher und eine Zahnbürste und einen Koffer für Beccka. Beccka freut sich normalerweise wie ein Schneider über alle neuen Sachen und stolziert wie ein Pfau mit Kleidern und Haarbändern herum. Jetzt aber schaut sie kaum hin. Beccka grübelt. Sie will auf überhaupt keine Schule gehen. Aber wie kommt sie aus der Sache heraus? Als Beccka fertig ist mit Nachdenken, entschließt sie sich, wegzulaufen und ihren Vater zu suchen, der wie durch ein Wunder nun eine Stelle in einem Zirkus haben soll. Und wenn sie ihn gefunden habe, würde Beccka eine Stelle als Hochseiltänzerin im Zirkus bekommen und jeden Abend im Lichterkegel vor einer jubelnden Menge auftreten, in Paillettentrikot und Strumpfhose, mit Lippenstift und Puder (ihrem eigenen). Beccka und der Zirkus würden um die ganze Welt reisen. Hin und wieder würde Beccka, mit Pelz und Hüten ganz wie Auntie Marys Hochzeitshut herausgeputzt, nach Hause kommen und Auntie Mary und Cherry besuchen. Sie würde in einer Limousine mit Chauffeur vorfahren, vollgestapelt mit Gepäck. Beccka würde die beiden mit Geschenken überhäufen. Das ganze Dorf. Für die fette Katie würde Beccka eine Jahresration Diättabletten und ein Trimmgerät mitbringen, ganz so wie das, von dem sie eine Anzeige in dem Magazin gesehen hat, das Cherry von der Lady erhalten hatte.

Nun ist Beccka bereit, wegzulaufen. In den Büchern werden Kinder, die weglaufen, immer gezeigt, wie sie ihre Sachen zu einem Bündel schnüren und an einen Stock binden. Das mit dem Stock ist einfach. Beccka nimmt einen der Wanderstöcke, die Auntie Marys edlem Verblichenen gehörten. Aus reiner Bosheit nimmt sie Auntie Marys Seidenschal, um darin ihre Sachen einzupacken, denn Auntie Mary ist schuld daran, daß sie überhaupt zur Schule gehen muß. In das Bündel packt sie Auntie Marys Lippenstift, Auntie Marys Gesichtspuder und ein Paar von Auntie Marys Strümpfen, denn all dies wird sie für ihren ersten Auftritt als Hochseiltänzerin brauchen. Sie nimmt ein Stück Kuchen, ihre glänzende Murmel und einen gelben Klicker, ihren besten, für den Fall daß sie die Gelegenheit erhält, an der Murmel-Weltmeisterschaft teilzunehmen. Die Bibel packt sie auch ein. Sie will eine richtig harte Nuß finden für den Herrn Diakon, wenn er das nächste Mal in Auntie Marys Haus zum Tee kommt.

Während Auntie Mary und Cherry eifrig ihre Schuluniform nähen, macht sich Beccka mit ihrem Bündel schnurstracks über die Straße ins Feld davon. Mr. O'Connor ist ihr bester Freund, und sie weiß, daß er nichts dagegen haben wird, wenn sie über seine Weide geht. Mr. O'Connor ist ihr bester Freund, weil er der einzige Mensch ist, mit dem Beccka eine richtige Unterhaltung führen kann. Beccka beginnt, auf den Berg zuzuwandern, der in der Ferne im Dunst liegt. Sie hat vor, den Berg zu besteigen, und wenn sie hoch genug gestiegen ist, will sie nach einem Zeichen Ausschau halten, das sie zu ihrem Vater führen wird. Beccka wandert und wandert über die Weide, die durch eine Steinhürde und ein Holztor geteilt wird, welche sie übersteigt. Einmal zeigen ihr ein paar Bäume, wo sich ein Teich befindet. Aber der ist sehr einsam. Alles, was Beccka sieht, sind Krähen und Kühe, Reiher, Amseln und Papageien, die sie von den Bäumen her ankreischen. Beccka jedoch achtet nicht auf sie. Ihre Gedanken sind eifrig damit beschäftigt, sich vorzustellen, wie traurig Auntie Mary und Cherry jetzt sein werden, und sie entwirft einen Brief, den sie ihnen schicken wird, um mitzuteilen, daß sie in Sicherheit ist und daß sie ihnen alles verzeiht. Doch die Sonne steigt zu hoch am Himmel und Beccka wird durstig. Sie ißt den Kuchen, hat aber kein Wasser. Weit in der Ferne sieht sie eine Gruppe Bambusbäume und hofft, daß diese um eine Wasserquelle herum wachsen. Aber als sie zu den Bambusbäumen kommt, bieten diese lediglich Schatten. Die trockenen Bambusblätter auf dem Boden wirken jedoch so weich und einladend, daß Beccka sich entschließt, sich hinzusetzen und eine Weile zu ruhen. Sie schläft ein; Beccka schläft. Als sie aufwacht, sieht sie über sich vier Pferdebeine stehen, und als sie sich erhebt und hinschaut, auch Steigbügel, Stiefel; und auf dem Pferd sitzt ihr bester Freund, Mr. O'Connor.

„Na Beccka, machst Du einen großen Spaziergang?"
„Ja, Sir."
„Weit von zu Hause weg, was?"
„Ja, Sir."

„Fortgelaufen?"

„Ja, Sir."

„Hm. Was hast Du mitgenommen?"

Beccka erzählt ihm, was sie in dem Bündel hat. Mr. O'Connor ist entsetzt.

„Wie, kein Geld?"

„Ooh!"

Beccka schämt sich fürchterlich dafür, daß sie nicht an Geld gedacht hat.

„Also, Du brauchst Geld, um wegzulaufen, weißt Du. Wie willst Du sonst für Züge und Flugzeuge und Taxis bezahlen und Eiskrem und *pindar cake* kaufen?"

Beccka hatte an keine dieser Sachen gedacht, bevor sie weglief. Jetzt jedoch merkt sie, wie recht Mr. O'Connor hat; sie weiß aber nicht, was sie tun soll. So stehen die beiden sich eine ganze Weile lang einfach gegenüber. Sie überlegen gründlich.

„Weißt Du, Beccka, wenn ich Du wäre, würde ich mich heute nicht mit dem Weglaufen belasten. Vielleicht haben sie noch gar nicht gemerkt, daß Du gegangen bist. Also, ich würde zurück nach Hause gehen und warten, bis ich genug Geld gespart hätte, um meine Reise zu finanzieren."

Beccka mag den Klang dieser Worte: *Um meine Reise zu finanzieren.* Sie denkt lange Zeit darüber nach. Mr. O'Connor meint: „Ich sag Dir was. Ich nehm Dich auf dem Pferd mit zurück und Du kannst dies als Training ansehen. Dann kannst Du damit beginnen, Dein Geld zu sparen, um beim nächsten Mal so richtig wegzulaufen."

Beccka schaut Mr. O'Connor an. Er sieht weg in die Ferne, und sie folgt seinem Blick, und als sie den Berg sieht, entschließt sie sich, es auf später zu verschieben. Den ganzen Ritt zurück mit Mr. O'Connor denkt Beccka und denkt, und ihr Lächeln wird breiter und breiter. Beccka kann es gar nicht erwarten, nach Hause zu kommen und sich all die komplizierten Fragen auszudenken, die sie einer ganzen Schule voller Mädchen stellen könnte. Von den Lehrern ganz zu schweigen.

Beccka lacht den halben Weg über. Plötzlich sagt sie: „Mr. O'Connor, kennen Sie sich in der Bibel aus?"

„Na ja, Beccka, ich lese jeden Tag in meiner Bibel, ich denke also schon."

„Versprechen Sie mir, eine Frage zu beantworten."

„Versprochen."

„Mr. O'Connor, tragen Engel Büstenhalter?"

„Also Beccka, so weit ich weiß, müssen das lediglich die Engel-Damen."

Becckas Lachen findet kein Ende. Ist das nicht die Antwort, auf die sie gewartet hat?

Olive Seniors Kurzgeschichte ist im jamaikanischen Englisch verfaßt. So verwendet die Autorin durchgängig die Verlaufsform (z.B. *telling*) statt des einfachen Präsens (*tell*), unter Verzicht auf alle Formen von *to be*. Dies kann im Deutschen nicht angemessen wiedergegeben werden (*Anm. d. Übers.*).

Übersetzt von Helge Nowak
Aus: Olive Senior, *Summer Lightning and Other Stories*.
© Longman Caribbean Writers, 1986.

Foto: T. Kelly

Charlotte
Watson Sherman

Charlotte Watson Sherman (USA) wurde 1958 in Seattle geboren, wo sie auch heute mit ihrer Familie lebt. Sie hat Psychologie studiert, hat als Beraterin und Therapeutin für vergewaltigte Frauen gearbeitet. Bisher ist sie zumeist als Lyrikerin und Autorin von Kurzgeschichten hervorgetreten; der Roman *One Dark Body* ist ihr Erstling. Ihre Beobachtungsgabe und ihr Einfühlungsvermögen in seelische Zustände und Entwicklungen kommt in allen Werken Charlotte Watson Shermans deutlich zum Ausdruck: Ihre Figuren sind psychologisch glaubwürdig gestaltet, ihre Sprache ist präzise; sie nimmt ihre Leser mit auf Lese-Reisen durch Geschichten, die jedem von uns passieren könnten.

Bibliographie
Killing Color. Erzählungen. (Calyx, 1991)
One Dark Body. Roman. (Harper Collins, 1993)
(Hg.) Sisterfire: Black Womanist Fiction and Poetry. (Harper Collins, 1994).

Die Lust der Mutter

Langsam ging Nola durch das Haus, wischte Staub in den Regalen und polierte das Glas. Sie lauschte dem Gemurmel, das von ihrer Mutter und ihrer Tante herüberdrang, als flüsterte jemand im Traum. Seit einer Woche hatte sie El nicht mehr gesehen, und langsam verlor sie innerlich den Boden unter den Füßen.

Es fiel ihr schwer, daran zu glauben, daß mit ihr und dem Baby und El alles gut gehen würde. „Manchmal ist dein Glauben alles, was du besitzt", hatte Bess zu Nola gesagt und ihre weinende Nichte in den Arm genommen.

Vor zwei Tagen hatte das Baby in ihrem Bauch sie getreten. In nicht allzu ferner Zeit würde es soweit sein. Sie wußte, daß ihre Mutter ihre Meinung über El nicht ändern würde, nicht mit dem Kind, das da in ihr heranwuchs.

Nola hatte Angst davor, das Baby zur Welt zu bringen, Angst davor, den keimenden Samen aus der Geborgenheit ihres Körpers in die Kälte der wartenden Welt zu stoßen. Die Grausamkeit ihrer Mutter wäre gar nichts im Vergleich zur Boshaftigkeit der engstirnigen Leute von Pearl.

„Es wird dir vorkommen, als hätten sie nie zuvor ein Baby gesehen, so wie sie die Augen verdrehen und sich aufführen", brummelte sie. „Genau wie Mama. Läuft durch's Haus und verzieht den Mund. Ich weiß, wie sie mit mir schwanger war und sich um mich kümmern mußte. Sie ist alles andere als die Heilige, für die sie sich hält."

Nola unterbrach sich, als sie zu dem blind gewordenen Goldrahmen mit dem einzigen Bild ihres Vaters kam. Sie sah ihm überhaupt nicht ähnlich. Er war ein gelbhäutiger Mann mit großen, funkelnden, schwarzen Augen im runden Gesicht.

„Sie fielen mir zuallererst an ihm auf", sagte ihre Mutter manchmal lachend. „Große, glänzende Fischaugen. Das dachte ich, als ich ihn zum ersten Mal sah. Und er war nur Augen, die alles in der Welt sahen und sich über alles wunderten."

In Gegenwart von Nola oder irgendjemand anderem sprach ihre Mutter nur selten von ihm. Sie sagte immer, er wäre ein Teil ihres Lebens, den sie am besten schnell vergessen sollte, wenn sie nicht so enden wollte wie Mrs. Buchanan und die meiste Zeit damit verbringen, vor sich hinzubrüten oder sich auf dem Friedhof mit den Träumen der Toten herumzuschlagen.

An den Klang der Stimme ihres Vaters konnte sich Nola nicht erinnern, doch gegenwärtig war ihr noch die Berührung seiner Finger, wenn sie ihre Wangen streichelten. Diese Berührung, diese einfache Geste, die nur ihm allein gehörte, zeigte ihr, wie sehr er sie liebte. Sie sehnte sich nach dieser Zärtlichkeit von ihm, jetzt, in diesem Augenblick.

Schnell stellte sie den Rahmen wieder auf den kleinen Tisch, auf den er gehörte, eine Reliquie. Die Stimmen aus der Küche wurden lauter und ließen sie erstarren.

„Deine Hände sind genau so blutig wie die aller anderen, Ouida. Nur daß deine noch blutiger sind, denn schließlich bist du ihre Mutter", hörte Nola Bessie sagen.

„Du spinnst."

„Nein. Du spinnst, und ich hab das satt. Dieses Mädchen braucht dich jetzt. Du kannst sie nicht mehr benutzen, und darum willst du die gekränkte Mutter spielen, dabei bist du diejenige, die im Unrecht ist."

„Du denkst wohl, nur weil du wieder voll bist, kannst du mit mir reden, wie's dir gerade paßt? Du spinnst doch! Das hier ist mein Haus, und wenn dir nicht paßt, was ich in meinem Hause sage, dann sage ich dir, was ich diesem Mädchen gesagt habe: SCHER DICH RAUS!" rief Nolas Mutter.

„Sie wegzujagen, ändert doch genauso wenig an der Tatsache, daß du Unrecht hast, wie mich wegzujagen. Wirklich, das ist das Letzte, was du brauchst. Zeit, hier herumzusitzen und zu glauben, daß alles, was du im Leben gemacht hast, richtig gewesen ist, und wir andern alle im Unrecht sind. Nein, du liegst falsch, und ich werd' dir das so lange unter die Nase reiben, bis du dich gegenüber dem Mädchen da drin anständig verhälst. Sie erwartet ein Baby, dein Enkelkind."

„Ich weiß, daß ich sie richtig erzogen habe. Ich weiß, daß ich sie zu besserem erzogen habe, als sich zu einem Narren zu legen, der keine Zukunft hat, außer, daß er vielleicht ab und an mal ‚nen Dollar macht."

„Das hat doch nichts damit zu tun, wie du sie erzogen hast. Sie ist jetzt fast erwachsen und bald wird es an ihr sein, jemanden zu erziehen. Begreifst du das nicht? Das hat sie gewollt. Es hatte überhaupt nichts mit dir zu tun."

„Sie gehört mir, oder nicht? Was heißt das, es hatte nichts mit mir zu tun? Wer hat sich all die Jahre um sie gekümmert, nachdem sich ihr Daddy hat umbringen lassen?"

„Der Mann ist tot. Für immer. Bring ihn hier nicht ins Spiel."

„Er war ihr Daddy und mein Mann. Ich bring ihn ins Spiel, dreh ihn rum und tanz mit ihm durchs Zimmer, wenns mir paßt."

„Ouida, wozu soll das gut sein? Wem soll das nützen? Kannst du den Mann nach acht Jahren immer noch nicht ruhen lassen?"

„Wenn du seßhaft geworden wärst und dich lange genug vom Whiskey ferngehalten hättest, um einen Mann zu finden und zu heiraten, dann wüßtest du, was ich meine. Wenn dieser Mann zu Hause geblieben wäre, anstatt dieser Frau nachzulaufen, hätte ich ihn nicht erschießen müssen, und Nola hätte noch immer einen Vater ..."

„Der Mann war nicht dein Eigentum, Ouida. Nola ist nicht dein Eigentum, und ich gehör' dir nicht. Wenn Sanford hinter hundert Frauen hätte herlaufen wollen, du hättest ihn nicht daran hindern können. Egal, was du getan hättest. Und weißt du warum? Weil du sie lieben kannst, nicht aber besitzen. Und es ist einfach falsch, hier die ganzen Jahre herumzusitzen, Falten zu kriegen und deine ganze Bitterkeit auf Nola abzuladen. Sie hat ein Recht drauf zu versuchen, ihr Leben nach bestem Wissen und Gewissen zu leben, genau wie du. Niemand hat dir aufgetragen, du sollst den ganzen weiten Weg von Jackson, Mississippi bis Pearl, Washington, gehen, um diesen Mann zu heiraten. Und mir hat niemand aufgetragen, mit dir zu gehen. Ich tat's, damit du hier nicht so allein bist. Das war das, was du machen mußtest, und was ich machen mußte, genau wie Nola tun muß, was sie tun muß. Der Unterschied ist bloß, daß du sie dir nicht aus dem Herzen reißen mußt, wie Mama das mit dir getan hat."

„Siehst du, was ich für ihn aufgegeben habe? Siehst du's?"

„Was ich sehe, ist eine Frau, die von bitterem Wasser getrunken hat und der niemand sagt: Geh zur Quelle und trink. Du hast ziemlich lange davon getrunken, und auch wenn nun die Bitterkeit von dir gewichen ist, hast du immer noch Durst. Und ich muß nicht mit einem Mann zusammenleben, um das zu wissen."

Nola drehte sich um und ging in ihr Zimmer zurück. Sie wollte nicht, daß die Frauen merkten, daß sie ihren Streit belauscht hatte. In den vergangenen Monaten hatte sie eine wachsende Distanz zwischen ihrer Mutter und ihrer Tante bemerkt. Der Bruch zwischen den beiden war fast genau so groß wie zwischen ihrer Mutter und ihr. Die scharfen Blicke ihrer Mutter, ihre schweren Seufzer und ringenden Hände – all das waren Zeichen ihrer wachsenden Unzufriedenheit. Und als Ausgleich für all die unterdrückte und explodierende Wut ihrer Mutter über das Verbrechen ihrer Schwangerschaft, hatte Bess sie umarmt, ihr auf die Schulter geklopft oder ihr die Füße massiert. Sie sah, wie der Groll in ihrer Mutter brodelte wie eine auf der Lippe schwärende Pustel.

Bald darauf stürmte Bess verärgert durch Nolas Schlafzimmer in ihr Zimmer und knallte die Tür hinter sich zu. Nola hörte sie fluchen, während sie in ihrer Kommode wühlte. Ein lautes Krachen auf dem Fußboden, und Nola wußte, daß sie den geblümten Koffer packte, den sie neben ihrer Toilette aufbewahrte.

Bevor Nola sich noch darüber klar werden konnte, ob sie nicht hinübergehen und ihre Tante trösten sollte, marschierte ihre Mutter ins Zimmer.

„Is sie da drin?"

Nola nickte, und ihre Mutter fixierte die Tür, als wollte sie sie aus den Angeln schlagen.

„Und was meinst du damit: an meinen Händen klebt Blut?"

„Du weißt, was ich meine."

„Du machst die Tür auf und redest mit mir. Das werden wir jetzt ein für alle Mal klären."

„Nicht vor Nola. Was ich zu sagen habe, ist nur für deine Ohren bestimmt, und du weißt, was ich zu sagen habe."

„Wenn du überhaupt was Sinnvolles zu sagen hast, dann sag's besser jetzt, Bess."

„Ouida, verschwinde von meiner Tür."

„Das ist meine Tür, in meinem Haus."

„Ich seh' schon, du wirst mir das immer vorhalten."

„Scheint so, als würdest du diese wichtige Tatsache immer wieder vergessen. Das hier ist mein Haus und kein Asyl für besoffene Weiber."

„Nun gut, du hast's nicht anders gewollt. Is dir klar, was das bedeutet, Ouida? Is es wirklich das, was du willst?"

„Ich hab nichts zu verbergen, Bessie Yarbro. Und du weißt das!"

„Nola, du gehst am besten ein bißchen spazieren. Ich hol dich dann, wenn deine Mama und ich miteinander fertig sind", sagte Bess zu Nola.

„Nola gehört mir", bemerkte Ouida. „Sie ist meine Tochter, und wage es niemand außer mir, ihr zu sagen, was sie zu tun hat. Du leg dich zu einem Mann und hör dir seine Lügen an, wie sehr er dich liebt, und krieg dann sein Baby und schau zu, wie er sich wegen einer billigen Hexe zum Narren macht. Und dann sieh zu, wie er zur Tür rausgeht und dich und dein Baby verläßt. Wenn du das hinter dir hast, dann kannst du herkommen und versuchen, jemandem zu sagen, was er zu tun und zu lassen hat."

Langsam öffnete Bess die Tür. Ihre Augen sahen aus, als wollten sie ihr aus dem Gesicht fallen. Nola sah ihre Mutter nicht an, als sie das Zimmer verließ. Ouida warf die Tür hinter ihrer Tochter ins Schloß. Während Nola zur

Haustür ging, hörte sie tiefe Stille in einer Stimme, die sonst von Lachen und Liebe erfüllt war.

„Du hast sie beobachtet", hörte sie Bess sagen.

„Was?"

„Du hast Nola und den Jungen beobachtet."

„Du lügst", sagte ihre Mutter.

„Nein, Ouida. Und du weißt, daß ich nicht lüge."

„Dir muß doch der Schnaps den Verstand geraubt haben."

„Nein, du mußt nicht ganz bei Troste sein", sagte Bess. „Du hast zugesehen, wie deine Tochter sich hingelegt und ein Baby gemacht hat, und du wußtest, was passieren würde und hast ihr nichts gesagt, oder?"

„Was hätte ich ihr zu sagen?"

„Oh, du hast ihr jede Menge zu sagen. Du hast ihr zu erzählen, was dir und Mama geschah, als ihr schwanger wurdet. Du hast ihr über das Leben und die Liebe zu erzählen. Du hast ihr zu gestehen, wie du in jener Nacht zwischen den Bäumen gestanden und zugesehen hast, wie sie diesen Jungen, den du angeblich so haßt, geküßt und umarmt hat. Du hast ihr zu erzählen, was mit Sanford passiert ist. Zumindest das mußt du ihr erzählen, denn sie hat ein Recht drauf, es zu erfahren."

„Sie weiß, ich hab sie nicht dazu erzogen ..."

„Gott sei Dank hast du sie nicht dazu erzogen, Angst davor zu haben, jemanden zu lieben. Aber das ist es nicht, was dich so rasend macht. Dich macht verrückt, daß du es nicht bist."

„Jetzt mußt du völlig verrückt geworden sein", sagte ihre Mutter.

„Es macht dich wahnsinnig, daß weder El noch irgendein anderer dich draußen zwischen den Bäumen genommen hat ..."

„Ich muß mir das nicht anhören."

„Falsch, Ouida. Du wirst dir das anhören, denn ich bin die einzige hier, die den Mut hat, dir etwas über dich selbst zu sagen. Und ich hab dich gesehen. Ich hab gesehen, wie du den Jungen angeschaut hast, als er herkam, um Nola abzuholen. Wie du versucht hast, ihm auf die Pelle zu rücken, wenn du dich unbeobachtet glaubtest. Wie du zusammengezuckt bist, als er nach ihrer Hand gefaßt hat. Ich hab dir aber schon vor langer Zeit gesagt, daß es nicht normal ist, was du tust. Es war nicht richtig, daß du Sanford erschossen hast und davongekommen bist, aber du hast's geschafft. Und dann, nachdem du die Trauerzeit, durch die jeder durch muß, hinter dir hattest, und es an der Zeit war, sich wieder dem Leben zu öffnen, hast du es nicht getan. Du wolltest der Erinnerung an diesen Mann nachhängen, als wäre sie ein Rosenkranz, du hast dieselben alten Gedanken durch deine Finger rollen lassen, bis sie dich krank gemacht haben."

Nola war sich nicht sicher, ob sie noch mehr hören wollte, doch sie war unfähig, die Tür zu öffnen und das Haus zu verlassen. Noch nie hatte sie gehört, daß ihre Tante so mit ihrer Mutter sprach. Sie hörte die Geräusche von Handgreiflichkeiten.

„Laß ja nicht noch eine deiner dreckigen Lügen aus deinem Mund, hier in meinem Haus!" hörte Nola ihre Mutter kreischen.

Schnell ging Nola auf die geschlossene Tür zu. Sie hörte den schweren Atem der beiden Schwestern.

„Nimm deine Hände weg! Ich werd' nicht eher still sein, bis du alles gehört hast, was ich dir zu sagen habe. Und du kannst sicher sein, wenn ich alles gesagt habe, was ich dir sagen muß, dann brauchst du dir niemals wieder Sorgen darüber machen, daß ich in deinem Haus je wieder irgend etwas sage oder tue."

„Raus!" kreischte ihre Mutter erneut.

„Mach dir darüber keinen Kopf. Ich werd' dir was anderes auf die Seele legen. Etwas, worüber du dir wirklich einen Kopf machen solltest. Weil ich dich gesehen hab'. Ich hab' gesehen, wie du rausgegangen bist und dort zwischen den Bäumen gestanden hast. Von da, wo ich aus dem Fenster sah, konnte ich den Schweiß auf deinem Gesicht sehen, und ich hab mich gefragt, ob du nun völlig verrückt geworden bist. Ich hab gesehen, wie du dir's unterm Kleid selber gemacht hast. Oh, yeah, ich hab alles gesehen, Ouida. Man brauchte nur ein bißchen gesunden Menschenverstand, um zu sehen, was in deinem Kopf vor sich ging. Selbst wenn ich stockbesoffen bin, weiß ich, wie es aussieht, wenn jemand scharf ist. Und ich weiß, wie scharf man sein kann. Wie du auf El. Du wolltest diejenige sein, auf die er sich legt, und die er mit seinem Schweiß überströmt, da unten im Gras. In deinem kranken Hirn waren es deine Lippen, die geküßt werden sollten, nicht Nolas."

„Sie weiß mit einem Mann doch gar nichts anzufangen."

„Aber El ist noch ein Junge, Ouida. Er ist noch kein Mann. Warum hälst du dich nicht zurück und läßt die beiden in Ruhe. Du hast deine Chance gehabt, nun laß ihnen auch eine."

„Nein", sagte ihre Mutter.

„Wie?"

„Ich sagte nein. Keiner der beiden weiß, was er will. Woher auch? Nola ist ja noch nie über Pearl rausgekommen."

„Du schon, und was hat's dir genutzt? Du, eine erwachsene Frau, schleichst herum, belauschst zwei Kinder, wie sie sich lieben und wünschst dir, du wärst es."

„Was weißt du schon von meinen Wünschen. Du weißt nichts. Gar nichts", sagte ihre Mutter.

„Ich hab dich gesehen, Ouida. Ich hab' dich zwischen den Bäumen stehen seh'n, wie du's dir selber gemacht hast. Und vergiß nicht, ich *bin* über Pearl hinausgekommen."

„Gerade so weit, daß du jetzt an der Flasche hängst."

„Lieber häng' ich an der Flasche als 'nen kleinen Jungen aus der Wiege zu rauben", erwiderte Bess.

„Verschwinde aus meinem Haus. RAUS AUS MEINEM HAUS!"

„Oh, ich mach mich schon aus deinem Haus. Das heißt aber nicht, daß die Wahrheit, die ich dir ins Gesicht gesagt habe, auch geht. Egal, wohin ich geh' und wie weit weg, was ich sage, bleibt wahr."

Nola hörte, wie die Tür zu Bess' Zimmer sich schloß. Schwer ließ sie sich auf die ausgetretenen Holzdielen der Veranda sinken. Sie schaute nach oben. Der Himmel warf sein Silber auf die Bäume rund um das Haus. Wie eine Faust schlug die Sonne aus einem Wolkendickicht heraus. Die Hitze ihrer Strahlen peitschte ihren Körper. Der Wind wirbelte den roten Staub im Hof auf, trieb ihn zusammen und rollte ihn wie Roteisenstein die Straße hinunter. Hinter dem Haus krähte Ari. Nola fühlte nicht, daß sie atmete, fühlte nicht den Schlag ihres Herzens.

Steif schritt Ouida Barnett durch die Haustür. Rasch glitten ihre Augen über Nolas Gesicht. Sie wußte, daß ihre Tochter jedes einzelne gehässige Wort von Bess gehört hatte. Ouida sah aus, als wäre sie völlig kraftlos, bewegte sich aber mit der Würde und Kraft einer uralten Wut. Ihre Augen sahen nicht das schwere Grau des drückenden Himmels, das blutige Aussehen der Sonne oder das zornige Flüstern des Windes. Ihre Augen waren fest auf die Erinnerung an den nackten Körper ihres toten Mannes gerichtet, auf das weiche Fleisch zwischen seinen Schenkeln, das saubere Loch in seiner Brust. Vor Jahren hatte sie das Haus der anderen beobachtet und gewartet. Gewartet, bis Sanford allein darin war. Er hatte Frau und Kind verlassen, war einfach die Straße hinab gegangen, um sich in das Bett dieser Frau zu legen.

Er hatte nicht einmal die Augen geöffnet, als Ouida mit dem Gewehr in der Hand in das Schlafzimmer trat. Er hatte so zufrieden ausgesehen in diesem Bett, so süß.

So soll er aus dieser Welt gehen, hatte sie gedacht und abgedrückt. Zufrieden. Wie an dem Tag, an dem er geboren wurde.

Aus dem Englischen von Thomas Brückner.
Aus: Charlotte Watson Sherman, *One Dark Body*.
© 1993 by Charlotte Watson Sherman.

Connie Porter

Connie Porter (USA) wuchs auf in der Nähe von Buffalo, in einer Großfamilie, in der sie das zweitjüngste von neun Geschwistern war. Schon früh begann sie zu schreiben und studierte, nachdem sie 1981 das College abgeschlossen hatte, „kreatives Schreiben". Seitdem unterrichtet sie das Fach an verschiedenen Colleges und Universitäten. In *All-Bright Court*, ihrem bisher einzigen Roman, erzählt Connie Porter vom Alltag der Menschen im Industriegürtel der nördlichen USA – von den Träumen der Schwarzen, die sich aus den Südstaaten hierher aufgemacht haben, um ein biß-chen Lebensglück zu erwerben und von den Enttäuschungen, die solche Hoffnungen unweigerlich begleiten. Besonders bemerkenswert ist ihre überzeugende Porträtierung verschiedener Menschen. Seit 1993 sind von ihr sechs Jugendbücher über die Erlebnisse eines schwarzen Mädchens zur Zeit des Amerikanischen Bürgerkrieges erschienen. Sie lebt als freie Schriftstellerin in Pennsylvania.

Bibliographie
All-Bright Court. Roman. (Houghton Mifflin, 1991).
The Addy Books. Bislang sechs Jugendbücher. (Pleasant Company).

Keiner zu Hause

Niemand wußte, wie lange sie schon allein dort durch die blaue Stille des Hauses geschwommen war. Sie machte keine Anstalten, den Raum zu verlassen, der sie umschloß.

Mikey war der erste, der mitbekam, daß es sie gab. Seit drei Tagen sah er immer die Nummer des vorherigen Tages, wenn er die Zeitung austrug. Zuerst hatte er dem keine Bedeutung beigemessen, als er aber am dritten Tag den Windfang an der Vordertür öffnete, wirbelten die anderen Zeitungen hoch und blätterten sich zu seinen Füßen auf. Unhöflich von Zena, dachte er. Einfach zu verreisen und mir nicht zu sagen, daß ich die Lieferung einstellen soll.

Mikey erwartete kaum noch etwas von diesen Leuten. Einmal hatte er einen Kunden, der in der letzten Häuserreihe im allerletzten Haus wohnte. Den mußte er rausschmeißen. Der Mann bezahlte nicht pünktlich. Aber wenn Mikey die Zeitung brachte, war der Mann immer da und sagte jedesmal: „Du kommst zu spät, Junge."

„Tut mir leid", antwortete er.

„Tu nich, sei lieber pünktlich", sagte der Mann dann.

Eigentlich war Zena eine gute Kundin. Sie bezahlte immer die Rechnung. Sie war auch früher schon mal verreist, doch da hatte sie es Mikey vorher gesagt oder ihm eine Nachricht hinterlassen.

Es war ein Donnerstag, an dem Mikey die Zeitungen fand. Er kam erst am Sonntag wieder, am Abrechnungstag. Als er an die Tür klopfte und niemand antwortete, drehte er sich um und wollte gehen. Doch bevor er noch die Veranda hinter sich lassen konnte, öffnete sich die Tür. Er drehte sich um und sah das unscheinbare, hellhäutige Mädchen.

Sie stand in der Tür und sah zu ihm auf. Ihre blauen Augen bewegten sich schnell von einer Seite zur anderen und versuchten, ihn anzusehen. Er hatte sie so selten gesehen, wenn er die Zeitungen ausgetragen oder das Geld kassiert hatte, daß er sich fast schon nicht mehr daran erinnerte, daß es sie gab. Sie erschien ihm so verloren im Blau des Hauses. Fast hatte es den Anschein, als lebte sie ihr Leben als Geist und sei jetzt durch eine Wand getreten.

Ihre Augen verunsicherten ihn, und er fragte: „Ist deine Mutter zu Hause?"

„Sie is weg", antwortete das Mädchen.

„Wann kommt sie nach Hause? Ich muß kassieren."

„Weiß nich. Sie is weg."

Mikey sah über das Mädchen hinweg in die Stille des Hauses hinein, um zu sehen, ob Zena irgendwo da hinten war und das Mädchen nur vorgeschickt hatte, für sie zu lügen.

„Hab dich geseh'n", sagte das Mädchen.

„Wie?" fragte Mikey.

„Hab dich geseh'n, wie du die Zeitungen vor die Tür gelegt hast."

„Ich hab nicht gedacht, daß jemand zu Hause war. Warum bist du nicht rausgekommen und hast sie reingeholt?"

„Keiner zu Hause", antwortete sie.

Er starrte sie böse an, doch sie schien das nicht zu bemerken. „*Du* warst da", sagte er. „Du hast mir gerade gesagt, daß du mich gesehen hast."

„Keiner zu Hause", sagte sie und wandte den Blick ab.

Für Mikey war es an der Zeit, weiterzugehen. Er konnte den Nachmittag nicht darüber verschwenden, sich mit einem Kind zu unterhalten.

Später, beim Abendbrot, als er gerade ein Stück von seinem Hähnchen abschnitt, erwähnte er, was das Mädchen gesagt hatte. „Sie hat steif und fest behauptet, daß keiner zu Hause sei. Aber *sie* war da. Die ganze Zeit. Sie hat mich zum Narren gehalten."

Seine Brüder und Schwestern sahen einander an und lachten.

„Was ist daran so komisch?" fragte Mary Kate. „Glaubt wohl, was er gesagt hat, ist lustig?"

„Nein Ma'am", antworteten sie wie aus einem Mund.

Sie waren überzeugt, daß aus ihrem Bruder so langsam ein Weißer wurde: Brathähnchen aß er mit Messer und Gabel und sagte ‚hat mich zum Narren gehalten'.

Samuel meinte: „Ich will wirklich nicht derjenige sein, der es ausspricht, aber ich glaube, die Mutter des Kindes ist abgehauen."

„Irgendwas stimmt da nicht", ergänzte Mary Kate. „Und wenn ich drüber nachdenke, dann hab ich die Mutter in der letzten Zeit hier nicht mehr gesehen."

„Ich hab sie auch nicht mehr gesehen", warf Mikey ein, „aber das beweist überhaupt nichts. Ihr zieht voreilige Schlüsse."

„Yeah", sagte Dorene, „und werdet zum Narren gehalten." Wieder brachen sie und die anderen Kinder in Lachen aus.

„Sie machen sich über mich lustig", beklagte sich Mikey.

„Hört ihr wohl auf, euren Bruder auszulachen", sagte Samuel.

„Er soll bloß nicht so geschraubt daherreden. Was er gesagt hat, klingt so lustig", sagte Dorene.

„Halt deinen vorlauten Mund, oder ich jag' dich vom Tisch", sagte Mary Kate. „Kann man denn nicht mal am Sonntag friedlich zu Abend essen, ohne daß ihr alle kläfft wie'n Rudel junger Hunde." Als die Kinder sich beruhigt hatten, fuhr sie fort: „Es ist gefährlich, wenn ein Kind in diesem Alter allein gelassen wird. Es kann alles mögliche passieren, aber das geht uns nichts an."

„Recht hast du", meinte Samuel. „Aber Mikey und ich, wir werden nach dem Abendbrot mal rübergehen. Wenn wir das nicht machen, gibst du ja sowieso keine Ruhe."

„Ich komm' mit", sagte Mary Kate.

„Nee, du bist schwanger, und ich will nicht, daß du mitkommst. Man kann nie wissen", entgegnete Samuel.

„Aber Samuel. Es ist ein Kind."

„Ich hab' gesagt, ich will nicht, daß du mitkommst,

und ich mein' das ernst. Du bleibst hier. Mikey und ich werden nicht lange fort sein."

Als Samuel und Mikey ankamen, war die Tür von Nummer 79 geschlossen. Samuel klopfte und wartete. Er klopfte erneut und wartete.

„Sie versteckt sich vor uns", sagte Mikey. „Geh'n wir."

Die Tür öffnete sich.

„Das ist sie", sagte Mikey.

Samuel blickte ihn finster an. „Denkst du, ich bin blind oder blöd?" Er wandte sich an das Kind. „Wo ist deine Mama?" fragte er mit sanfter Stimme.

„Weg."

„Ich weiß", sagte Samuel. „Wie lange schon?"

„Ganze Weile", antwortete das Mädchen.

„Was is 'ne ‚ganze Weile'?" fiel Mikey ein. „Kannst du dich nicht genauer ausdrücken? Einen Tag oder zwei?" Sie erwiderte nichts. „Siehst du, was ich meine, Dad?"

„Halt die Klappe, Junge. Laß mich das machen", sagte Samuel.

„Sie is schon ziemlich lange weg", sagte das Kind.

„Wir gehen jetzt rüber zu deiner Oma, hörst du?" erklärte Samuel.

Mikey schaute zu seinem Vater hoch. „Du willst sie zu Greene bringen?"

„Was bildest du dir eigentlich ein, daß du es wagst, Erwachsene beim Vornamen zu nennen. Demnächst nennst du mich noch Samuel! Komm", sagte er zu dem Mädchen.

Das Mädchen trat vor das Haus, und die strahlende Sonne blendete es so sehr, daß es die Augen verdrehte.

Sie ging neben Samuel her und stolperte über den unebenen Bürgersteig. Mikey trödelte hinterher. Er konnte sehen, wie die Frauen ihre Köpfe aus den Fenstern steckten, auf die Veranden traten, sich die Hände abwischten, die Hände in die Hüften stemmten oder mit Fingern auf sie zeigten. Er wußte, daß sie beobachtet wurden, denn ein paar Schritte vor ihm, da ging – wie ein richtiges, lebendiges Kind – die Verkörperung eines Zaubers.

Mikey glaubte nicht an Schwarze Magie, doch es verwirrte ihn, mit dieser Nachbildung eines weißen Kindes gesehen zu werden. Er glaubte nicht, daß sie durch einen Zauber zustande gekommen war. Es gab keine Zauberei, keine Magie, keine Hexerei. Das Leben war Vernunft ohne Hintersinn. Mikey wußte nicht, daß die Vorfahren seines Volkes Wunder vollbracht und aus Baumwollkapseln ein reich aus Stahl und Stein, von Wohlstand und Macht errichtet hatten, als in der Zeit der Aufklärung in Europa die Geister besiegt und vertrieben wurden. Seine Vorfahren hatten keinen Grund, die Magie geringzuschätzen, wenn sie doch jeden Tag Wunder vollbrachten.

Greene war auf ihrer Veranda und schlug Eiscreme. Ganz gewöhnlich sah sie aus, umringt von vieren ihrer Söhne. Samuel war sich nicht ganz sicher, was er erwartet hatte, das aber auf keinen Fall. Wer konnte sich schon eine Zauberin vorstellen, die Eiscreme machte.

„Guten Abend", sagte Samuel.

Greene erhob sich und ließ die Augen über sie gleiten. Ein milchiger Film bedeckte ihr linkes Auge, und obwohl Mikey sich dagegen wehrte, zog es ihn magisch an. Es war das Auge einer Schlange.

„Heiß genug für dich?", fragte Samuel.

„Mir wird's hier nie heiß genug sein", sagte Greene. Einer der Söhne nahm den Deckel von der Eismaschine. „Es ist fertig, Mama", sagte er und zog den Rührspatel vom Zylinder. Ein weiteres Kind, auch ein Junge, kam mit Löffeln und einem Satz Schälchen aus dem Haus.

„Auch'n Eis?" fragte Greene. „Is Pfirsich. Würd selber welches essen, aber die Kälte tut meinen Zähnen immer so weh." Bevor Samuel etwas erwidern konnte, sagte Mikey: „Ja, bitte", und bekam ein Schälchen voll.

Samuel konnte sich nicht erinnern, daß Mikey jemals verlangt hatte, Mary Kate solle aus Pfirsichen Eiskrem machen. Er wollte immer nur Vanille. Und doch aß er hier Fruchteis, zubereitet von einer Hexe. Und dann noch Greene und ihre Kinder, die so taten, als wäre das Mädchen gar nicht vorhanden. Samuel mußte zu dem Kind hinabschauen, um sich zu vergewissern, daß es noch da war.

Sein Ruf wäre ruiniert, wenn er sein Anliegen hier drau-

ßen im Vorgarten vorbringen würde. „Können wir rein-
gehen?" fragte er.

„Klar", antwortete Greene.

Als sie im Haus waren, kam Samuel zur Sache. „Hab
hier Ihr Enkelchen. Ich weiß, daß es mich nichts angeht,
hab' sie aber hergebracht, weil sie sagt, daß ihre Mutter
weg ist."

Greene langte in die Tasche ihres Hauskleides und holte
eine kleine, rostigrote Büchse hervor. Sie nahm eine Prise
und schob sie sich hinter die Unterlippe.

„Sie haben recht, Mr. Taylor. Das geht sie nichts an",
sagte sie und schob die Blechbüchse in die Tasche zurück.
„Und ich will Ihnen sagen, wenn Sie mir Clotel gebracht
haben, damit ich für sie sorge, dann können Sie sie gleich
wieder mitnehmen. Ich kann sie nicht behalten. Die Zeiten
sind hart, und ich hab' nichts übrig, nichts zu essen und
auch keinen Platz zum Schlafen. Wenn Sie sie hierlassen,
muß ich sie der Fürsorge übergeben." Ihre Stimme klang
flach, und doch schwang Traurigkeit in ihr mit, fast so un-
merklich wie eine saubere Saumnaht.

„Sie denken jetzt, ich sei eine verhärtete Frau, nicht
wahr?" fragte sie.

Samuel schaute sie nicht an. Er sah sich im Zimmer
um, auf die gelben Wände, die Töpfe mit Essen auf dem
Herd, das schmutzige Geschirr im Ausguß. Wie gewöhnlich doch alles aussah! Das könnte genau so gut sein Haus
sein.

„Ihre andere Oma wohnt in Buffalo, drüben im Obstviertel, in der Grape Street."

„Kann ich ihre Telefonnummer haben?" fragte Samuel.

„Da gibt's kein Telefon", erwiderte Greene.

„Verstehe", sagte Samuel. „Ich weiß, daß Sie kein Auto
haben. Ich könnte das Kind morgen rüberfahren."

Greene erhob sich vom Tisch. „Ich hol' die Adresse",
sagte sie und ging aus der Küche.

Samuel warf einen Blick zur Tür hinaus. Das Kind saß
auf dem Bürgersteig, die Knie an die Brust gezogen.

Greene kam mit einem Stück von einer braunen Papiertüte zurück, auf dem die Adresse stand. „Man kann nur so

viel tun, wie man kann, Mr. Taylor", sagte sie und gab ihm das Stückchen Papier.

Samuel verließ das Haus. „Komm", sagte er zu Mikey und hob das Mädchen vom Boden hoch.

„Was kommt jetzt, Daddy", wollte Mikey wissen.

„Halt die Klappe."

Mary Kate, Venita und die Kinder saßen auf der hinteren Veranda, als sie ankamen.

„Mach die Tür auf, Martin", sagte Samuel.

Alles strömte in die Küche, und Samuel setzte Clotel ab. Die Kinder umringten sie. Sie stand da, blickte zu Boden, und ihre Augen bewegten sich suchend unter den rosa Lidern, während die Kinder sie anstarrten.

„Das is'n weißes Mädchen", sagte Mary.

„Die is nich weiß", entgegnete Martin.

„Raus mit euch, allesamt", sagte Mary Kate. „Starrt sie an, als hättet ihr keine Erziehung."

Samuel zog einen Dollar aus der Tasche. „Mikey, geh mit ihnen zum Laden. 'nen Zehner für jeden, und bring dem Mädchen was mit."

Sie tobten aus der Küche und Mary Kate ging hinüber zum Herd, um dem Mädchen einen Teller zurechtzumachen.

Clotel aß alles mit den Händen, Maisbrot, Hähnchen, grüne Bohnen, Tomaten. Während sie aß, gingen die Erwachsenen ins Wohnzimmer hinüber, und Samuel erzählte den beiden Frauen leise, was Greene gesagt hatte.

„Du hättest nicht ins Haus gehen sollen", sagte Venita.

„Recht hat sie. Hätt'st du nicht machen sollen, sie hätte dich verhexen können", fügte Mary Kate hinzu.

„Hat sie aber nicht", erwiderte Samuel.

Mary Kate sagte: „Ich bin mir da nicht sicher, du bist schließlich mit dem Kind hergekommen."

„Zieh jetzt bloß nicht über mich her", regte er sich auf. „Sie wollte das Kind der Fürsorge übergeben!" Er fing an zu keuchen.

„Sch ... sch ....", zischte Mary Kate.

„Ich hätte überhaupt nicht hingehen sollen", sagte er mit gesenkter Stimme. „Ich hab' versprochen, sie rüber zu ihrer anderen Oma zu bringen, und damit war's das dann für mich. Das hast du davon, wenn du deine Nase in Dinge steckst, die dich nichts angehen."

„So, wie sie aussieht, kann sie nicht zu ihrer Oma", sagte Venita und begann, Clotel zu waschen, während die anderen Kinder draußen waren.

Als sie im Badezimmer im ersten Stock lauwarmes Wasser in die Wanne ließ, dachte sie darüber nach, was sie für dieses Kind empfand. Clotel war nicht so hübsch wie Miguel, das Baby, hatte nicht diese kupferfarbene Haut und die glänzenden Löckchen. Sie war kein Engel, auch wenn sie ihr Leben im Verborgenen lebte. Dieses Mädchen brauchte jemanden, der sich um es kümmerte, und wenn Venita das nicht machte, wer sollte es dann tun?

Venita badete das Kind, wusch ihm die Haare und legte es dann im Zimmer der Mädchen in eine Koje auf dem Fußboden, in der Clotel sich in den Schlaf weinte.

Die Frauen gingen und setzten sich nach draußen, wo Olivia, Mary und Jonetta, die Jüngste, Fingerspiele machten.

„Wir nennen das weiße Mädchen Mary Janes", sagte Jonetta.

„Ihr ruft sie bei ihrem Namen", sagte Mary Kate bestimmt. „Euer Daddy sagt, sie heißt Clotel, und ihr nennt sie so. Und sie ist kein weißes Mädchen. Mary, such Dorene und Mikey und sag ihnen, sie sollen endlich essen kommen."

Venita saß da und säuberte sich die Fingernägel.

„Alles in Ordnung?" fragte Mary Kate.

„Yeah, Mädchen. Hab bloß überlegt. Was sind die Frauen bloß für Mütter heutzutage ."

Am nächsten Morgen wachte Mikey auf und war krank. Mary Kate wollte nachsehen, was ihm fehlte, und Martin erzählte ihr: „Mam, er hat gestern Eis bei Miss Greene gegessen. Hat er erzählt."

„Was hat er?" schrie sie. „Samuel! Samuel!"

„Kate, du weckst ja das ganze Haus auf", meinte Samuel, als sie die Treppe heraufkam.

„Ist mir völlig egal, und wenn ich die Toten aufwecke. Der Junge hat bei Greene was gegessen?"

Samuel ließ den Kopf hängen.

„Stimmt's, er hat, nicht wahr?" schrie Mary mit hoher, erstickender Stimme.

„Bevor ich noch was machen konnte. Und wie konnte ich noch nein sagen, nachdem er schon angenommen hatte? Sollte ich etwa sagen: ‚Hey, Junge, iß nichts von dieser Frau'?"

Mary Kate ging zurück in das Zimmer von Mikey und Martin. Mikey hatte sich die Decke über den Kopf gezogen. Am liebsten wollte er unsichtbar sein.

„Was kannst du dem Jungen schon sagen? Er denkt doch sowieso, daß er schon alles weiß", rief Samuel aus der Diele herüber.

„Nichts weiß er. Bist du nun zufrieden, Junge?" fragte sie Mikey. „Glaubst du nun an ihre Kräfte? Du kriegst jetzt Rizinusöl. Das ist alles, was ich tun kann."

Den ganzen Tag lag Mikey krank und verdrossen im Bett. Er hatte sich den Magen verdorben, und seine Mutter war ungebildet. Warum bestand sie darauf, weiter in der Finsternis herumzustolpern, wenn sie doch im hellen Licht wandeln konnte?

Clotel war auch nicht aufgestanden. Wach lag sie bis nach neun zusammengekrümmt in einer Ecke des Betts und glaubte, sie träumte. Und weil es still war, wurde der Zauber nicht gebrochen. Wenn sie sich bewegte, würde sie in ihrem eigenen Bett aufwachen, ihre Mutter wäre nie fort gewesen, der Zeitungsjunge niemals gekommen. Clotel blieb im Bett und hielt ihren Traum fest, bis schließlich Venita herüberkam und nach ihr fragte. Und selbst dann noch, als Venita sie anzog und ihr eine Schale Maisbrei gab, war sie sich nicht sicher, ob sie wirklich munter war.

Nach dem Frühstück frisierte Venita Clotel die Haare. Clotel saß ganz still, obwohl die Hitze und der Zorn des Glättkamms ihr direkt über die Kopfhaut fuhren.

„Hält den Kopf schön still", sagte Venita.

„Olivia kann den Kopf nie stillhalten", erwiderte Mary Kate. „Stimmt's, mein Kleines?"

„Ja, Ma'am", antwortete sie. Sie saß auf dem Fußboden und spielte Mikado. „Ich mag den Glättkamm nicht. Wenn ich groß bin, laß ich mir die Haare so wachsen wie sie sind."

„Damit du klar siehst: Wenn du das machst, brauchst du dich hier gar nicht wieder blicken zu lassen. Du wirst mir hier nicht durch's Haus ziehen, wenn du aussiehst wie ein dahergelaufener Neger", sagte Mary Kate.

„Ich werd mir die Haare auch nicht glatt machen", sagte Dorene. Sie stand in der Tür zwischen Küche und Wohnzimmer. Fast sah sie schon wie eine junge Frau aus. „Ich will's richtig *afro*, ‚nen richtigen Busch."

„Kind, in deinem Alter müßtest du's eigentlich besser wissen. Venita, sag diesem Kind, daß es zu schwarz ist, um sich ‚nen Wuschelkopf zu leisten."

„Deine Mama hat recht. Kein schwarzer Mann will ‚ne schwarze Frau mit ‚nem Wuschelkopf, schon gar nicht die dunkelhäutigen.

„Dann sollen sie halt weiße Frauen heiraten", meinte Dorene schnippisch.

„Werd' nicht übermütig", sagte Mary Kate.

„Das hast du doch selber schon gesagt, Mama. Als Daddy sich darüber beschwert hat, daß du dir die Haare geglättet hast, hat er gesagt, daß es ihm überhaupt nicht gefällt, wenn all die Haare durch die Küche fliegen, denn ein paar könnten in sein Essen fallen und dann in seinem Magen zu wachsen beginnen."

„Hat man jemals schon solchen Unsinn gehört", sagte Mary Kate.

Dorene fuhr fort: „Und du hast ihm gesagt, wenn er keine Haare in der Küche mag, dann hätt er eine Weiße heiraten sollen. Ganz nebenbei, du verbrennst doch unsere Haare?"

„Ja", sagte Mary Kate. „Zu Hause im Süden sagen wir: Verbrenn die Haare, die dir ausgehen, denn wenn du sie aus dem Fenster wirfst und ein Vogel schnappt sie sich und baut sein Nest damit, dann wirst du verrückt."

Venita ging, nachdem Dorene und Mary losgezogen waren, Mikeys Zeitungen auszutragen. Sie hatte für Moses Thunfisch-Salat mit Makkaroni vorbereitet und mußte noch die Leber und das Gemüseklein braten, bevor er nach Hause kam. Sie wollte mit Sam und Kate rüber nach Buffalo fahren und Clotel zu ihrer Großmutter bringen.

Moses war überhaupt nicht begeistert, als sie ihm gestern abend von dem Vorhaben erzählt hatte. „Was aus dem Kind wird, geht uns nichts an. Warum willst du dort hin und dich mit dem Kind von jemand anderem abgeben?" hatte Moses gefragt.

„Sie ist ein gutes Mädchen, Moses. Ich hab ihr die Haare gewaschen und sie gekämmt. Wir fahren doch nur rüber nach Buffalo, das ist alles. Wer soll es denn sonst machen?" hatte sie ihn gefragt. „Ihre Mama kommt vielleicht nie zurück."

„Was ist das schon für eine Mama? Einfach so abzuhauen", hatte Moses gesagt. „Die einen wünschen sich Kinder, und die anderen werfen sie einfach weg, so als seien sie überhaupt nichts."

Moses und Venita sprachen nur selten über Kinder. Es ging ihnen zu nahe. Das Thema war für sie abgeschlossen, so wie Venitas Schoß. Dennoch machte Moses Venita keine Vorwürfe. Er hätte gern Kinder gehabt, um die weiße Stille zu vertreiben, die ihr beider Leben umschloß, um zu hören, wie der Klang einer Kinderstimme diese harte Schale durchbrach ...

So tanzten sie durch die fürchterliche Stille, die ihre abgebrochene Unterhaltung hervorgerufen hatte, und doch wußten Venita und Moses, daß dieses Kind von seiner Familie nicht angenommen werden würde.

„Ich seh' bloß nicht ein, warum du da mitfahren mußt", hatte Moses schließlich gesagt.

„Ich hab nicht gesagt, daß ich muß. Mary Kate kann nicht Auto fahren, und Samuel will das Kind nicht allein hinbringen", hatte Venita erwidert.

„Und da nimmt er gleich zwei Frauen mit? Wozu? Zur Sicherheit?"

„Was hast du gegen Samuel?" hatte Venita gefragt.

„Nichts. Es ist nur, daß er mich nicht leiden kann und denkt, ich sei ein baumwollpflückender, Rollmops essender, schlürfender Onkel-Tom-Nigger."

„Ich bitte dich", hatte Venita gesagt. „So ist er gar nicht. Er ist dir ziemlich ähnlich."

„Du hast doch einen Schuß weg, Weib. Der Mann ist

doch nicht wie ich. Fahr' du nur nach Buffalo und steck' deine Nase in Dinge, die dich nichts angehen. Mir ist das egal", hatte Moses gestern Abend gesagt.

Als Moses jedoch am späten Nachmittag von der Arbeit nach Hause kam und in die lautlose Stille des Hauses trat, änderte er seine Meinung.

„Ich würd' gerne mitkommen", sagte er, während er sich über dem Ausguß das Gesicht wusch.

„Wozu?" fragte Venita. „Ich werde nicht lange weg sein." Sie schaute ihn vorsichtig an.

Moses stand noch immer am Ausguß, und das Wasser lief ihm über das Gesicht, als er seine Ausrede vorbrachte: „Wenn du fahren willst, dann ist es meine Pflicht, dich zu begleiten. Ich werde nicht zulassen, daß dieser Mann meine Frau irgendwo hinfährt und mich bloßstellt. Ich werd' auch nicht mit Sam Taylor fahren. Ich nehm' mein Auto."

Venita sagte: „Das macht doch keinen Sinn, mit zwei Autos zu fahren. Ich fahr' bei ihnen mit. Ich hab es Mary Kate versprochen, und dabei bleibt's. Wie sähe das denn aus."

Ein Klopfen an der Tür beendete die Diskussion. Es war Samuel.

„Moses kommt mit", sagte Venita und wich dem Blick ihres Mannes aus; „wenn's dir nichts ausmacht."

‚Natürlich macht's mir was aus', wollte Samuel eigentlich sagen, doch er brachte heraus: „Wie ihr wollt."

Moses und Venita setzten sich auf die Rückbank. Moses grüßte: „Mrs. Taylor, Mr. Taylor", und faßte zur Begrüßung von Mary Kate und Clotel, die auf dem Beifahrersitz saßen, an die Krempe seines Strohhutes.

Samuel fuhr auf die Chaussee auf. Keiner sprach. Leise spielte das Radio, alle Fenster waren geöffnet, und das Auto füllte sich mit einer feuchten Brise, als sie an der Hauptstadt vorbei und an den Seen entlang in Richtung Norden fuhren.

Das Obstviertel war leicht zu finden. Es lag auf der Ostseite, nur eine halbe Meile von der Hauptstraße entfernt. Je weiter Samuel fuhr, desto ärmlicher sahen die Häuser aus: alte zweistöckige Bauten mit Holzrahmen, die boshaft unter der abblätternden Farbe hervorschauten und drohten, von ihren bröckelnden Fundamenten zu rutschen.

Diese Häuser hier sahen aus wie die alten Häuser in den Straßen in der Nähe von All-Bright-Court. Und diese Straße genau wie jene. Verändere die Höhe der Gebäude, die Breite der Straßen, und es sieht so aus wie in jedem Ghetto im Norden, in New York, Chicago, Detroit, Philadelphia, Newark, Pittsburg, Cleveland. Und wenn du nach East Side, North Side, South Side, West Side, Uptown oder Downtown fährst, wo immer man Schwarze zusammengepfercht hat, dann triffst du auf Menschen, die aus dem Süden hergekommen sind, um ihre Träume wahr zu machen und in einen endlosen Alptraum hineingestolpert sind.

In der Grape Street hatte sich eine Menschenmenge versammelt. Samuel konnte nur bis zur Mitte in die Straße hineinfahren, dann blockierte die Menge sie. Er parkte das Auto.

„Wir müssen noch weiter rein. Wir sind noch nicht in der Nähe des Hauses", sagte Mary Kate.

„Was verlangst du von mir? Soll ich die Leute über'n Haufen fahren?" fragte Samuel. „Ihr bleibt alle im Auto. Ich gehe den Block runter, um zu sehen, ob sie zu Hause sind."

Er öffnete die Tür und stieg aus. Moses stieg auch aus. Samuel sah ihn an und ging los, den Block entlang.

Die beiden Männer gingen wie Fremde die Straße hinunter. Jeder bahnte sich seinen eigenen Weg durch die Menge. Irgendwo in der Mitte kamen sie an eine Öffnung in der Menge. Dort, in der Mitte der Straße flossen kleine Rinnsale aus Blut die leicht abschüssige Straße hinab. Sie alle hatten einen gemeinsamen Ursprung, eine langsam versiegende Pfütze, um die sich die Leute versammelt hatten, als erwarteten sie, daß sie etwas sagte.

Samuel und Moses drängten sich weiter, um die Blutlachen herum. Moses folgte Samuel bis zu einem Haus. Zwei Haufen Unrat säumten beide Seiten des kurzen unebenen Weges hin zum Haus. Die Stufen waren durchgefault.

„Hey", sagte Samuel zu einem Mädchen auf der Veranda. Sie schien nicht viel älter als Mikey zu sein und trug ein Baby, das sie sich auf die mageren Hüften gebunden hatte.

„Seid ihr Verwandte?" fragte sie.

„Von wem?"

„Von der Frau, die getötet worden ist", antwortete sie mit Ekel in der Stimme.

„Ist deine Mama zu Hause?" fragte Samuel.

„Meine Mama", erwiderte das Mädchen und sog die Luft durch die Zähne. „Das hier ist mein Haus."

„Ich suche die Hargroves. Man hat mir gesagt, daß sie hier wohnen."

„Nun, tun sie nicht", meinte das Mädchen.

Von der Veranda des Nachbarhauses her rief eine ältere Frau: „Die sin' weggezogen."

„Wissen Sie, wohin?"

Die Frau kam die Veranda herab. „Die sin' zurück in den Süden. Kann man's ihnen verdenken? All dieser Wahnsinn. Die Frau da ham se heut früh erschossen. Wohnte da drüben", sagte sie und zeigte auf die andere Straßenseite. „War noch nich mal ,n gutes Jahr da, kam aus Georgia, Mississippi, Alabama, was weiß ich. Ihr Mann hat se auf die Straße getrieben und erschossen. Ich sitz auf der Veranda, will etwas Luft schnappen, da rennt er raus und schreit was Verrücktes über halbgares Schweinefleisch oder so was Dämliches. Hat ihr glatt die Schädeldecke weggeblasen. Das Gehirn lief IHR AUS'm Schädel und der Idiot is nich mal weggerannt. Ließ das Gewehr fallen un hat sich auf de Veranda gesetzt, bis de Polizei kam und ihn mitnahm. Ham de Kinder auch mitgenommen. Ham die geschrien, mein Gott, ham die geschrien. Glaub' nich, daß Mama oder Daddy da noch irgend jemand hatten. Schrecklich, wenn du niemand hast. Geben die Kinder jetzt an Fremde. Hab acht Aspirin genommen seit heut früh, aber immer noch Kopfschmerzen. Wär gut, wenn ,n paar von den Leuten wieder nach Hause geh'n würden. Die Hälfte von denen lebt so nich. Komm' bloß, sin neugierig un stecken ihre Nase in die Angelegenheiten anderer Leute", sagte die Frau und setzte schnell hinzu: „Mein nich Sie."

Moses stand noch immer hinter Samuel. Die Männer schauten sich kurz an.

„Gehört ihr zusammen?" fragte die Frau; stellte fest.

Einen Augenblick waren die beiden still, dann sagten sie gleichzeitig: „Yeah."

„Yeah", sagte die Frau. „Die Leute sin weggezogen."

Auf dem Weg zum Auto zurück folgte Moses Samuel, der am Rande der Menge vorbeiging. Auf so eine Menge kannst du treffen, wann immer du an so einem heißen Sommernachmittag in eine Straße einbiegst, und auch die Frau, die ihnen die Geschichte erzählt hatte, würde nicht fehlen, ewig ihre Stufen herabsteigen und schwatzen und, während die Sonne westwärts gleitet, die Geschichte vom trocknenden Blut erzählen.

Moses blieb stehen und faßte Samuel am Arm. „Wir können das Kind nicht einfach so weggeben", sagte er. Samuel blieb stehen, schaute Moses aber nicht an. „Ich weiß nicht, wie ich in die Sache hineingeraten bin. Ich sag' dir, ich will nicht glauben, daß Greene eine Hexe ist, aber sicher bin ich mir da nicht."

„Was machen wir mit dem Kind? Halten wir unterwegs an und laden das Kind am Rathaus oder vor der Distriktverwaltung ab oder so?"

„Warum sagst du immer ‚wir'?" fragte Samuel. Er stand da, die Hände in den Hosentaschen. „Scheint so, als hättest *du* das vor. Daß irgend so ‚n paar Weiße sie auflesen und sie in ihr hübsches Haus mitnehmen. Laß' dir gesagt sein, das wäre vielleicht das beste für sie."

Moses schüttelte den Kopf. „Du hast wohl all die Jahre drauf gewartet, das loszuwerden? Du denkst, du kennst mich, aber was weißt du schon. Und laß mich jetzt dir was sagen: Ich versuch' zu leben, genau wie du. Ham die ganzen Jahre wie die Stiere geschuftet und, unter uns, was ham wir erreicht? ‚n bißchen Geld gespart und alles, was du dir dafür kaufen kannst, is ‚n Haus wie die hier."

Samuel antwortete nicht. Er sah Moses an. Das hatte er seit fünfzehn Jahren nicht mehr getan. Moses' Haar wurde langsam grau. Seine Augen färbten sich gelb. In diesem Augenblick konnte er sehen, wie das Alter sich über seine Haut hinzog. Die Hälfte seiner Jahre war vorüber.

„Sieht so aus, als kämen wir nur auf die Welt, um zu sterben", sagte Samuel und ging weiter.

Moses ging jetzt neben ihm. „Bleib schwarz und stirb", sagte er. „Das hat Mam immer gesagt, wenn mein Daddy ihr befohlen hat, dies oder jenes zu machen. Sie hat geantwortet: ‚Alles was ich *muß*, ist schwarz bleiben und sterben.'"

Sie lachten gemeinsam, ein Lachen voll Bitternis und Sorgen, und als sie zum Auto kamen, sahen sie, daß Mary Kate und Venita neben dem Auto standen. Sie fächelten sich mit Taschentüchern Kühlung zu. Clotel lag auf dem Beifahrersitz und schlief.

Bevor die Frauen überhaupt fragen konnten, was passiert war, sagte Samuel: „Die Leute sind nach Süden. Wir nehmen sie mit zurück nach Lackawanna. Los, einsteigen."

Mary Kate und Venita sahen sich an. „Wir haben von der Schießerei gehört", sagte Venita. Die beiden Frauen setzten sich nach hinten. Moses schlug die Tür hinter ihnen zu und setzte sich nach vorn. Samuel setzte sich ans Steuer und hob Clotel nach hinten zu Venita.

Sie fuhren die Main Street hinab, als Moses sagte: „Venita und ich, wir nehmen sie mit zu uns und kümmern uns um sie, bis ihre Mama zurückkommt. Was meint ihr?"

„Das ist die beste Lösung", sagte Mary Kate und sah das Kind an, das auf ihren und Venitas Knien lag. Clotels Kopf lag auf Venitas Schoß, und Venita streichelte ihr über die Haare. Das Kind verfärbte sich rosa. Als es im Auto wieder kühler wurde, wich die Farbe aus seinem Gesicht.

Schweigend fuhren sie weiter. Es war eine Stille, in der sich alle wohlfühlten. Es gab nichts, was noch gesagt werden mußte. Sie kamen auf die Chaussee, fuhren an den Ämtern der Hauptstadt und den Fabriken am Ufer des Sees vorbei. Schwefelgeruch erfüllte die Luft. Aus den Schornsteinen stiegen endlose Rauchfahnen auf und schwebten über All-Bright-Court hinweg.

Als sie in Holbrook zur Abzweigung kamen, sagte Moses: „Man sagt, wenn man auf dieser Straße bleibt, kommt man direkt in den Süden." Und sie bogen ab.

Aus dem Englischen von Thomas Brückner.
Aus: Connie Porter, *All-Bright-Court*.
© 1991 by Connie Porter.
Veröffentlicht mit Genehmigung Nr. 50845 der Paul & Peter Fritz AG Zürich.

Edwidge Danticat

Edwidge Danticat (Haiti/USA) wurde 1969 in Haiti geboren und wuchs zunächst bei einer Tante auf. Erst als Zwölf-
jährige kam sie zu ihren Eltern nach New York, wo sie bald
zu schreiben begann – als eine Art Therapie, um die Fremd-
heit zu überwinden. Bereits zwei Jahre später wurden ihre
ersten Geschichten veröffentlicht, seither sind ihre Erzählungen in vielen Zeitschriften erschienen und mit mehreren Literaturpreisen ausgezeichnet worden. Edwidge Danticat hat an der renommierten Brown University studiert;
ihr Roman *Breath, Eyes, Memory* war eines der aufsehen-
erregendsten Debüts im Jahre 1994. Sie lebt heute in New
York, als Schriftstellerin, Autorin für Filmproduktionen
und als aktive Lobbyistin für die Demokratisierung Haitis.

Bibliographie
Breath, Eyes, Memory. Roman. (Soho Press, 1994).

Der Nachbar

Ich war achtzehn und würde im Frühling mit dem College beginnen. Meine Mutter hatte weiterhin ihre beiden Jobs, doch arbeitete sie jetzt noch mehr. Und wir zogen in ein Einfamilienhaus in einer von Bäumen gesäumten Straße in der Nähe von Marcs Haus.

Am neuen Ort hatte Mutter hinter dem Haus einen Garten, in dem sie Hibiskus zu pflanzen begann. Narzißen brauchten mehr Pflege, und sie waren ihr verleidet.

Wir statteten unser Haus ganz in Rot aus, alles, vom Teppich bis zu den Plastikrosen auf dem Salontischchen. Ich hatte ein eigenes großes Schlafzimmer mit einem neuen Bett, das quietschte. Mutters Zimmer war gar noch größer und hatte einem Wandschrank, in dem du einige Freunde hättest empfangen können. In einigen Häusern in Haiti wäre dieser Schrank ein separates Zimmer gewesen, und die Kleider hätten das glückliche Kind, das darin schlief, nicht gestört.

Vor dem Umzug hatte ich eine haitianische Adventisten-Schule besucht, die von der Grundstufe bis zur Highschool führte. Sie hatten meiner Mutter versichert, daß sie mich ins College bringen würden, und sie hatten ihr Versprechen gehalten. Jetzt dauerte es nur noch einige Monate bis zu meinem ersten Schultag am College, und Mutter hätte nicht glücklicher sein können. Ihre Opfer hatten sich gelohnt.

Ich sagte es Mutter nie, aber ich haßte das Maramatha-Zweisprachen-Institut. Es war, als hätte ich Haiti nie verlassen. Der gesamte Unterricht, mit Ausnahme von englischer Literatur und Grammatik, wurde in französischer Sprache gehalten. Außerhalb der Schule nannte man uns die ‚Frenchies', und wir verkrochen uns in unsere pseudo-

86

katholischen Schuluniformen, wenn die Schüler von der öffentlichen Schule auf der andern Straßenseite uns ‚Boat People' und ‚stinkende Haitianer' riefen.

Wenn Mutter zu Hause war, ließ sie mich aus den Englisch-Lehrbüchern laut vorlesen. Die ersten englischen Wörter, die ich las, tönten wie Steine, die in einen Fluß plumpsen. Dann begannen sie sich langsam mit Sinn zu füllen. Es gab Wörter, die ich oft hörte. Wörter, die aus einem auf New York-Kreolisch geführten Gespräch hervorsprangen wie das letzte Maiskorn in einer abkühlenden Popcornmaschine. Das waren zum Beispiel Wörter wie *TV, building, feeling*, die Marc und Mutter sogar mitten in einer hitzigen politischen, auf kreolisch geführten Diskussion benutzen. *„Mwin gin you feeling*. Ich habe ein *feeling*, daß Haiti eines Tages wieder auf die Beine kommen wird, aber ich werde sterben, bevor es soweit kommt." Meine Mutter, immer Pessimistin.

Es gab andere Wörter, die auch hilfreich waren: Wörter, die französisch und englisch fast gleich aussahen, nur anders ausgesprochen wurden: *nationality, alien, race, enemy, date, present*. Solche Wörter gaben mir eine Struktur für das Übrige, das ich nicht verstand.

Schließlich begann ich selber zu hören, daß ich besser wurde. Ich antwortete sofort, wenn Mutter mir auf englisch eine Frage stellte. Nicht daß ich je die Chance gehabt hätte, damit in der Schule anzugeben, aber ich wurde eine Englischsprechende.

„Mit dem Wissen kommt eine große Verpflichtung", sagte Mutter dann. Meine große Verpflichtung war, hart zu lernen. Sechs Jahre verbrachte ich mit nichts anderem als mit Schule, Zuhausesein und Gebet.

Wie Regen sei die Liebe, sagte Tante Atie einmal. Manchmal kommt sie als Nieselregen. Wenn es zu gießen beginnt und du nicht vorsichtig bist, kannst du ertrinken.

Ich war achtzehn und verliebte mich. Er hieß Joseph, und er war alt. Für mich war er so alt wie Gott, der Allgegenwärtige und Allwissende.

Er sah ein bißchen wie Monsieur Augustin aus. Er hatte

die Farbe von gemahlenem Kaffee, einen kurzgeschorenen Bart und eine Stimme wie Melasse, die zu Musik wurde, wenn er ein Saxophon an seine Lippen setzte.

Er durchbrach meinen monotonen Trott zwischen Zuhause und Schule, als er in das leerstehende Haus nebenan einzog.

Meine Mutter traute ihm nie. Ihre ständig wiederholte Warnung ging mir nicht aus dem Sinn. „Nimm dich in acht vor diesen amerikanischen Jungs." Vor denen, die mir auf der Straße nachschauten. Vor denen, die mich vermutlich nachher in Gedanken nicht loswurden, auch wenn sie mir ins Gesicht sagten, ich sei eine dreckige Westinderin. „Von denen halt dich besonders fern. Sie sind sauer, weil sie dich nicht kriegen können."

Außer Marc kannten wir keine Männer. Männer waren für mich so mysteriös wie die Weißen, die wir in Haiti nur als Missionare gekannt hatten. Ich versuchte mir Mutters Reaktion auf Joseph vorzustellen. Ich konnte sie schon hören mit ihrem „Selbst dann nicht, wenn er der letzte unverheiratete Mann auf der Welt wäre".

Wenn sie tagsüber nach Hause kam und ihn nebenan auf der Verandatreppe sitzen sah, nickte sie ihm kurz zu und ging schneller. Sie schlang die Arme fester um mich, als ob sie mich vor seinem Blick retten wollte.

Irgendwie merkte ich schon bald, daß er mich mochte. Die Art wie er mir mit den Augen die Straße entlang folgte, verriet ihn. Mutter sagte oft: „Ich bewundere Priester, weil sie Frauen nicht nur ihres Aussehens und ihres Hintern wegen gern haben." Josephs Blick ging über ihr Gesicht und Hinterteil hinaus.

Er schien einer der Männer zu sein, die ein Mädchen zum Essen einladen, ohne als Gegenleistung ihren BH zu verlangen. Wann immer ich an seiner Veranda vorbeiging, kam es mir so vor, als ob wir uns verschworen hätten. Wie würde ich lächeln können, ohne daß es Mutter bemerkte, und wie würde er zugleich ihr forsches Hallo und meines erwidern, ohne sie das Zwinkern sehen zu lassen, das nur mir allein galt?

Nachts phantasierte ich, daß er irgendwo saß und sich

grämte, von mir träumte und nach einem Weg suchte, um in mein Leben treten zu können. Dann eines Tages, wie Regen, stand er vor meiner Haustüre.

Ich lag mit einem Chemiebuch auf der Couch, als ich das Klopfen hörte. Ich linste vorsichtshalber durch das Guckloch. Er war es.

„Kann ich euer Telefon benutzen? Ich habe meins abstellen lassen, weil ich bald aus der Stadt weggehe."

Ich öffnete die Türe und führte ihn zum Telefon. Unsere Finger berührten sich, als ich es ihm reichte. Schnell wählte er und lächelte, seine Augen auf meinem Gesicht.

„Haben wir ihn gekriegt?" fragte er ins Telefon. Er machte einen Luftsprung, als er die Antwort hörte. „Ja!" schrie er. „Ja!"

Er gab mir das Telefon mit einem Zwinkern zurück.

„Hast du dir je wirklich etwas Großes gewünscht und es auch bekommen?" fragte er.

Ich muß verdutzt ausgesehen haben.

Er stellte mir die Frage noch einmal, dann schlug er sich plötzlich an die Stirn.

„Ich habe mich gar nicht vorgestellt."

„Ich heiße Sophie", kam ich ihm zuvor.

„Ich bin Joseph", sagte er. Das wußte ich.

„Hast du gerade eben eine gute Nachricht erhalten?"

„Was hat mich verraten?"

Er schaute mich an, als ob er von mir etwas ähnlich Geistreiches erwartete. Ich war nicht so schlagfertig und flink. Mir fiel nichts ein.

„Es war wirklich eine gute Nachricht", antwortete er. „Ich habe eben erfahren, daß wir einen Gig im East Village gekriegt haben, von jetzt bis zum Beginn unserer Tournee."

„Einen Gig?"

„Eine Arbeit. Ich bin Musiker."

„Das weiß ich", sagte ich. „Manchmal höre ich dich nachts spielen."

„Stört es dich?"

„*Non*, es ist schön."

„Ich höre einen Akzent", sagte er.

Oh bitte, sag: „Nur einen Kleinen, dachte ich. Nach

sieben Jahren in diesem Land hatte ich genug von Leuten, denen mein Akzent auffiel. Ich wollte völlig amerikanisch klingen, besonders für ihn.

„Woher kommst du?" fragte er.

„Aus Haiti."

„Ah", sagte er. „Ich war noch nie dort. Sprichst du kreolisch?"

„*Oui, oui*", wagte ich spaßeshalber.

„Wir beide", sagte er und deutete auf mich und sich, „wir haben etwas gemeinsam. *Mwin aussi.* Ich spreche auch eine Art Kreolisch. Ich bin aus Louisiana, meine Eltern betrachteten sich als das, was wir Kreolen nennen. Die Welt ist klein, nicht wahr?"

Ich nickte zustimmend. Die Welt war sehr klein.

„Lebst du alleine?" fragte er.

Von Mutters ständigem Mißtrauen angestachelt, sagte ich rasch: „Nein." Nur für den Fall, daß er sich überlegte, in der Nacht herüberzukommen, um mich zu töten. Schließlich waren wir ja in New York. Du konntest niemandem trauen.

„Ich lebe mit meiner Mutter."

„Ich habe sie gesehen", sagte er.

„Sie arbeitet."

„Nachts?"

„Manchmal."

„Seid ihr zwei gerade erst hergezogen?"

„Ja."

„Ich dachte es mir", sagte er. „Immer wenn ich in New York bin, miete ich hier in der Gegend vorübergehend ein Haus, und ich habe euch nie zuvor gesehen."

„Wir sind vor ungefähr einem Jahr eingezogen."

„Also etwa zu der Zeit, als ich zum letzten Mal in Brooklyn war."

„Wo bist du den Rest des Jahres?"

„In Providence."

Der Name faszinierte mich sofort. Providence – Vorsehung! Schicksal! Eine Stadt, dem Schöpfer, dem Allmächtigen geweiht. Wer würde nicht dort wohnen wollen?

„Ich bin etwa sechs Monate pro Jahr nicht zu Hause",

sagte er. „Ich reise mit meiner Band überallhin; nach einer
Weile gehe ich dann zurück, um Frieden und Ruhe zu haben."
„Wie ist es in Providence?" fragte ich.
„Es ist friedlich. Ich kann zum Fluß fahren und mir
den Sonnenuntergang anschauen. Ich glaube, es würde dir
dort auch gefallen. Du wirkst wie ein tiefgründiger, nach-
denklicher Mensch."
„Das bin ich."
„Solche Leute gefallen mir. Ich mag das sehr."
Er blickte auf seine Füße hinunter, als ob er nichts
anderes mehr zu sagen wüßte.
Ich wollte ihn bitten zu bleiben, aber meine Mutter
würde bald nach Hause kommen.
„Ich arbeite zu Hause", sagte er schließlich, „falls du
mal vorbeischauen möchtest."

Die ganze Woche verbrachte ich damit, das Ohr an die Wand
zu pressen und ihm beim Üben zuzuhören. Er übte Tag und
Nacht, zuweilen zehn, zwölf Stunden ohne Pause. Nachts
klang das Saxophon manchmal wie ein sanftes Schlaflied.

Eines Nachmittags kam er mit einem Schinken-Käse-Sand-
wich vorbei, um mir dafür zu danken, daß ich ihn das Te-
lefon hatte benutzen lassen. Er saß mir im Wohnzimmer
gegenüber, während ich sehr langsam aß.
„Was wirst du am College studieren?" fragte er.
„Ich glaube, ich werde Ärztin werden."
„Du glaubst? Ist es das, was du möchtest?"
„Ich nehme es an", sagte ich.
„Du mußt das, was du tust, mit Leidenschaft tun."
„Meine Mutter sagt, es sei für uns wichtig, eine Ärztin
in der Familie zu haben."
„Was, wenn du nicht Ärztin werden willst?"
„Zwischen dem, was man will, und dem, was für uns
gut ist, gibt es einen Unterschied."
„Jetzt klingst du, als ob du jemanden zitierst", sagt er.
„Meine Mutter."
„Was möchte Sophie denn machen?" fragte er.
Das war das Problem. Sophie war sich wirklich nicht

sicher. Ich hatte nie wirklich gewagt, meine eigenen Träume zu träumen.

„Du bist dir nicht sicher, nicht wahr?"

Sogar mein Schweigen verstand er.

„Es ist schon gut, daß du deine Zukunft noch nicht verplant hast", sagte er. „So kannst du fliegen, wo immer dich das Leben hinträgt."

„Das ist nicht haitianisch", sagte ich. „Das ist sehr amerikanisch."

„Was?"

„Umherzustreifen. Was für eine Idee!"

„Ich bin kein Amerikaner", sagte er. „Ich bin Afro-Amerikaner."

„Wo ist der Unterschied?"

„Im Afrikanischen. Es bedeutet, daß du und ich schon jetzt Teil voneinander sind."

Vermutlich bin ich rot geworden. Jedenfalls erstickte ich beinahe an meinem Sandwich. Er kam herüber und klopfte mir auf den Rücken.

„Alles in Ordnung?"

„Bestens", sagte ich, noch immer außer Atem.

„Ich finde dich eine tolle Frau", sagte er.

Wieder verschluckte ich mich.

Ich wußte, was Mutter davon halten würde, daß ich tagsüber zu ihm hinüber ging. Ein anständiges Mädchen ist nie mit einem Mann alleine, und schon gar nicht mit einem älteren. Ich machte mir nicht wirklich Gedanken. Es war angenehm, morgens aufzuwachen und zu wissen, ich hatte jemanden, mit dem ich reden konnte.

Ich begann, jeden Tag hinüberzugehen. Das Wohnzimmer war leer bis auf eine Couch und einige Kisten, die in der Ecke neben dem Synthesizer und den Lautsprechern aufeinandergestapelt waren.

Anfangs saß ich auf dem Linoleum und hörte ihm beim Spielen zu. Dann rückte ich langsam näher, und manchmal ließ er mich die Keyboard-Tasten drücken, führte meine Finger, seine Hand auf meine gelegt.

Während er mich so streichelte erfuhr ich seine Lebensgeschichte. Er stammte aus einer Mittelstandsfamilie aus New Orleans. Seine Eltern starben, als er noch klein war. Schon mit fünfzehn war er auf sich allein gestellt. Er besuchte das College in Providence, aber nach dem zweiten Jahr verließ er die Schule und kaufte sich dort ein Haus. Er hatte Glück, daß ihm genügend Geld geblieben war, um seinen Traum, Musiker zu werden, weiter verfolgen zu können. Er spielte mit Vorliebe die Lieder der Sklaven, Negro Spirituals, mit Saxophon und Klavier, spielte sie langsamer oder schneller, in verschiedenen Tempi. Eines Tages wollte er ganz nach Providence zurückkehren und seine eigenen Lieder schreiben.

Ich erzählte ihm von Croix-des-Rosets, von den Augustins und Tante Atie. Sie würden Stoff zu einen tollen Song abgeben, meinte er. Er war mehrmals in Jamaica, Kuba und Brasilien gewesen und versuchte, Verbindungen zwischen Negro Spirituals und der Latin Music und der Musik der Inseln zu finden.

Wir gingen in einen haitianischen Plattenladen an der Nostrand Avenue. Er kaufte einige Platten und jeden Tag beim Lunch hörten wir den Rhythmen der Trommeln und Conch-Shells zu.

„Ich werde dich heiraten", sagte er eines Tages beim Lunch. „Auch wenn ich bereits jetzt all die Probleme vor mir sehe, die entstehen werden. Deine Mutter wird niemals darüber hinwegsehen können, daß ich so alt bin."

Seit wir Freunde geworden waren, fand ich ihn nicht alt. Er sprach wie ein Jugendlicher und handelte wie einer. Er hätte durchaus gleichaltrig sein können, nur mit einer tieferer Güte versehen, wie Tante Atie immer sagte.

„Du bist nicht sehr alt", sagte ich ihm.

„Nicht sehr alt, hm?"

„Das Alter spielt keine Rolle."

„Sowas können nur die Jungen sagen. Ich bin nicht sicher, ob deine Mutter einverstanden wäre."

„Wir brauchen es ihr nicht zu sagen."

„Wenn sie mich nur anschaut, kann sie feststellen, daß ich alt bin."

„Wie alt bist du?"

„Alt. Älter als du."

Eines Tages, als ich in seinem Haus war, stöberte ich heimlich nach seinem Führerschein und sah sein Geburtsjahr. Er war so alt wie Mutter, vielleicht einen Monat oder zwei jünger.

„Es heißt, Männer sehen würdig aus, wenn sie älter werden", sagte ich.

„Du hast leicht reden."

„Ich glaube an eine innere Jugend."

„Eine wohlüberlegte Bemerkung."

Es war immer traurig, nachts von ihm wegzugehen. Ich wäre gerne mitgegangen, um ihn mit seiner Band spielen zu hören, aber ich fürchtete mich vor dem, was meine Mutter denken würde.

Einmal klopfte er spätabends an meine Tür. Mutter war nicht da, sie arbeitete die ganze Nacht. Ich trat heraus und sah ihn auf der Vordertreppe sitzen. Er trug noch immer den schwarzen Smoking, den er bei der Arbeit getragen hatte. Er brachte mir einige Posters von den legendären Musikern, die seine Idole waren: Charlie 'Bird' Parker und Miles Davis.

„Sophie, du hättest mich heute abend hören sollen", sagte er. „Mein Spiel war so heiß, du hättest eine Banane auf meinem Gesicht braten können."

Wir lachten beide so laut, daß die Leute, die vorbei gingen, zu uns herblickten.

„Kannst du mitgehen zum Essen?" fragte er. „Irgendwohin, überallhin. Ich bin noch so aufgedreht vom Konzert, laß mich nicht im Stich."

Ich rief meine Mutter im Haus der alten Lady an und tat so, als wolle ich ihr eine gute Nacht wünschen. Dann fuhren wir zum 'Café des Arts' auf Long Island; das habe immer bis spät offen, sagte Joseph.

Ich trank zum ersten Mal Cappuccino mit einem Schuß Rum. Wir teilten uns eine winzige Tasse; er war beunruhigt, wir könnten zu Hause ankommen und Mutter vorfinden, die auf mich wartete. Er sagte, ich solle meinen Kopf durch das Dach seines Kabrioletts strecken, während wir auf der Highway dahinrasten, schnell, um es vor Sonnenaufgang nach Hause zu schaffen. Es kam mir vor, als wäre ich weit oben und könnte meine Haare in einer Wolke waschen und einen Stern in den Mund nehmen.

„Ich habe mich verantwortungslos verhalten", sagte er. „Deine Mutter wird mich verhaften lassen. Gottlob bist du älter als achtzehn."

Auf der Türschwelle hielt er meine Hand, mein kleiner Finger schwankte vor und zurück.

„Du hast einen wunderbaren Einfluß auf mein Englisch", sagte ich, und hoffte, das sei nicht zu dreist.

„Du bist eine so schöne Frau", sagte er.

„Findest du, ich bin eine Frau? Du bist der erste, der mich so nennt."

„Dann sind alle anderen tragischerweise blind."

Ich lehnte meinen Kopf an seine Schulter, während wir zusahen, wie der Morgen graute.

„Spürst du, daß ich dich lieb habe?" fragte er.

„Ja."

„Hast du mich lieb?"

„Du wirst mich nicht achten, wenn ich ja sage", sagte ich.

Er warf seinen Kopf zurück und lachte.

„Woher hast du solche Ideen?"

„Wie weiß ich denn, ob du diese Dinge nicht nur sagst, um das zu kriegen, was du willst."

„Und was denkst du, was ich will?" fragte er.

„Was alle Männer wollen."

„Und das wäre?"

„Ich will es nicht sagen."

„Du wirst es sagen müssen", sagte er. „Was ist es? Leben? Freiheit? Die Suche nach Glück?" Er ließ meine Hand plötzlich los. „Ich bin nicht so. Ich bin über dieses Alter hinaus. Ich will nicht behaupten, ich sei besser als andere, ich bin ja kein Priester, aber ich bin nicht auf das aus."

„Was willst du dann von mir?" fragte ich.

„Das Glück suchen."

„Möchtest du, daß ich bei dir bleibe?"

„Ja. Nein. Es ist nicht so, wie du denkst. Laß uns einfach schlafen gehen, einzeln, getrennt. Leb wohl. Gute Nacht."

Er wartete, bis ich hineingegangen war. Ich schloß die Türe hinter mir. Während ich wach im Bett lag, hörte ich ihn auf seinem Keyboard spielen. Die Noten und Läufe waren wie Regentropfen, Tränen, Sturzbäche. Ich spürte die Musik anschwellen, und ich verkrampfte mich am ganzen Körper. Dann entspannte ich mich, ließ mich gehen, fühlte einen Schauder, von dem ich nur wußte, daß ich ihn nicht empfinden sollte.

Aus dem Amerikanischen von Chudi Bürgi.
Aus: Edwidge Danticat, *Breath, Eyes, Memory*.
© Soho Press New York, 1994.

Flora Nwapa

Flora Nwapa (Nigeria) wurde 1931 im Osten Nigerias geboren. Sie studierte Pädagogik im schottischen Edinburgh und arbeitete als Lehrerin und in der Verwaltung. Mit ihrem ersten Roman, *Efuru*, betrat sie Mitte der sechziger die literarische Bühne – sie war die erste Frau, deren Buch in die renommierte „African Writers Series" des englischen Heinemann-Verlags aufgenommen wurde. Seit den siebziger Jahren betrieb Flora Nwapa ihren eigenen Verlag und bemühte sich vor allem um die Förderung junger Autorinnen; viele nigerianische Schriftsteller der jüngeren Generation sehen in ihr eine Mutterfigur. Die Rolle der Frau in der Gesellschaft, das Recht auf Selbstverwirklichung trotz Ehe und Mutterschaft, waren beständig wiederkehrende Themen in ihrem Werk. Flora Nwapa starb am 16.11.1993.

Auswahlbibliographie
Efuru. Roman. (Heinemann, 1966).
Idu. Roman. (Heinemann, 1970).
This is Lagos. Erzählungen. (Nwamife, 1971).
Never Again. Roman. (Nwapa, 1975).
The Miracle Kittens. Kinderbuch. (Tana, 1980).
Wives at War. Erzählungen. (Tana Press, 1980).
One is Enough. Roman. (Tana, 1981).
Mammy Water. Kinderbuch. (Tana, 1981).
Cassava Song and Rice Song. Gedichte. (Tana, 1984).
Women are Different. Roman. (Tana, 1986).

So ist Lagos

„Man sagt, die Männer von Lagos verfolgen die Frauen nicht nur; sie schnappen sie sich auch", sagte ihre Mutter am Vorabend von Sohas Abreise nach Lagos. „Sei also vorsichtig, meine Tochter. Meine Schwester wird auf dich aufpassen. Du sollst ihr bei der Hausarbeit und mit den Kindern helfen, genau wie du es hier gemacht hast."

Soha mochte ihre Tante. Sie nannte sie Mama Eze. Eze war der Name deren ältesten Sohnes. Und Mama Eze nannte Soha 'Tochter meiner Schwester'. Sie mochte Soha auch, hatte sie doch auf sie aufgepaßt, als sie klein war.

Soha war ein reizendes Mädchen. Sie war gerade zwanzig, als sie nach Lagos kam. Sie war nicht schön im eigentlichen Sinn des Wortes. Aber sie war sehr hübsch und charmant, sie war lebhaft. Sie tat so, als wisse sie, was sie wolle, und sie zeigte ein Selbstvertrauen, das selten war für ein auf dem Land aufgewachsenes Mädchen.

Die Tante und ihre Familie wohnten in Shomulu, einem Außenbezirk von Lagos. In der Nähe gab es eine Primarschule, und in dieser Schule besorgte ihr angeheirateter Onkel ihr eine Stelle als Lehrerin. Soha war nicht gerne Lehrerin, aber es gab keine andere Arbeit, und so betrachtete sie die Anstellung, wie viele Lehrer, nur als Sprungbrett.

Morgens, bevor sie zur Schule ging, sorgte Soha dafür, daß sich die fünf Kinder ihrer Tante für die Schule bereit machten. Sie achtete darauf, daß sie sich wuschen, ihre Uniformen anzogen und ordentlich und sauber aussahen. Dann bereitete sie Frühstück; jeden Morgen noch vor sieben waren die Kinder für die Schule gerüstet.

Alle in der Wohnlage ihrer Tante hielten Soha für äußerst pflichtbewußt. Der Ehemann der Tante, ein ruhiger

Mann, lobte Soha – 'ein gutes Mädchen' – und auch ihre Tante war stolz auf sie. Seit sie bei ihnen wohnte, konnte sich die Tante etwas ausruhen. Sie hatte weniger Hausarbeit und widmete sich vermehrt ihrem Geschäft, dem Brotverkauf.

Eine Zeitlang ging alles gut. Aber als das Semesterende nahte, weigerte sich Soha heimzufahren. Zur großen Überraschung von Mama Eze teilte sie ihr mit, daß sie nicht nach Hause wolle, um ihre Mutter zu sehen, die krank gewesen war, und noch nicht ganz genesen.

„Warum willst du nicht nach Hause, Tochter meiner Schwester?"

„Wer wird auf die Kinder aufpassen, wenn ich nach Hause gehe?" fragte sie.

Mama Eze mißfiel Sohas Tonfall. „Und wer hat auf die Kinder aufgepaßt, bevor du gekommen bist, Tochter meiner Schwester? Deine Mutter möchte, daß du nach Hause kommst. Du weißt, wie gern sie dich hat. Ich möchte nicht, daß sie denkt, ich hätte dich daran gehindert, nach Hause zu gehen."

„Das denkt sie nicht. Ich werde in den Weihnachtsferien fahren. Diese Ferien sind nur kurz, nur drei Wochen. Und die Straßen! Du weißt doch, wie es auf der Strecke nach Onitsha zugeht." Doch auch in den Weihnachtsferien sollte sie nicht nach Hause fahren.

Immerhin erfüllte ihr Einwand seinen Zweck. Mama Eze erinnerte sich an den Unfall, den sie vor nicht allzu langer Zeit miterlebt hatte. Sie war auf dem Heimweg vom Markt, mit einer schweren Last auf dem Kopf, als es blitzartig passierte. Ein riesiger Kipplaster und ein Volkswagen waren beteiligt. Sie sah Blut und Körper und das Wrack des Volkswagens. Sie bedeckte ihr Gesicht mit den Händen. Sie wandte sich ab, blickte in die andere Richtung, und was sah sie auf dem Boden – eine menschliche Zunge.

Als sie nach Hause kam, erzählte sie ihrem Mann davon. Sie schwor, daß sie von nun an mit dem Zug reisen würde.

Ihrer Nichte konnte sie dies nicht vorschlagen. Soha hätte diese Idee weit von sich gewiesen. Sie sah keinen Sinn darin. Warum sollte ein Mann aus Lagos, der nach Port

Harcourt reisen wollte, erst nordwärts nach Kaduna und dann südwärts nach Port Harcourt fahren und dafür drei Tage und drei Nächte benötigen; auf der Straße brauchte er nur einige Stunden.

Eines Sonnabends während der Ferien hielt ein nagelneuer Wagen vor der Wohnanlage. Die im Hof spielenden Kinder, unter ihnen auch die Mama Ezes, scharten sich davor, um ihn sich näher anzusehen. Ein junger Mann stieg aus und fragte eines der Kinder, ob Soha hier wohne. „Ja, Schwester Soha wohnt hier. Ich hole sie", sagte Eze und rannte ins Haus.

Soha puderte eben ihr Gesicht, als Eze die Türe aufstieß und verkündete: „Schwester Soha, ein Mann fragt nach dir. Er ist mit einem Wagen da, einem nagelneuen Wagen. So einen Wagen habe ich noch nie gesehen. Komm, begrüße ihn. Er will dich sprechen." Eze wollte sie an der Hand ins Wohnzimmer zerren.

„Nein, Eze, bitte ihn, sich im Wohnzimmer hinzusetzen und auf mich zu warten", sagte Soha ruhig.

Eze ließ ihre Hand los und lief wieder hinaus. „Sie kommt. Sie sagt, ich solle Sie bitten, sich ins Wohnzimmer zu setzen und auf sie zu warten", sagte er zu dem Mann. Der Mann folgte ihm ins Wohnzimmer.

Die Kinder umstanden bewundernd den Wagen. „Es ist ein Volkswagen", sagte eines.

„Das soll ein Volkswagen sein? Es ist ein Peugeot", sagte ein anderes.

„Könnt ihr Leute denn nicht sehen? Es ist ein Rekord", sagte ein weiteres Kind. Sie gingen jetzt näher heran. Einige berührten die Karrosserie des Wagens und hinterließen schmutzige Fingerabdrücke, bis Eze wieder herauskam und sie vertrieb.

„Wollen mal sehen, welcher Angeber es wagt, sich diesem Wagen zu nähern." Er pflanzte sich vor dem Wagen auf und wirkte kräftiger, als er war.

„Gehört der Wagen Ezes Vater?" fragte ein Kind.

„Nein. Er gehört Schwester Sohas Freund", antwortete einer von Ezes Brüdern ohne Zögern.

„Ich dachte, er gehört deinem Vater", sagte das Kind.

„Sei ruhig. Wie soll denn mein Vater ein Auto kaufen?" schrie Eze und stellte sich drohend vor das Kind.

Soha stand immer noch vor dem Spiegel und bewunderte sich. Sie hatte überhaupt keine Eile. Ihre Mutter hatte ihr gesagt, sie solle nie einem Mann zeigen, daß sie seinetwegen aufgeregt war. Sie sollte ihn vielmehr warten lassen, wie immer es ihr beliebte. Sie trug eines der Kleider, die sie sich genäht hatte, als sie noch zu Hause wohnte. Plötzlich kam ihr in den Sinn, sich umzuziehen. Aber sie überlegte es sich anders und trat stattdessen heraus. Sie wirkte sehr schüchtern, als sie die ausgestreckte Hand des Besuchers drückte.

„Bist du bereit?"

„Bereit …?"

„Wir gehen in die Kingsway Stores."

„Kingsway Stores?"

„Natürlich. Wir haben das doch gestern abend besprochen, und du hast mich gebeten, um halb zehn vorbeizukommen." Der Mann schaute auf die Uhr.

„Es tut mir leid. Aber ich kann nicht wieder ausgehen."

„Du kannst nicht ausgehen?"

„Nein."

„Warum nicht?"

„Darf ich meine Meinung nicht ändern?"

„Sicher darfst du das", sagte der Mann ruhig, etwas überrascht.

„Dann gehe ich also."

„Schon?"

„Ja."

„Arbeitest du sonnabends nicht?"

„Nein."

„Alles Gute dann", sagte Soha.

„Wann sehe ich dich wieder?"

„Ich weiß nicht. Ich habe keinen Wagen."

„Laß uns heute abend ins Kino gehen."

„Nein, meine Mutter würde mich umbringen."

„Deine Tante."

„Ja. Sie ist meine Mutter. Du hast gesagt, du würdest mir heute etwas kaufen."

101

„Dann laß uns zu den Kingsway Stores fahren. Ich weiß nicht, was man Frauen kauft."

„Kaufst du deiner Frau nie etwas?"

„Ich habe dir doch gesagt, daß ich keine Frau habe." Soha lachte schallend und ausgiebig. Der Mann schaute sie an.

„Wen glaubst du zu betrügen? Geh bitte zu deiner Frau und laß mich in Ruhe. Lagos-Männer, ich kenn doch die Lagos-Männer."

„Wie viele kennst du?" Sie antwortete nicht. Sie rollte bloß die Augen und rutschte in ihrem Sessel umher.

„Ich gehe", und er stand auf.

„Geh noch nicht", sagte sie. Sie hörten eine Autohupe.

„Das ist mein Auto", sagte er.

„Ach ja?"

„Die Kinder spielen mit der Hupe."

„Ach ja?"

„Du bist zum Verzweifeln! Aber ich mag dich trotzdem. Laß uns doch in die Stadt gehen, Soha. Was ist los mit dir? Du bist so widerspenstig."

„Nein, ich gehe nicht mit. Ich komme nächsten Samstag. Ich habe Mama Eze noch nichts gesagt."

„Das wolltest du aber tun."

„Das habe ich gesagt."

Er erhob sich. Diese Konversation schien kein Ende zu nehmen.

„Du gehst?"

„Ich gehe."

„Warte, ich komme mit." Er atmete tief ein und wieder aus.

„Dann geh dich umziehen."

„Umziehen. Gefällt dir mein Kleid nicht?"

„Es gefällt mir, aber zieh ein besseres an."

„Ich habe kein anderes Kleid. Dann bleib ich lieber hier. Du schämst dich mit mir."

„Fängst du wieder an."

„Ich werde nicht mitkommen. Was fällt dir ein, über mein Kleid herzuziehen. Also gut, vielleicht kaufst du mir, bevor ich mit dir ausgehe, etwas zum Anziehen." Er schob seine Hand in die Gesäßtasche und zog seine Brieftasche hervor. Er drückte ihr eine Fünf-Pfund-Note in die Hand. Sie lächelte, und sie gingen hinaus.

„Hast du auf den Wagen aufgepaßt, Eze?" fragte Soha. Eze nickte. Der Mann langte in die Tasche und gab Eze einen Schilling. Eze hüpfte vor Freude.

„Wir haben mit ihm zusammen aufgepaßt", riefen die anderen Kinder im Chor.

„Stimmt. Sie haben mit ihm aufgepaßt", sagte Soha. Er zog noch einen Schilling hervor. Dann fuhr er los.

Mama Eze wußte nichts von dem jungen Mann, der Soha besucht hatte. Soha warnte die Kinder eindringlich davor, ihren Eltern etwas zu sagen. Aber es war offensichtlich, daß Soha Geheimnisse hatte. Für eine Mutter mit fünf Kindern, die so viele Mädchen in der Umgebung hatte aufwachsen sehen, war es nicht schwierig zu erkennen, wann diese sich auf Männer eingelassen hatten. Zuerst hatte sie vor, Soha zur Rede zu stellen, aber sie überlegte es sich anders, bis zu dem Tag, als Soha ihr mitteilte, sie gehe in die Stadt einkaufen, und dann erst spät abends zurückkam. Sie rief sie zu sich.

„Wo bist du gewesen, Tochter meiner Schwester?"

„Ich habe dir gesagt, daß ich einkaufen gehe."

„Viele Leute waren Einkaufen, aber sie sind viel früher zurückgekommen."

„Dann waren wir wohl nicht in den gleichen Läden", sagte Soha.

Mama Eze mißfiel die Art, wie Soha mit ihr redete. Sie lächelte. „Soha!" Zum ersten Mal nannte Mama Eze sie bei ihrem Namen. „Soha", rief sie noch einmal. „Wir sind hier in Lagos. Lagos ist anders als dein Dorf. Lagos ist groß. Du mußt hier vorsichtig sein. Du bist noch ein Kind. Lagos-Männer haben es faustdick hinter den Ohren. Denk nur nicht, du seist schlau. Du bist es nicht. Du wirst nie schlauer sein als ein Lagos-Mann. Ich bin die Ältere, darum folge meinem Rat."

Soha sagte nichts. Sie machte sich keine Gedanken über das, was ihre Tante gesagt hatte. Mama Eze aber schlief in dieser Nacht nicht gut. Sie sprach mit ihrem Mann darüber.

„Du machst dir unnötig Sorgen. Hat sie dir nicht Bescheid gesagt, bevor sie in die Stadt ging?"

„Ja."

„Well then?"

„Well then", wiederholte Mama Eze spöttisch. „Na, und. Sprich du nur weiter Englisch, 'Well then'! Wenn Soha jetzt etwas passiert, wirst du ja sehen, wo du bleibst. Du solltest jetzt etwas tun."

„Warum redest du so, Mama Eze? Was hat das Mädchen getan? Sie ist so ein nettes Mädchen. Sie geht nicht aus. Sie hilft dir bei der Hausarbeit. Du sagst es selbst."

Mama Eze erwiderte nichts mehr. Eines Abends, als Soha von der Schule nach Hause kam, fragte sie ihre Tante, ob sie ihr erlauben würde, ins Kino zu gehen. Ihre Tante schlug vor Überraschung die Hände zusammen und stürzte aus dem Zimmer. „Mama Bisi, komm her und hör dir an, was Soha sagt."

Mama Bisi, ihre Nachbarin, kam heraus. „Was hat sie gesagt?" fragte sie und griff sich erschrocken an die Brust.

„Soha, die Tochter meiner Schwester, will ins Kino."

Mama Bisi zischte. „Ist das alles? Du regst dich auf, weil sie es dir heute gesagt hat. Was ist mit all den andern Abenden, an denen sie ausgegangen ist?"

„Andere Abende? Andere Abende?"

„Setz dich hin, Ojari. Du weißt nicht, was du sagst. Soha, die Tochter deiner Schwester, geht seit langem mit verschiedenen Männern aus. Du hast nicht einmal ihre Kleider und die Schuhe bemerkt. Sehen die aus wie Kleider, die ein braves Mädchen trägt?"

Mama Eze sagte nichts. Soha sagte nichts. „Wenn Papa Eze zurückkommt, frag ihn, ob du ins Kino gehen darfst", sagte Mama Eze endlich, nachdem sie ihre Nichte lange angeschaut hatte.

Nicht lange danach sagte Soha zu ihrer Tante, sie wolle in ein Wohnheim umziehen.

„In ein Wohnheim, Tochter meiner Schwester. Wer wird das für dich bezahlen."

„Ich bekomme Lohn."

„Ach so! Ich weiß, daß du Lohn beziehst. Diejenigen unter uns, die nie in ihrem Leben einen Lohn erhalten haben, wissen über Löhne Bescheid. Aber warum jetzt? Warum willst du uns jetzt verlassen? Gefällt es dir in meinem

Haus nicht mehr? Ist es zu klein für dich? Oder zu ärmlich? Schämst du dich, deine Freunde hier zu empfangen?"

„Ich will wieder mit dem Studieren anfangen. Deshalb will ich in ein Wohnheim umziehen. Es wird dort für mich praktischer sein."

„Das stimmt. Wenn du gut singst, tanzt der Tänzer gut. Ich verstehe die Tochter meiner Schwester. Ich muß es meinem Mann und meiner Schwester mitteilen. Deine Mutter wollte, daß du bei mir wohnst. Es ist nichts als billig, ihr zu erzählen, daß du von mir weg in ein Wohnheim ziehst. Welches Wohnheim ist es übrigens?"

„Das an der Ajagba Straße."

„Aha."

Als Soha zur Schule gegangen war, ging Mama Eze hinüber zu Mama Bisi und erzählte ihr, was Soha gesagt hatte. „Ich habe es dir gesagt", sagte Mama Bisi. „Soha ist nicht besser als andere. Kennst du die Sorte Mädchen, die in diesem Wohnheim an der Ajagba Straße wohnen? Verdorbene Mädchen, die nie heiraten werden. Kein Mann wird sie zu sich nach Hause nehmen und sie Ehefrau nennen. Kennst du jene Schwester von mir, die in Abeokuta wohnt und die ich letzte Woche besucht habe?"

„Ja, ich kenne sie, Iyabo."

„Richtig. Iyabo. Eine ihrer Freundinnen, die in diesem Wohnheim wohnte, hätte Iyabo beinahe dort hineingezogen. Ich habe es verhindert. Sobald ich davon hörte, ging ich zu ihrer Mutter in Abeokuta und erzählte es ihr. Sie kam her, und gemeinsam gingen wir zu ihr. Nachdem wir mit ihr gesprochen hatten, änderte sie ihre Meinung. Und dahin will also Soha ziehen. Ich brauche dir nicht erzählen, daß man sagt 'Der Weg nach Lagos ist nicht schwierig, die Rückkehr jedoch schon'. Soha wird dort zugrunde gehen."

Eines Abends, als Mama Eze vom Markt zurückkam, sagte man ihr, daß Soha noch nicht aus der Schule zurückgekommen sei. Sie stellte ihre Tasche mit dem unverkauften Brot hin und setzte sich. „Hat sie dir nicht gesagt, wohin sie geht?" fragte sie Eze. Eze schüttelte den Kopf. „Und wo ist dein Vater?" fragte ihn Mama Eze.

„Er ist ausgegangen."

„Wohin?"

„Ich weiß es nicht."

„Du weißt es nicht. Auf jede Frage weißt du nichts. Du glaubst wohl, du seist noch immer ein Kind? Hol mir schnell ein wenig Wasser." Eze brachte das Wasser. Da kam Ezes Vater zurück.

„Soha soll nicht nach Hause gekommen sein", sagte Mama Eze zu ihrem Mann.

„Eze hat es mir erzählt."

„Und du bist ausgegangen, weil Soha ja nicht deine Schwester ist. Wäre Soha deine Schwester, wärst du hysterisch geworden."

Dann kam Mama Bisi herein und setzte sich. Sie hatte es natürlich gehört.

„Eze, warum sagst du ihnen nicht die Wahrheit", sagte Mama Bisi. Eze schwieg.

„Dann weißt du also, wohin Soha gegangen ist, Eze?" fragte Mama Eze.

„Ich weiß es nicht", protestierte Eze heftig.

„Du hast Soha mit ihrem Koffer geholfen. Ich habe dich gesehen", beschuldigte ihn Mama Bisi.

Sie hatte Eze zwar nicht dabei gesehen, aber es stimmte. Mama Eze und ihr Mann waren verwirrt.

„Bitte, Mama Bisi, sag mir, was du weißt."

„Frag deinen Sohn dort. Er weiß alles. Er weiß, wohin Soha gegangen ist."

„Ich weiß es nicht. Du lügst, Mama Bisi." Mama Eze erhob sich und schlug Eze ins Gesicht. „Was erlaubst du dir, wie wagst du zu behaupten, daß Mama Bisi lügt, du nichtsnutziges Kind."

„Ewo, Mama Eze, das reicht. Wenn du den Jungen noch mal schlägst, dann wirst du es mit mir zu tun bekommen."

„Jo, streitet nicht", bat Mama Bisi. Sie ging zu Papa Eze. „Bitte, laß es gut sein. Aber Eze, du bist ein böses Kind. Warum verheimlichst du Böses. Ein Kind wie du, das sich derart benimmt!"

Eze wußte einiges. Er hatte Soha geholfen, ihre Sachen packen, und der Gentleman mit dem Wagen hatte Soha mitgenommen. Soha hatte ihm befohlen, niemandem ein Sterbenswörtchen zu sagen. Sie sagte ihm auch, daß sie und ihr Mann am Abend seine Eltern besuchen würden.

Während sie sich fragten, was zu tun sei, schlüpfte Eze hinaus. Er war der einzige, der das Geräusch des Wagens gehört hatte. Er hatte Sohas Freund lieb gewonnen, seit dem Tag, an dem er dessen Wagen bewacht hatte. Und er hatte auch oft mitfahren dürfen, denn wo immer Sohas Freund Eze sah, hielt er an und nahm ihn mit. Das hatte er sehr genossen.

Soha und der Gentleman stiegen aus dem Auto. Soha ging voran. Mama Eze, Mama Bisi und Papa Eze starrten sie an. Soha und ihr Freund blieben stehen. Sie starrten sie an.

„Dürfen wir uns setzen?" fragte Soha, während sie sich niederließ. Der Gentleman blieb stehen.

„Setzen Sie sich", sagte Papa Eze. Er setzte sich.

Niemand sagte etwas. Sohas Gentleman wirkte verloren.

„Lebt Soha bei Ihnen?" fragte Papa Eze nach langem.

„Ja", sagte er.

„Genau genommen sind wir seit einem Monat verheiratet", sagte Soha.

„Nein!" schrie Mama Eze. „Sie, Sie mit der Tochter meiner Schwester verheiratet! Unmöglich. Das macht ihr rückgängig. Hört ihr? Mama Bisi, macht man das hier so?"

„So ist Lagos. Alles kann hier passieren", sagte Mama Bisi. Dann wandte sie sich an den Gentleman und sprach Yoruba mit ihm. Papa Eze verstand als einziger kein Wort.

„Es ist wahr, Papa Eze. Sie sind verheiratet. Wohin führt das noch in diesem Land? Du, Soha, du hast dein Dorf erst gestern verlassen, um nach Lagos zu kommen, und jetzt bist du verheiratet, verheiratet mit einem Lagos-Mann, ohne irgend jemandem etwas zu sagen. Das ist eine Kränkung, nichts anderes. Aber was weiß ich? Ich bin nicht zur Schule gegangen. Wäre ich zur Schule gegangen, hättest du mich nicht derart behandelt."

„Und Sie haben sie also geschwängert", fragte Mama Bisi Sohas Ehemann in Yoruba. Er antwortete nicht sofort. Sohas Herzschlag setzte einen Moment lang aus. „Also sieht man es schon", sagte sie zu sich.

Mama Bisi lächelte bitter. „Ihr Kinder. Ihr glaubt, ihr könnt uns täuschen. Ich habe sieben Kinder."

„Wie heißen Sie", fragte sie Sohas Mann auf Yoruba.
„Ibikunle", antwortete er.

„Ibikunle, dort, wo wir herkommen, heiratet man nicht
auf diese Art ..." Mama Eze sprach nicht zu Ende.

„Auch dort, wo er herkommt, nicht, kpa kpa", unterbrach Mama Bisi. „So ist Lagos. Wenn sie nach Lagos kommen, vergessen sie ihre Herkunft. Stell dir vor, sie kommen
her, um mitzuteilen, daß sie verheiratet sind. Wo auf der
Welt macht man solche Sachen?"

„Hören Sie, Mr. Ibikunle, in meinem Dorf heiraten wir
nicht auf diese Art", sagte Mama Eze. „Die Leute zu Hause
werden euch nicht als verheiratet betrachten. So was hat man
noch nie gehört. Und ihr sagt mir, die Weißen machten es
so; wenn sie heiraten wollen, holen sie das Einverständnis
ihrer Eltern nicht ein, teilen es ihnen nicht mal mit?" Sie
wandte sich an Soha: „Tochter meiner Schwester, was hast
du da gemacht. Du hast mich schlecht belohnt. Warum hast
du mich nicht ins Vertrauen gezogen? Bin ich nicht verheiratet? Ist Ehe eine Sünde? Würde ich dich am Heiraten hindern? Ist es nicht der inständige Wunsch jeder Frau?"

„Genug jetzt, Mama Eze", sagte Mama Bisi, „und außerdem ..."

„Ihr Frauen redet zu viel. Mr. Ibikunle hat sich wie ein
Gentleman benommen. Was, wenn er sich davonmacht,
nachdem er Soha schwängert? Was würdet ihr dann tun?"

„Hören Sie, was mein Mann sagt. Ich mache Ihnen keine Vorwürfe. Was sage ich? Sind Sie nicht ein Mann? Sind
nicht alle Männer gleich? Mr. Ibikunle, nehmen Sie Ihre Frau
mit nach Hause, und bereiten Sie sich auf die Fahrt ins Dorf
vor, um Ihren Vater und Ihre Schwiegemutter zu besuchen.
Ich werde euch bei den Vorbereitungen helfen."

Ehemann und Ehefrau gingen nach Hause. Mama Eze
fuhr ins Dorf und erzählte Sohas Eltern, was passiert war.
Ein ganzes Jahr verging, doch Mr. Ibikunle brachte nicht
den Mut auf, in Sohas Dorf zu reisen, um sich Sohas Eltern
als Schwiegersohn zu präsentieren.

Übersetzt von Chudi Bürgi.
Aus: Flora Nwapa, *This is Lagos*.
© Nwamife, 1971.

Nafissatou Niang Diallo

Nafissatou Niang Diallo (Senegal) wurde 1941 geboren und begann schon als Mädchen, mit 13 Jahren, zu schreiben: Gedichte zunächst, dann Prosa – vier Romane umfaßt ihr Oeuvre. In Dakar arbeitete sie als Hebamme, sie selbst hatte sechs Kinder. Nafiassatou Niang Diallo erzählt immer wieder von Frauen im Senegal und ihrem Leben – unterhaltsam und engagiert, ohne ideologische Scheuklappen, aber mit moralischem Anspruch. Nafissatou Niang Diallo starb im Jahre 1982.

Bibliographie
De Tilène au Plateau. Autobiographie. (Nouvelles Editions Africaines, 1975).
Le Fort Maudit. Roman. (Hatier, 1980).
Awa, la petite marchande. Roman. (Nouvelles Editions Africaines, 1981).
La Princesse de Tiali. Roman. (Nouvelles Editions Africaines, 1987).

Das Opfer

Tiali feierte sein alljährliches Fest. Wie es Sitte und Brauch verlangten, gingen die Einwohner von Tür zu Tür, um ihren Nachbarn, Verwandten und Freunden ein gutes Fest zu wünschen und sich gegenseitig um Vergebung zu bitten für die Sünden, an denen es in einer Gemeinschaft nie gebricht. Auch Bokar mußte sich dem Ritual unterziehen. Er warf sich vor seiner Mutter auf die Knie, die mit ihrer zitternden Stimme eine Lobrede auf ihren Sohn anstimmte.

„Ich vergebe dir, Sohn. Vergebung. Sohn, du hast dich mir gegenüber nie versündigt; du warst immer Ergebenheit. Du weißt um die Bedeutung des Wohlstandes und Gedeihens, die der elterliche Segen bewirkt. Ich erteile ihn dir. Versuche, ihn bis an dein Lebensende zu bewahren. Er ist die einzige wirksame Waffe hienieden. Der Zeitpunkt ist gekommen, an eine vierte Gattin zu denken. Ich benütze diesen ganz besonderen, gebenedeiten Tag, um mit dir darüber zu sprechen. Das Leben ist voller Klippen. Dein Leben wäre in Gefahr, wenn du eine gewisse Prophezeiung nicht beherzigst. Ich habe dich unter Schmerzen geboren; ich möchte dich unter gar keinen Umständen verlieren. Mehr kann ich dir nicht verraten. Ich war nicht immer zärtlich zu dir. Ich war hart, fordernd, doch immer zu deinem Wohle."

Der Prinz von Tiali war verblüfft. Worauf wollte sie hinaus? Warum sprach sie so ruhig zu ihm, mit einer Stimme, in der nichts den drohenden Sturm ankündigte? Es war sonst nicht ihre Art, so viele Umschweife zu machen, anstatt das Thema unbeschönigt anzuschneiden. Er beobachtete sie. Es fiel ihm schwer, seine Mutter wiederzuerkennen in dieser alten, hageren, aber dennoch heiteren Frau, die so wenig Ähnlichkeit hatte mit der hochmütigen, zänkischen Königinwitwe.

110

„Höre, was ich dir zu sagen habe: Im Leben verläuft nicht immer alles, wie man will. Aus Gründen, die ich dir nicht erklären kann, bin ich bereit, zu deinem Besten die Schranken der Konventionen zu durchbrechen, unsere Sitten zu mißachten, uns den Lästerungen unserer Rasse auszusetzen, dir nochmals meinen Willen aufzuzwingen. Deine vierte Frau ist eine Bardin aus der Kaste der Gewell. Ich habe sie bereits ausgesucht. Sie heißt Fari Mboup. Sie stammt aus Mbomou."

Sie machte eine übermenschliche Anstrengung, um ein Schluchzen zu unterdrücken und verabschiedete dann ihren Sohn mit einer Handbewegung.

„Mutter, ich habe mich nie erkühnt, deine Entscheidungen zu mißachten. Die Blitze der Hölle mögen auf mich niedergehen, wenn ich mir erlaubte, es heute zu tun. Ich werde deinen Rat befolgen. Dein Wille geschehe."

„Gott möge dich beschützen, mein Sohn."

Wie viel Zeit war doch vergangen, seit dem Tag, als Fari das Gespräch zwischen Majoro und Sokhna belauscht hatte. Sie war spät nach Hause gekommen, wo ihre Mutter besorgt auf ihre Rückkehr gewartet hatte. Durch eine Ironie des Schicksals war Kura genau in dem Moment weggegangen, als Majoro sich endlich dazu herbeiließ, den Mund aufzumachen. Die Gattin des Prinzen von Tiali werden, war das nicht die so verzweifelt gesuchte Lösung? „Ja" – antwortete eine Stimme – „das ist der Schlüssel für deine Probleme." „Nein" – sagte eine andere Stimme – „dein Harmoniebedürfnis wird dieser Verbindung im Wege stehen. Die Frau eines Monsters zu sein, die Gattin eines Zwerges, diese Ausgeburt ertragen, seine Zärtlichkeiten, sein Gesicht, seine Augen, ihn beim Aufwachen neben dir liegen sehen, sein Kind tragen, einen Zwerg in deinen Armen wiegen ... was für eine Hölle!" „Nein! Nein!" schrie sie der unsichtbaren Stimme zu, die sie bis in den Schlaf verfolgte.

Ihre ahnungslose Mutter glaubte, sie sei erneut behext. Fari erholte sich nur langsam von ihrer Krankheit, der zweifellos bisher längsten, hartnäckigsten. Angesichts der Ohnmacht der Marabuts im näheren Umkreis holten ihre

Eltern ihre letzten Ersparnisse hervor für eine Reise nach Ndiom zu Serigne Tierno, der aufgrund seiner hohen Rechnungen zuunterst auf ihrer Liste stand.

Sie kamen lange vor Tagesanbruch an. Tierno beendigte soeben seine Gebete. Majassin und Lala kauerten sich ängstlich in einer Ecke der Hütte. Das bei ihrer Ankunft geflüsterte Gebet schwoll ohrenbetäubend an. Fari beobachtete ihn. Verweigerte die besondere Inbrunst, die üblicherweise Gebete begleitet. Tierno musterte die unbekannten Besucher. Fragend. Er spuckte auf seine Hände, legte sie auf sein Gesicht, auf seinen Kopf, seinen Körper, unterstrich jede seiner Gesten mit einem Amen, das ihre Eltern nachplapperten wie Papageien. Er rieb sein Gesicht, seine Arme mit drei Flüssigkeiten aus drei verschiedenen Phiolen ein, holte seine Amulette hervor, dann begrüßte er sie und erkundigte sich nach dem Grund ihres Kommens.

Majassin näherte sich ihm unterwürfig und sagte kaum hörbar:

„Ratlosigkeit ist es, die uns zu dir führt. Wir wollen dir den Fall unserer seit langem kranken Tochter unterbreiten."

Tierno warf einen Blick auf die Kranke. Die war keineswegs eingeschüchtert; sie musterte ihn neugierig, ganz im Gegensatz zu ihren Eltern, deren gesenkte Köpfe fast den Fußboden berührten.

„Woran leidet sie?"

„Sie ist besessen. Sie schreit! Vor allem nachts. Sie, die einst so gesprächig war, spricht nicht mehr; sie ißt kaum noch, bricht oft grundlos in Tränen aus."

„Was sagt sie in ihren Schreien?"

„Wirres Zeug, das immer mit einem verzweifelten Nein endet."

„Nein? Warum nein? Nein zu wem?"

„Genau das möchten wir wissen, Serigne."

„Wenn es Gott gefällt, werdet ihr es wissen."

Er raffte sein bauschiges Gewand, tauchte die Hand in eine mit Wasser gefüllte Kalebasse, in der Hörner, eiserne und bronzene Ringe, Vogelschnäbel, Federn und Klauen lagen. Nach ein paar geheimnisvollen Beschwörungen fragte er nach dem Namen der Kranken.

„Fari Mboup, Tochter des Majassin Mboup und der Lala Mboup."

Eine Schlange schien plötzlich Tierno gebissen zu haben. Er zog seine Hand blitzartig aus der Kalebasse und schaute verstört um sich. Er warf Fari einen gebieterischen Blick zu. Sie hatte offensichtlich als einzige den Zwischenfall bemerkt. Nach ein paar herausfordernden Sekunden wandte er sich an Majassin:

„Die Kranke soll nähertreten."

Fari fügte sich widerstrebend der kräftigen Hand ihres Vaters.

„Sie soll das Gesicht über die Kalebasse halten."

Sie tat fügsam, wie ihr geheißen, überhaupt nicht ängstlich, wie es sonst bei den meisten Patienten der Fall ist, die einer Prozedur unterzogen werden. Tierno legte seine nasse Hand auf Faris Nacken und nahm seine Beschwörungen wieder auf. Nach ein paar Minuten bat er Majassin und dessen Frau, das Zimmer zu verlassen. Er war jetzt allein mit Fari.

„Meine Tochter, wir sind unter uns, hab' Vertrauen. Sag' mir, was dich quält."

Sie blieb stumm.

„Sprich. Wir haben keine Zeugen. Nichts von unserem Gespräch wird durch diese Tür dringen." Schweigen.

„Wovor hast du Angst?"

„Hast du nicht gehört, was meine Eltern gesagt haben? Ich bin besessen."

Der Marabut lächelte gezwungen.

„Deine Eltern sind davon überzeugt. Doch du, du weißt es besser. Und ich, ich weiß es auch. Du bist nicht besessen."

„Warum bin ich denn sonst hier?"

„Weil dich etwas quält. Das, was du in deinem Herzen vergräbst und vor dem du dich fürchtest. Was andere nicht zu erkennen vermögen, ist für mich deutlich erkennbar. Ich werde es herausfinden, leicht herausfinden, mit oder ohne deine Hilfe. Ich frage mich im übrigen, ob ich es nicht bereits herausgefunden habe.

Das schien sie nicht zu beeindrucken. Sie betrachtete ihn ungerührt. Ihr trotziger Blick, ihr spöttisches Lächeln forderten ihn heraus.

„Was meinst du, sagte er hämisch, könnte vielleicht das Fürstentum Tiali etwas mit dieser Krankheit zu tun haben?"

Fari verlor die Fassung. Sie zitterte an allen Gliedern, brach in hysterisches Lachen aus.

„Nein! Nein!" rief sie eins ums andere Mal. „Niemals."

„Beruhige dich, mein Kind; mein kleines Mädchen, beruhige dich. Wir haben uns gewiß vieles zu sagen. Ich habe Zeit, viel Zeit. Ich höre dir zu. Erzähle mir alles, von Anfang an bis jetzt."

Auf dem Heimweg vom Markt ruhten sich Fari und Kura unter dem großen Mangobaum von Mbomou aus.

„Endlich finden wir einen Moment Zeit; ich wollte schon lange mit dir reden, Fari."

„Worüber Kura?"

„Über deine Veränderung, über das, was dich quält. Ich kenne dich gut genug, um zu wissen, daß du mir etwas verheimlichst. Du bist nur noch der Schatten deiner selbst – und das seit deiner Rückkehr aus Tiali. Du hast eine Zeitlang sehr unglücklich ausgesehen. Nach zwei Monaten warst du wieder die alte. Als wir von unserem Besuch bei Sokhna zurückkamen, traten die gleichen Anzeichen wieder auf. Was hast du erfahren? Ich erinnere mich, daß ich genau in dem Moment wegging, als Onkel Majoro zu reden anfing. Handelt es sich um deine Eltern? Willst du mir dein Geheimnis nicht anvertrauen? Du tust mir leid. Ich möchte, daß du dich mir anvertraust. Bin ich etwa nicht deine Freundin? Ich weiß, daß du es tun möchtest, aber irgend etwas hält dich zurück. Ist es denn wirklich so schlimm?"

Fari brach in krampfhaftes Schluchzen aus. Ihre Tränen flossen wie ein Brunnen.

„Verzeih' mir, verzeih' meine Zudringlichkeit. Wenn ich nur einen Augenblick lang an unserer Freundschaft gezweifelt hätte, an unserer gegenseitigen Zuneigung, hätte ich dich nichts gefragt."

Sie wollte verstört gehen, doch Fari hielt sie an ihrem Hüfttuch zurück.

„Erinnerst du dich an Sokhnas Prophezeiung vor dreieinhalb Jahren?"

„Daß du Prinzessin sein wirst?"

„Sie wird sich bewahrheiten."

Kura strahlte. Sie sah bereits die funkelnde Krone auf dem Kopf ihrer Freundin.

„Mit wem? Sag?"

„Mit einem Monster, einem Zwerg, einem Krüppel."

Kura hob ihre Kalebasse auf, ließ sie gleich wieder fallen. Sie zerschellte mit einem dumpfen Geräusch, und der Inhalt ergoß sich in den Staub.

„Ist das ein Märchen oder ein Scherz? Wenn ja, dann kein lustiger."

„Das ist die reine Wahrheit. Weder du noch ich haben den Prinzen von Tiali gesehen. Er ist ungeheuer reich – aber er ist ein Zwerg."

Kura betrachtete ihre Freundin, als sähe sie sie zum ersten Mal.

„Verweigere diese Heirat, nichts kann dich dazu zwingen. Ein häßlicher Mann, das mag noch angehen, aber niemals ein Zwerg. So wie ich dich kenne, würdest du nie an seiner Seite leben können, selbst wenn er dir alles Gold der Welt schenkt. Stell' dir die Hölle vor ..."

„Genau das habe ich mir hundertmal gesagt und sage es mir immer noch. Etwas wichtigeres beherrscht jedoch meine Gefühle, bezwingt meine Abscheu. Ich bin kein Opferlamm, das man schlachtet, ich habe nicht den Ehrgeiz, eine Retterin zu sein, aber ich bin zutiefst überzeugt, daß diese Heirat die eine Hälfte der Schere ist, die die Schnur der Sklaverei durchschneiden und der Demütigung meines Volkes ein Ende bereiten wird.

„*Daga boumou diâm?* Die Schnur der Sklaverei durchschneiden? Du wirst es niemals schaffen. Wie gedenkst du, durch eine schlichte Heirat Grundsätze aus der Welt zu schaffen, die seit Generationen befolgt werden, die fest in unseren Traditionen verankert sind, unverrückbar wie der Himmel seit der Morgenröte der Erschaffung der Welt über unseren Köpfen? Du träumst, meine Freundin. Opfere dein Leben nicht für eine Schimäre. Gana liebt dich. Er sieht gut aus. Er wird reich sein; sein Onkel wird eure Hochzeit ausrichten. Eure Kinder werden schön sein wie Engel.

„Für einmal sprechen wir nicht die gleiche Sprache, Kura. Unsere Wege trennen sich. Du kannst mich nicht verstehen. Es ist nicht der Ehrgeiz, der meine Schritte lenkt, und auch nicht die Frustration, und noch viel weniger die Utopie. Es ist nicht Bokars Reichtum, der mich lockt. Ich erstrebe ein anderes Ideal. Mein Ziel ist es, für eine bessere Zukunft meines Volkes gegen die Ungleichheit anzukämpfen."

„Fari, kehre auf die Erde zurück. Hast du das grauenhafte Schauspiel vergessen? Die Folterung deines Onkels Ibra und seiner Kinder? Die Schändung des Grabes seiner Mutter ... Und warum das alles? Wegen des Ungehorsams gegenüber der Macht, die uns regiert. Und du, armes Mädchen, du wagst es, dich ihr zu widersetzen? Mit welchen Waffen willst du jahrhundertealte Traditionen bekämpfen? Eine junge Frau, fast noch ein Kind. Mit deinen bloßen Händen etwa? Ich zweifle sehr an deinem Sieg."

„Du verstehst mich immer noch nicht, meine Freundin. Ich kann dir nur eines sagen: Diese Ehe, ich werde sie eingehen. Der Gedanke an meinen Onkel und seine Familie ist es, der mich in meiner Entscheidung bestärkt hat. Ich werde mich bis ins Grab an diese Demütigung erinnern, an diese Tat, die abscheulichste und demütigendste, die je meinem Volk zugefügt worden ist. Ich fühle mich verpflichtet, dagegen anzukämpfen."

„Wenn dies deine Entscheidung ist, so komme es, wie es kommen muß. Gott steh' dir bei. Du bist meine Schwester, dein Glück ist auch meines. Wenn du glaubst, es an der Seite des Prinzen von Tiali zu finden, hast du meinen Segen."

„Ich danke dir, Kura; wenn der Zeitpunkt gekommen ist, werde ich dich um deinen Beistand bitten."

„Du kannst auf mich zählen."

Aus dem Französischen von Giovanna Waeckerlin-Induni.
Aus: Nafissatou Niang Diallo, *La Princesse de Tiali*.
© Les Nouvelles Editions Africaines Dakar, 1987.

Simone Schwarz-Bart

Simone Schwarz-Bart (Guadeloupe) wurde 1938 in diesem
französischen Überseeterritorium in der Karibik geboren. Sie
studierte in Frankreich und Senegal und lebt seit ihrer Heirat mit dem französischen Schriftsteller André Schwarz-Bart
abwechselnd in Frankreich, Israel und in Guadeloupe. Sie
weigert sich, Deutschland zu bereisen. In all ihren Werken –
drei Romane, Theaterstücke und eine sechsbändige Enzyklopädie über die schwarze Frau – steht ihre Heimat Guadeloupe im Vordergrund: Sie erzählt vom Leben der einfachen Menschen, von Bauern und Landarbeitern, und oft
bedient sie sich Elementen des Kreolischen.

Bibliographie
Un plat de porc aux bananes vertes. Roman [mit André Schwarz-
Bart]. (Seuil, 1969).
Télumée. Roman. (1972; Peter Hammer, 1987).
Ti Jean oder die Heimkehr nach Afrika. Roman. (1979; Peter
Hammer, 1982).
Ton beau capitaine. Theaterstück. (Seuil, 1987).
Hommage à la femme noire. Enzyklopädie, 6 Bde. [mit André
Schwarz-Bart]. (Ed. Consulaire, 1989).

Béchamelsoße

Wurde des Sonntags ein Empfang gegeben, so war das ein einziges Defilee von Kabrioletts, ein Tag der Begrüßungen, Handküsse, Verbeugungen, gegen Bakkaratkristallgläser klingelnder Fingernägel, unterbrochen von nostalgischen Gesprächen über die alten Zeiten, da alle Dinge an ihrem Platz waren und der Schwarze dort, wo er hingehörte. Die Gäste schienen auf den kleinsten Fehler der Bedienung zu lauern. Wurde eine Schüssel nicht sachte genug abgesetzt, wurde ein Teller oder ein Glas nicht von der richtigen Seite gereicht, sahen sie darin gewissermaßen eine Bestätigung ihrer Vorstellungen vom Schwarzen und taten verwunderte Ausrufe, freuten sich lärmend, tätschelten einem nachsichtig auf den Arm ... nicht weinen, meine Tochter, nicht weinen ... das macht nichts, ist halb so schlimm, sieh mal, du bildest dich, du siehst die schönen Dinge der Welt, du servierst bei Tisch, du lernst Wischtücher und Servietten kennen, und woher solltest du das auch wissen, eben, woher solltest du, nicht wahr? Indessen ging ich hin und her, schnitt Krapfen auf, bestrich sie mit Konfitüre, bereitete Sahne- und Schokoladensorbets, Anonaceen- und Kokossorbets, rote Sorbets, grüne, blaue, gelbe Sorbets, bittere Sorbets und süße Sorbets, so viele Sorbets, daß ich selbst zum Sorbet wurde. Ich trug auf und räumte ab, lächelte allen zu, war ständig in Bewegung, machte einen Schritt nach rechts, einen nach links, ständig darauf bedacht, mich zu wappnen, heil zu bleiben bei den Worten der Weißen, bei ihren unverständlichen Gesten und Mienen. Und wenn ich an diesen Nachmittagen in Belle-Feuille zwischen den Gästen herumhuschte, schlug ich in meinem Herzen eine Alarmtrommel, ich tanzte, übersang alle Stimmen, alle Rufe, den Besitz, die Unterwerfung, die Herrschaft, die Verzweiflung, die Verachtung, den Wunsch, meinen Körper von der Höhe des Gebirges herabzustürzen, indes Fond-Zombi in mir schlief wie auf dem Grund eines großen Sees.

Fand kein Empfang statt und war Madame Desargne gut gelaunt, so gab sie mir den ganzen Sonntagnachmittag frei. Aber die Launen von Madame Desargne waren nicht vorauszusehen. Sie überließ sich der Stimmung der Stunde, und man konnte nie vorausahnen, war für ein Hauch ihr entgegengeweht war. Wenn sie aus der Messe zurückkam, seufzte sie bisweilen und sprach von einem Abgrund, der unter ihren Füßen klaffte, von dem Bösen, das immer mehr zunahm in der Welt. „Télumée, meine Tochter, heute müssen sie bleiben ... ich brauche Ihre Stimme für die Bußvesper, die wir draußen im Hof beten werden, denn zwei Stimmen erfreuen Gott mehr als eine." An anderen Tagen gab ihr die Messe neue Kraft, und mit abwesender, rätselhafter, lächelnder Miene und leicht hochgezogenen Brauen über einem erstaunten Kleinmädchenblick entstieg sie leichtfüßig dem Wagen. Dann bestrich ich mein Haar mit Kakaowasser, fettete meine Zöpfe ein, zog mein Baumwollkleid an und verabschiedete mich von Madame Desargne. Zuallerletzt wirkte sie immer etwas betroffen und insgeheim bekümmert, mich gehen zu sehen ... ehrlich, Télumée, was werden sie in diesem Fond-Zombi tun? ... einen Bauch auf Kredit suchen? ... eine Brotbaumfrucht in Salzwasser legen lernen? ... ich weiß nicht, wie ich es Ihnen sagen soll, aber versuchen Sie mich zu verstehen, meine Tochter: hier werden die Béchamelsoßen bereitet und nicht anderswo ...

Aber schon führte die Hibiskusallee, dann die Straße von Belle-Feuille mich fort, ein Wind fing die Worte von Madame Desargne auf und setzte sie im Balatagebirge auf den Wipfeln der Mahagonibäume ab, wo sie für die Vögel, die Baumameisen, für Gott, für niemanden erklangen.

Jeden Sonntag krochen die Leute von Fond-Zombi aus ihrem Loch hervor, um nach La Ramée zur Kirche zu gehen, und balancierten ihr elendes Los über die schwankende Brükke von Autre Bord. Sie fielen ein mit einer neuen Seele, einer Sonntagsseele, aus der alle Spuren von Stacheln, Schweiß und Zuckerrohr getilgt waren. Sie scherzten, schlenderten umher, hörten den Klatsch der Welt, Eheschließungen, Todesfälle, Schiffbrüche, berühmte Liebesaffären in der Nachbarschaft, sie lachten und lachten, so daß man hätte schwören mögen, sie kennten nichts weiter im Leben als Lachen und Vergnügungen. Nach der Messe überfluteten sie die Umgebung auf der Suche nach Verwandten, Freunden, Arbeitskameraden, aus dem Zuckerrohr, auf der Suche nach all denen, die am Sonntag ihre Wochentagsseele vergessen wollten, denn an diesem Tag hielten sie sich gerne für achtbare Leute.

Wenn ich in Sichtweite von Fond-Zombi kam, an den Fuß des Balsampflaumenbaumes, der den letzten Hang beherrschte, war es drückend heiß, und alles schien still und eingeschlummert. Beim kleinsten Lufthauch fielen reife Früchte zu Boden, ein scharfer Geruch empfing mich, und ich hatte nicht die Kraft, den Schatten des Baumes zu verlassen. Ich überblickte den Weiler von Nord nach Süd, von Ost nach West. So gesehen, schien er nicht ganz und gar mein Fond-Zombi zu sein, einige Dachbleche waren verrostet, hier und dort hatte man ein paar Hecken beschnitten, und der Sonntag verlieh dem Ort etwas Geheimnisvolles. Mitten in diese Erstarrung hinein ertönte plötzlich von weitem eine durchdringende Stimme: „Da ist sie, sie ist da." Das war das Signal. Gleich darauf erschien Elie am Fuße des Hanges, dicht hinter sich eine kleine Gruppe Kinder, schwangere Frauen, die nicht mehr zur Siedlung heruntergehen konnten, und jene Einsiedler, die die ganze Welt von der Schwelle ihrer Hütte aus sahen, Adriana, der Schwarze Filao und einige andere. Elie beeilte sich, die Gruppe zu überholen, kam schweißgebadet an, warf mir von fern einen langen, bitteren Blick zu, der ein wenig milder und sanfter wurde, als er mir gegenübertrat, als wollte er mir seine unendliche Geduld beweisen. Er setzte sich, sog mich still in sich ein und sagte schließlich erstaunt:

„Trotz der Balsampflaumenbäume duftest du nach Zimt."

„Du duftest auch nach Zimt", murmelte ich.

Dann krempelte er einen Hemdsärmel hoch, hielt seinen Arm neben meinen und stellte belustigt fest: „Wir haben dieselbe Farbe, da ist es nicht verwunderlich, daß wir auch denselben Geruch haben ... „

Aber schon wurde ich ihm durch die Gruppe entrissen, man drückte mich, hob mich hoch, betrachtete mich von allen Seiten, denn ich war zu einer wichtigen Person geworden ... wie du aussiehst, meine Liebe, wie du nur aussiehst, deine Zöpfe sind ja noch länger geworden ... hast du sie mit Kakaowasser besprengt? ... zu welch schönem Bambusrohr im Winde du heranwächst, du wirst eine gute Flöte sein, und wer auf dir spielt, der wird viel Glück haben, nicht wahr, Elie? Aber vorher wirst du uns noch ein Liedchen aus Belle-Feuille spielen, natürlich nur, wenn du willst, denn wir haben dich auch erwartet, auf unsere Weise ...

Elie trennte sich von der Gruppe und beobachtete mich von weitem; er begnügte sich damit, mir von Zeit zur Zeit zuzunicken, mir kaum sichtbar zuzuwinken, wie man jemand auf der anderen Seite des Flusses grüßt. So geleitet, kam ich zu unserer Hütte, wo Reine Sans Nom mich in ihrem Schaukelstuhl empfing, vor Freude war sie zusammengeschrumpft und runzelig, ihr Gesicht wirkte erloschen, leblos. Doch ihre Augen schienen sich mit einem kaum wahrnehmbaren Zwinkern aus ihrem Gesicht zu lösen, um mich zu berühren, mich auszufragen, mir zu sagen, wie es ihr in der letzten Zeit ergangen war. Und jedesmal verstummten die Leute vor den Augen der Reine Sans Nom, und irgend jemand sagte schüchtern: „Ach, Reine, du wirst nie sterben. Was kann dir noch widerfahren, der Tod wird dir leicht sein wie eine Feder: ist es die eines Kolibris oder die eines Pfaus?"

Und Reine dämpfte noch immer das Feuer ihres Blickes, schaukelte sich lässig und äußerte ruhig, so, wie man eine altbekannte Tatsache feststellt, nur eben an sie erinnert: „Ich habe nichts verlangt, sehe aber wohl, daß ich mit all dieser Freude nie sterben werde."

Man geriet in Bewegung, die Leute nahmen Platz, die gestärkten Kleider knisterten, und leichter Rauch stieg aus den Pfeifen: der Sonntagnachmittag hatte begonnen.

„Und nun", sagte Großmutter, „da wir unter uns sind, nun erzähl uns etwas über diese Weißen in Galba ..."

In der Hütte war Platz für fünf oder sechs Personen, die auf dem Bett oder dem Boden saßen, den Rücken an die Wand gelehnt. Mindestens ebensoviele standen im Hof, spitzten die Ohren, und sobald Großmutter diese Worte ausgesprochen hatte, erschienen ihre Köpfe in der Türöffnung, richteten bange Blicke auf mich, die schon vorher meine Worte einsogen. Die Leute wollten wissen, wie sich in Belle-Feuille das Leben hinter all diesen grünen Schutzwällen abspielte, wie das Haus ungefähr eingerichtet war, wie man dort aß, sprach, trank, was man im Alltag tat und vor allem: Was zählte für sie im Leben, und waren sie wenigstens mit dem Leben zufrieden? Diese Frage bewegte die geplagten Seelen von Fond-Zombi ganz besonders. Ich zögerte einen Augenblick mit der Antwort, denn ich hatte schon an den vorangegangenen Sonntagen berichtet, und eigentlich hatte ganz Belle-Feuille in einem Fingerhut Platz. Alle sahen meine Verwirrung, und irgend jemand neigte sich mit glühenden Augen zu mir herab ... beruhige dich, atme wieder leichter, meine Liebe ... Darauf wandten alle Blicke sich zu mir, und weil sie so beharrlich waren, begann ich, ihnen vom sichtbaren und vom unsichtbaren Galba zu erzählen, aber ungewollt kam ein anderes Belle-Feuille aus meinem Mund, so daß sie einen wogenden, brandenden Ozean sehen mußten, während ich ihnen nur etwas Schaum zeigen wollte. Verzweifelt darüber, schloß ich immer mit den Worten, mit denen Madame Desargne mich soeben verabschiedet hatte, mit der Geschichte von der Béchamelsoße. Wer sie kannte, lachte; wenn sich unter den Zuhörern aber jemand befand, der sie zum ersten Male hörte, so fragte er alsbald interessiert:

„Wenn sie so gut ist, erklär uns mal, wie man sie macht, damit wir unsere eigenen Bäuche füllen können ..."

„Etienne, mein Schwarzer", sagte Großmutter dann sanft, „ich sage dir, mein Freund, an der Béchamelsoße ist nichts Besonderes. Télumée", sagte sie dann, zu mir gewandt, „Télumée, mein lieber Flammenbaum, wenn du

Appetit hast, brauchst du dir hinten im Hof nur zwei Schei-
ben Brotbaumfrucht mit grobem Salz auf einem Holzfeuer
zu kochen und dich heute nicht darum zu kümmern, ob sie
Béchamelsoße gemacht haben."

Um ihre Worte zu würzen, lachte Großmutter aus vollem Halse das schöne Lachen einer freien Schwarzen, und
aus der Béchamelsoßenkönigin wurde wieder ein menschliches Wesen. Meine Seele erhob sich und schwebte über allen Gesichtern, ich träumte: Auch wenn die anderen Flüsse
sich winden, ihr Bett wechseln, ihre Strömung ändern, wünschte ich mir ein bescheidenes, stilles Leben, ohne Aufregungen, hier in Fond-Zombi, unter ein und demselben Dach und
mit ein und demselben Mann, umgeben von Gesichtern, deren geringste Regungen ich wahrnahm wie das Kräuseln einer
Wasseroberfläche. Die Leute lachten mit Reine, überließen
die Weißen ihrer Béchamelsoße und besannen sich lachend
wieder auf sich selbst, auf ihre lauernden Taubenseelen, die
mit der Traurigkeit jonglierten ...

Einige Gesichter wechselten von einem Sonntag zum
anderen, auf drei aber traf ich regelmäßig bei jedem meiner Ausflüge nach Fond-Zombi, und deshalb muß ich sie
nennen: Amboise, Filao und Adriana. Amboise war jener
rotbraune Schwarze, der Elie vor dem Zuckerrohr gerettet hatte. Sie hatten da oben auf den Gerüsten Freundschaft
geschlossen, und Amboise war jeden Sonntag in Groß-
mutters Hütte, den Rücken an die Wand gelehnt, stand er
auf einem Bein, er schwieg, lachte selten und öffnete den
Mund nur, um Fragen über das Leben der Weißen in
Frankreich zu beantworten, wo er seinen Körper fast sieben Jahre lang herumgeschleppt hatte. Seine Meinung über
die Weißen in Frankreich brachte uns aus der Fassung.
Sie waren für ihn nicht mehr und nicht weniger als ge-
platzte Blasen, die sich als Leuchten aufspielten, und aus.
Filao war ein alter Schwarzer, der sein Lebtag lang im Zuk-
kerrohr gearbeitet hatte, sein Gesicht war riefig wie eine
langgediente Muskatnuß, seine Augen gingen langsam hin
und her, mit schiefem, unsicherem Blick, stets zwischen
Traum und Wirklichkeit. Er sprach mit ganz dünner Stimme, so als fürchte er, man könnte den Faden seines Trau-

mes zerreißen, wenn man ihn gut verstünde. So hefteten sich alle Blicke auf seine Lippen, als er den Mund öffnete, um wie gewöhnlich zu sagen ... wißt ihr was, meine Freunde, ich habe eine große Neuigkeit für euch ... stellt euch vor, eine kleine grüne Eidechse wie ich läuft ohne Schutz und Schirm von Tor zu Tor, stellt euch vor, gestern ...

Adriana war eine dicke Schwarze um die Fünfzig mit noch hübschen, molligen Armen und gelblichweißen, stellenweise etwas grünlichen Zöpfen; die schweren Lider hielt sie ständig über ihre weißen Augen gesenkt, um die Welt nicht zu sehen, um von ihr nicht gesehen zu werden? ... Sie gehörte zur Horde der Verlaufenen, der Herumirrenden, der Verlorenen, die auf der Suche nach einem Taumel von Hütte zu Hütte ziehen. Wenn sie den Mund öffnete, hoben sich ihre Lider widerwillig, und die weißen Augen rollend, redete sie sonderbare Dinge, Worte, die von anderswo herzukommen schienen, woher wußte niemand ... meine verirrten Lämmer, sagte sie, meine kleinen wolligen Prinzen der Nacht, und dann malte sie erneut ihr Leben in die Luft, freundlich, unschuldig, wissend, daß niemand ihr zu widersprechen, ihr am Zeug zu flicken wagen würde: „Ach", sagte sie mit glücklicher, verzückter Stimme und einem anmutigen Lächeln, das ihr gut stand, „ach, wenn ihr das Haar einer Frau weiß werden seht, so laßt es weiß werden, denn man tut recht daran, sich für die Kinder zu opfern. Ich habe sechs Kinder, und wenn ich wollte, könnte ich mit all den Dingen, die sie mir aus Pointe-à-Pitre schicken, noch heute einen Laden aufmachen. Würde ich meinen Schrank öffnen und euch die Stapel neuer Handtücher, die Faltenkleider und alles andere zeigen, ganz zu schweigen von solchen Kleinigkeiten wie Zucker, Reis, Stockfisch, so würdet ihr endlich meine Stellung auf Erden begreifen. Ihr seht mich in Lumpen, das Dach meiner Hütte ist undicht, ihr könntet glauben, ich befände mich in einer üblen Lage, aber täuscht euch nicht, meine Freunde, kommt doch einmal bei mir vorbei, vielleicht werde ich euch meinen Schrank öffnen ..."

„Richtig", sagte Großmutter darauf und unterstützte sie mit kräftiger Stimme, „man sieht Leute in zerissenen Kleidern, sie schlafen und stehen auf in wackeligen Hütten, aber wer weiß, was diese Leute in ihrem Schrank haben, wer weiß das?"

„Ein Mensch spricht, und im Himmel hört ihn ein Engel", gab der alte Filao mit flötender Stimme von sich, um Reine Sans Nom zu Hilfe zu kommen.

„Ach, schöne Worte, wenn man erst begreift, was für eine schöne Sache ..."

„Ja, und was für ein milder Nachmittag, aber nun ist er fast vorbei", sprach Adriana und erhob sich schwerfällig von ihrem Stuhl, „und sollte irgendjemand nicht auf seine Kosten gekommen sein, so mag er den Finger heben und sagen, was sein Herz noch begehrt ... Schwarze, meine Brüder, hört man euch zu, ihr fändet kein Ende, denkt an die Liebenden, wann sollen sie denn einander den Hof machen, wenn wir hierbleiben und ihnen wie ein Wespenschwarm die Ohren vollsummen? Worte und Liebe, alles zu seiner Zeit ..."

Sie drehte sich noch ein letztes Mal zu mir um und sagte schalkhaft: „Du bist jetzt gerade richtig, Télumée, wie eine reife Brotbaumfrucht ... ist sie noch zu grün, werden die Zähne stumpf, überreif schmeckt sie nicht mehr; komm zu uns zurück, meine Tochter, warte nicht, bis dich der Wind vom Baum schüttelt und auf den Boden wirft ... versuch, dich selbst zu lösen, jetzt, wo du gerade richtig bist ..."

Sogleich leerte sich die Hütte, dann der Hof, und wir spürten eine sanfte Brise vom Gebirge her. Reine Sans Nom schützte eine Beschäftigung vor und verschwand. Wir blieben alleine. Es herrschte vollkommene Stille, und wir atmeten den Duft ein, der des Abends aus dem Innern der Drachenblutbäume strömt. Draußen waren die Leute von ihren Besuchen zurückgekehrt und die Gespräche von Hütte zu Hütte in vollem Gange. Das Dorf vibrierte wie ein riesiges Sprechzimmer. Im Dämmerschein glimmten die Laternen der Glühwürmchen kaum, doch je tiefer die Nacht sich herabsenkte, desto heller und leuchtender wurden sie. Die Lampen wurden angezündet, das letzte Lachen verstummte. Der Sonntag war zu Ende.

Aus dem Französischen von Udo Schlögl.
Aus: Simone Schwarz-Bart, *Télumée*.
© Peter Hammer Verlag Wuppertal, 1987.

Foto: B. Schweiz

Buchi Emecheta

Buchi Emecheta (Nigeria) wurde 1944 in Lagos geboren, ihre Familie stammt aber aus dem Osten Nigerias. Sie verbrachte ihre Kindheit und Jugend in Nigeria, bevor sie nach England emigrierte. In London studierte sie Soziologie und begann zu schreiben. Sie ist vielleicht die erste afrikanische Autorin, die sich deutlich feministisch ausdrückt. In ihren Geschichten thematisiert sie schwarzes Bewußtsein und die Unterdrückung und Diskriminierung schwarzer Menschen in weißen Gesellschaften. Neben ihrer schriftstellerischen Tätigkeit engagiert sie sich gegen die Rassendiskriminierung in Großbritannien. Buchi Emecheta lebt mit ihren fünf Kindern in London.

Bibliographie
The Bride Price. Roman. (Allison & Busby, London 1976).
Destination Biafra. Roman. (Allison & Busby, London 1982).
Naira Power. Roman. (Macmillan, London 1982).
Our Own Freedom. (Scheba Publications, London 1982).
Double Yoke. Roman. (Ogwugwu Afor, London 1983).
Head above Water. Roman. (Ogwugwu Afor, London 1986).
A kind of marriage. Roman. (Macmillan, London 1986).
Family Bargain. Hörspiel. (BBC Publications, London 1987).
Die Geschichte der Ada. Roman. (Knaur, München 1987).
Nnu Ego – Zwanzig Säcke Muschelgeld. (Frauenbuch/Kunstmann, München 1993; Unionsverl. Taschenbuch, Zürich 1991).
Kehinde. Roman. (Heinemann African Writers 1994).

Eine gescheiterte Frau

Nwakusor hatte nachts über auf einem Schiff gearbeitet, das in Lagos am Kai lag und befand sich auf dem Heimweg. Er war ein Ibo von mittelgroßer, schmächtiger Statur. Sein Äußeres ließ nur schwerlich einen Rückschluß auf sein Alter zu, doch wenn man wußte, daß er schon seit zehn Jahren im Hafen arbeitete, konnte man sich ausrechnen, daß er zwischen fünfunddreißig und fünfundvierzig sein mußte. Er war jetzt merklich müde; seine Augen waren gerötet, sein Gang schwer. Aber eins tröstete ihn: er war auf dem Weg nach Hause, dort konnte er schlafen, bis die Abendschicht begann. Er dachte nur an Ruhe und ein erfrischendes Bad. In solche Gedanken vertieft, bestieg er sein altersschwaches schwarzes Fahrrad und strampelte mühsam den Hügel nach Ebute Metta hinauf. Er wohnte dort mit seiner Frau, die immer traurig aussah.

Mühselig quälte er sich von der Insel zum Festland. Es war feucht und dunstig, alle Umrisse waren nur verschwommen zu erkennen. Selbst die Palmen und Kokusnußpalmen, die die Ufer von Lagos wie treu ergebene Wachen umsäumten, waren nur undeutlich auszumachen. Nwakusor ließ seinen Blick über die Lagune schweifen und beobachtete, wie sich der Dunstschleier langsam von dem bläulichen Wasser trennte und mit den dahinziehenden Wolken verschmolz. In wenigen Stunden würde der gleiche Platz vor Hitze dampfen. Eine schreckliche Vorstellung! Wenn er zu Hause ankam, würde sich seine Frau Ato gerade auf den Weg zu ihrem Fischstand auf dem Oyingbo-Markt machen. Er wollte ihr zwar nicht aus dem Wege gehen, war aber auch nicht in der Stimmung, sich ihr belangloses Geschwätz anzuhören.

Die Brücke von Lagos war beidseitig mit kunstvollen eisernen Pfeilern eingefaßt, die rot gestrichen waren und speerförmige Spitzen hatten. Eine schmale geteerte Straße wand sich zwischen diesem zaunartigen Eisenwerk hindurch. Bei Tabalogun verengte sich die breitere Straße zu dem schmalen Brückenteil, der die Insel mit dem Festland verband.

Plötzlich rissen Rufe und Schreie den keuchenden Mann aus seinen Gedanken an Ruhe und Schlaf.

„Wenn du sterben willst, warum hast du dann ausgerechnet mich dazu ausgewählt, dich umzubringen?"

Nwakusor schreckte auf und bemerkte, wie ein *kia-kia*-Bus gefährlich nach links auswich, um einen Zusammenstoß mit ihm zu vermeiden. Wie üblich war es morgens zu dieser Uhrzeit fast unmöglich, einen Platz in einem normalen Bus zu bekommen. Aus der übergroßen Nachfrage schlugen die Besitzer der verschiedenartigsten Privatwagen ihren Nutzen. Man hatte sie ,*kia-kia*-Bus', ,schnell-schnell-Bus' getauft, denn sie hatten den Vorteil, daß sie, erst einmal voll besetzt, nicht mehr anhielten, bevor sie die Insel erreicht hatten. Diese Wagen schafften mehrere Fahrten hintereinander, der öffentliche Bus hingegen, der einer Gesellschaft der Weißen gehörte, schlich langsam wie eine Ente von Haltestelle zu Haltestelle, die Lagos-Brücke rauf und runter. Je schneller die Eigentümer dieser kleinen Privatbusse fuhren, desto mehr Geld konnten sie dafür kassieren, denn die Büroangestellten und Boten, die auf der Insel arbeiteten, bevorzugten dieses Transportmittel, auch wenn sechs bis zehn Mitfahrende an jedem Fenster eines vollbesetzten *kia-kia*-Busses hingen und ein weiteres Dutzend an der Tür. Einige klammerten sich sogar ans Dach. Einer dieser Busse hätte Nwakusor um ein Haar überfahren. Der Fahrer schwitzte im Morgendunst genauso wie Nwakusor. Dieser Minibus schien besonders vollgestopft zu sein. Man konnte fast meinen, er werde von der Kraft des Fahrers und nicht von einem Benzinmotor angetrieben, so atemlos japste der Mann. Sein dramatisches Ausweichmanöver hatte einige der Außenpassagiere gezwungen, loszulassen und abzuspringen, um nicht verletzt zu werden. Man hörte Schreie und quietschende Bremsen. Nwakusor begriff, daß er dem

Tode nur knapp entronnen war. Wie die am Bus hängenden Fahrgäste, suchte er unbewußt festen Boden unter den Füßen. Verwirrt und atemlos stand er da. Erschrocken blickte er um sich, während er die Gefahr zu erfassen begann, in der er sich vor einer Minute befunden hatte.

„Nun?" schrie ihn der Fahrer an und schien eine Entschuldigung zu erwarten. Zornig drohte er mit der Faust.

„Wenn du nicht weißt, was du sagen sollst, nimm wenigstens deinen Schrotthaufen von der Straße. Mir macht das Leben noch Spaß. Wenn du wieder einmal nach jemandem suchst, der dich umbringen soll, dann, bei Allah, such dir eine andere Stelle aus. Aber geh aus dem Weg."

Nwakusor, zu erschrocken um zu protestieren, gehorchte. Halb ohnmächtig und bebend stand er auf und griff nach seinem uralten Fahrrad, das zwar verbogen, aber noch benutzbar war. „Es tut mir leid", sagte er und überhörte geflissentlich das Gelächter der Passagiere, die sich mittlerweile von ihrem Schock erholt hatten und den rüden Ton des Fahrers beklatschten. Nwakusor hätte in der gleichen Weise gekontert, aber er war zu erschrocken, um sich einem Wortgefecht gewachsen zu fühlen.

Außerdem konnte er nicht genug Yoruba und würde nur den Kürzeren ziehen. Da war es doch besser, reumütig zu sein, denn er sah seine Schuld ein.

Außerdem war er müde. Der Fahrer bemerkte das und hörte auf zu schimpfen.

„Es tut mir leid Fahrer, ich habe die ganze Nacht gearbeitet und mein Hirn schläft schon, glaub mir."

Der Fahrer grinste daraufhin über das ganze Gesicht. Die Fahrer wurden nicht jeden Morgen so höflich behandelt und jemanden mit spitzen Bemerkungen zum Weinen zu bringen, gehörte zu ihrem Handwerkszeug. Doch er konnte es nicht lassen, zum Spaß seiner Fahrgäste noch einmal aufzutrumpfen.

„Dein Leben gehört dir, Mann. Aber das nächste Mal, wenn du es leid bist, bleib von der Straße und geh mir aus dem Weg. Häng dich doch in deinem Zimmer auf. Das erregt zwar weniger Aufsehen, bringt aber wenigstens keinen Unschuldigen in Schwierigkeiten."

Damit raste er um eine scharfe Kurve und jagte mit aufheulendem Motor den Bus mit den grölenden Fahrgästen zur Insel.

Nwakusor beschloß, weil ihm noch die Beine zitterten, lieber zu Fuß zu gehen, auch wenn er das Fahrrad leicht hätte richten können. Nur das Vorderrad war verbeult, und das hätte er durchaus zurechtbiegen können. Leute, die nicht wußten, was passiert war, überholten ihn und fragten sich, ob er verrückt sei, das Rad auf dem Gehweg zu schieben. Um diese Morgenstunde belebten sich allmählich die Gehwege zu beiden Seiten der Carter-Brücke. Er wußte, daß die Leute dazu neigten, vorschnell über andere zu urteilen, ohne die Gründe für deren ungewöhnliches Verhalten zu kennen, aber er hatte keine Zeit, sich dauernd zu rechtfertigen.

Solange er niemanden verletzte und sicher nach Hause kam, war ihm egal, was in anderer Leute Kopf vor sich ging. Die Sonne kam heraus, und ihre Wärme stärkte Nwakusors erschöpften Körper. Es gelang ihm sogar, das Leben an so einem Tag als Geschenk zu betrachten, und er beschloß, es zu genießen. Er fühlte sich wie ein Mensch, der den Wert einer besonderen Gabe schon lange nicht mehr gewürdigt hatte.

Erst weil es ihm beinahe genommen worden war, bemerkte er, was er hätte verlieren können. Ein Gefühl der Dankbarkeit regte sich ihn ihm, er behielt es für sich.

Hätte er einen Vorübereilenden angehalten und ihm davon erzählt, hätte man an seinem Verstand gezweifelt. Wie er da in seiner dreckigen Arbeitskleidung abwesend lächelnd sein altertümliches Fahrrad schob, wirkte er allerdings nicht ganz normal. Er überlegte gerade, ob er nicht doch wieder aufsteigen sollte, da sah er auf der anderen Seite der Brücke eine Menschenversammlung. Arbeiter aus der Frühschicht, Marktfrauen und -arbeiter auf dem Weg zum Ebute Ebo Markt, alle redeten aufgeregt durcheinander. Ihre Stimmen klangen angespannt und fiebrig, hatten etwas Ehrfürchtiges wie bei Zuschauern eines Menschenopfers, dachte er; er hatte so ein Opfer zwar noch nie gesehen, aber es sollte ja Leute geben, die so etwas schon miterlebt hatten. Aufgeregt standen sie um einen Menschen herum, den Nwakusor nicht erkennen konnte. War es ein Mann oder eine Frau? Er glaubte in der Person eine Frau zu erkennen. Sie war nicht alt. Ihrem geraden Rücken und dem beweglichen Körper nach zu urteilen, war sie eher ziemlich jung. Aber sie benahm sich sehr merkwürdig, als führte sie einen akrobatischen Tanz auf. Nwakusor wollte sich das aus der Nähe ansehen. Er fluchte auf den ununterbrochenen Verkehrsstrom, behielt jedoch das Geschehen im Auge. Nach dem Schrecken von eben war er besonders vorsichtig. Er wollte nicht überfahren werden, nur weil er einer Frau zusehen wollte, die entweder verrückt war oder ihrem Gott irgendeinen juju-Tanz darbot. Er ließ sich Zeit. Man sollte dem Tod nicht gleich zweimal am selben Morgen zu nahe kommen.

Seine innere Spannung nahm zu, als er begriff, was die Frau wirklich beabsichtigte. Sie wollte in die Lagune springen! „Mein Gott", dachte Nwakusor, „hier stehe ich und bin froh, daß ich noch weiter leben darf, und diese dumme Frau dort will ihrem Leben ein Ende setzen, obwohl ihr Schöpfer sie noch gar nicht haben will. Wie launenhaft das Leben ist ... verdammter Verkehr!" Der endlose Verkehrsstrom schien eigens dazu da, ihn zu ärgern.

Doch bald entdeckte er eine kleine Lücke und lief mit seinem Fahrrad über die Straße.

Er war schon fast auf der anderen Seite, als die Menge aufstöhnte. Die Frau warf einen Mann zu Boden. Er hatte versucht, sie davon abzuhalten, auf das Geländer zu klettern, das sie noch von dem Sprung in den Tod trennte. Es war eine Niederlage, von einem Gegner im Ringkampf zu Boden geworfen zu werden, aber von einer Frau niedergerungen zu werden, war mehr: es war eine Demütigung. Man genoß diese kostenlose Darbietung, obwohl alle darauf bedacht waren, rechtzeitig zur Arbeit zu kommen, und keiner von ihnen wollte, daß die Frau ihr selbstmörderisches Ziel erreichte, jedenfalls nicht solange sie da waren. Niemand wollte den Tag mit so einem Schatten auf der Seele beginnen. Noch ein Mann löste sich aus der Menge, um zu versuchen, sie zu retten. Diesmal warf die Frau den Mann nicht zu Boden, kämpfte aber verbissen und gewandt, bis beide keuchten. Alle befürchteten, der Mann könnte aufgeben und sagen: „Es ist schließlich ihr eigenes Leben." Aber das ist in Nigeria nicht möglich; man darf sich nicht einfach ungestört umbringen, weil jeder für den anderen verantwortlich ist. Ausländer mögen uns für eine Nation von Wichtigtuern halten, aber bei uns gehört das Leben eines jeden Menschen der Gemeinschaft und nicht nur ihm selbst. Also darf sich keiner das Leben nehmen, wenn ein anderes Mitglied der Gemeinschaft dabei ist. Jeder muß eingreifen, um das zu verhindern.

Nwakusor beobachtete, wie die Frau ihren Gegner abwehrte und stellte fest, daß sie, deren Gesicht er immer noch nicht sehen konnte, keine Yoruba war, sondern aus seinem Dorf kam, denn dort brachte man den Frauen bei, wie Männer zu ringen, und andere Formen der Selbstverteidigung. Im Kampfe wendete sie den Kopf und Nwakusor erkannte Nnu Ego. Er konnte es kaum glauben. Er kniff sich und fuhr sich mit den Händen durch das Gesicht, um sich zu vergewissern, daß er nicht träumte. Um ganz sicher zu gehen, rief er heiser:

„Nnu Ego! Nnu Ego, Kind der Liebe Agbadis, Nnu Ego! Was machst du da? Was hast du vor?"

Sie hielt plötzlich inne. Sie sah zu den Zuschauern hoch; ihre Augen wanderten über die Köpfe, nicht über die Gesichter. Sie war erschüttert. Da war jemand, der sie kannte! Sie hatte sich darauf verlassen, Lagos sei eine so große Stadt mit Menschen so unterschiedlicher Rassen und Herkunft, daß niemand sie erkennen würde. Sie hatte erwartet, daß sich ihr die Fußgänger auf der Brücke entgegenstellen würden, aber sie hatte damit gerechnet, schon auf der Brücke zu sein, bevor sie sich belebte. Sie hatte sich geirrt. Es war zwar noch dunstig und die Feuchtigkeit der vergangenen Nacht hing noch in der Luft, doch die blendend helle Morgensonne lockte die Menschen aus ihren Schlafzimmern ins Freie.

Nwakusor nutzte die Gelegenheit, die ihm Nnu Egos Zögern bot. Er hatte sich nicht geirrt. Es war wirklich Nnaifes Frau. Ohne nachzudenken ließ er sein sonst sorgfältig gehütetes Fahrrad fallen. Beim Aufprall gab es ein kreischendes Geräusch. Mit der Behendigkeit einer Katze, die einer ahnungslosen Maus auflauert, kauerte er sich ganz eng zusammen und sprang auf Nnu Ego zu. Beide fielen auf den Beton. Nwakusor schrammte sich ein Knie auf, es fing sofort an zu bluten. Nnu Ego stand schnell auf und versuchte wie eine Verrückte sich loszureißen, doch jetzt gab es mehr bereitwillige Helfer. Der erste Mann, der vergeblich versucht hatte, sie aufzuhalten, trat unerschrocken wieder vor und umklammerte ihr Handgelenk. Nwakusor atmete schwer und keuchte in Ibo. „Was tust du deinem Mann, deinem Vater, deinen Leuten und deinem Sohn an, der erst ein paar Wochen alt ist? Du willst dich umbringen? Wer wird sich denn um dein Baby kümmern? Du bringst Schande über dich als Frau, Schande über dich als Mutter."

Zum ersten Mal, seit sie ihr Kind tot auf der Matte hatte liegen sehen, flossen Tränen der Erschütterung und Verzweiflung über Nnu Egos Wangen. Woher sollte sie die Kraft nehmen, aller Welt mitzuteilen, daß sie als Mutter versagt hatte? Wie sollte jemand verstehen, daß sie sich so verzweifelt danach gesehnt hatte, eine Frau wie jede andere zu sein, aber nun wieder versagt hatte? Mein Gott, hätten sie mich doch nur sterben lassen. Ihr Herz hämmerte vor Schmerz und Bitterkeit. Mehrmals versuchte sie zu sprechen, aber ihre Stimme versagte. Als sie Nwakusors zornige Vorwürfe hörte, blieb ihr nichts anderes, als den Kopf zu schütteln, zu zeigen, daß er sich irrte.

Eine andere Ibo mit einem großen Korb voll Yamwurzeln für den Markt fand Nwakusors Strafpredigt nicht ausreichend. Sie stellte sich vor Nnu Ego und schlug sie ins Gesicht. Dabei sagte sie: „Du hast also ein Baby zuhause und kommst trotzdem hierher und bringst Schande über den Mann, der dafür bezahlt hat, daß du in diese Stadt gekommen bist? Ich begreife wirklich nicht, was mit unseren Leuten geschieht; sobald sie an die Küste kommen, meinen sie, sie gehörten sich selbst und vergessen die Traditionen unserer Vorfahren."

Die Frau war so zornig, daß sie alle Kraft in ihren Schlag

legte. Er traf Nnu Ego mit voller Wucht und für einen Augenblick wurde ihr schwarz vor Augen.

Nnu Ego begann zu schreien, so laut wie möglich, und diesmal funktionierte ihre Stimme. Sie klang wie die eines Mannes:

„Aber ich bin keine Frau mehr! Ich bin keine Mutter mehr! Das Kind ist zuhause und liegt tot auf der Matte. Meine *chi* hat es mir weggenommen. Ich will nur ins Wasser gehen und sie suchen ..." Jetzt verstanden die Leute ihr merkwürdiges Verhalten. Sogar einige Männer hatten Tränen des Mitleids in den Augen. Menschen, die sie nicht kannte und nie wieder treffen würde, gaben ihr Ratschläge und spendeten Trost. Viele nahmen sich Zeit, ihre eigene Geschichte zu erzählen. Die Frau, die Nnu Ego geschlagen hatte, erzählte, nach sechs Schwangerschaften seien nur noch zwei Kinder am Leben, dennoch lebe sie weiter. Nnu Ego sei doch noch sehr jung, und die Babys stellten sich in großer Zahl ein, wenn erstmal eins dagewesen sei.

„Sie ist also nicht verrückt", teilte die Frau in ihrem holperigen Yoruba mit, „sie hat nur gerade ihr Kind verloren, das der Welt ihre Fruchtbarkeit beweisen sollte." Eine kinderlose Frau hielt man einhellig für eine Versagerin. Man überließ es Nwakusor, der Nnu Egos Leben gerettet hatte, sie zu ihrem Mann nach Hause zu bringen.

Aus dem Englischen von Helmi Martini-Honus und Jürgen Martini.
Aus: Buchi Emecheta, *Zwanzig Säcke Muschelgeld*.
© Verlag Antje Kunstmann, München 1983.

Zora Neale Hurston

Zora Neale Hurston (USA) wurde 1891 in Eatonville, Florida geboren, als fünftes von acht Kindern. In den siebziger Jahren wurde sie zu einer Ikone der schwarzen Frauenbewegung in den USA. Schon früh arbeitete sie mit Langston Hughes und anderen Protagonisten der *Harlem Renaissance* zusammen. Ihre kulturanthropologischen Arbeiten, etwa zu den schwarzen Folk-Tales in Florida und zum Voodoo-Kult in der Karibik, legten theoretische Grundlagen für die politische Bewegung, die in dem Schlagwort vom 'New Negro' ihren Ausdruck fand. Ihr wichtigstes Werk, der Roman *Und ihre Augen schauten Gott*, entstand während einer solchen Exkursion nach Haiti, innerhalb von nur sieben Wochen. In ihren literarischen Werken nutzt sie geschickt ihre Kenntnisse: Ihre Schilderungen sind dicht, und sie versteht es, das kreolisierte Englisch der Schwarzen in den Südstaaten wiederzugeben. Zora Neale Hurston starb am 28.1.1960.

Bibliographie
Mule Bone. Theaterstück. (1931) [mit Langston Hughes].
The Great Day. Revue. (1932).
Jonah's Gourd Vine. Roman. (1934).
Mules and Men. Folkloresammlung. (1935).
Und ihre Augen schauten Gott. (1937; Ammann, 1993).
Tell My Horse. Folkloresammlung. (1938).
Moses, Man of the Mountain. Roman. (1939).
Dust Tracks on a Road. Autobiographie. (1942; Ammann, 1996).
Seraph on the Suwanee. Roman. (1947).

Eine begehrte Witwe

Joes Beerdigung war das Feinste, was Orange County je mit Negeraugen erlebt hatte. Der Leichenwagen, die Cadillac- und Buick-Karossen; Dr. Henderson in seinem Lincoln; die Gäste von nah und fern. Und dann Prunk und Gepränge der geheimen Gesellschaften in Gold, Rot und Purpur, eine jede mit ihren Macht- und Hoheitszeichen, von denen sich Uneingeweihte nicht hätten träumen lassen. Leute auf Ackergäulen und Maultieren; Kleinkinder rittlings auf den Rücken von Brüdern und Schwestern. Das Orchester der Elks, das am Kichenportal aufgereiht stand und ,Safe in the Arms of Jesus' mit einem so beherrschenden Trommelrhythmus spielte, daß es den Trauernden, die in einer langen Schlange hineindefilierten, in die Füße fuhr. Der kleine Kramladenkaiser verließ Orange County, wie er gekommen war – mit herrischer Gebärde.

Janie machte sich makellos zurecht und kam vollkommen gefaßt hinter ihrem Schleier zur Trauerfeier. Der Schleier war wie eine Wand aus Stein und Stahl. Die Beerdigung ging draußen vonstatten. Alles, was mit Tod und Bestattung zu tun hatte, wurde gesagt und getan. Schluß. Ende. Nie mehr wieder. Dunkelheit. Tiefe Grube. Auflösung. Ewigkeit. Draußen Weinen und Wehklagen. Drinnen, hinter den kostbaren schwarzen Falten, Wiederauferstehung und Leben. Weder streckte sie die Fühler nach draußen, noch konnten die Dinge des Todes hereindringen und ihre Ruhe stören. Sie schickte ihr Gesicht zu Joes Beerdigung, und sie selber tollte mit dem Frühling durch die Welt. Nach einer Weile beendeten die Leute ihre Feier, und Janie ging wieder nach Hause.

Bevor sie an diesem Abend schlafen ging, verbrannte sie alle ihre Kopftücher, eines nach dem anderen, und als sie am nächsten Morgen im Haus umherging, ließ sie ihre Haare in einem dicken Zopf bis weit über die Taille hinunterbaumeln. Das war die einzige Veränderung, die die Leute an ihr wahrnahmen. Sie führte den Laden wie immer, nur daß sie sich an den Abenden auf die Veranda setzte und zuhörte und es Hazekiah überließ, sich um späte Kundschaft zu kümmern. Sie sah keinen Grund, Dinge überstürzt zu verändern. Sie hatte den Rest ihres Lebens vor sich, um zu tun, was ihr beliebte.

Tagsüber war sie die meiste Zeit im Laden, aber abends war sie drüben im großen Haus, das manchmal die ganze Nacht unter der Last der Einsamkeit knarrte und klagte. Dann lag sie wach und stellte der Einsamkeit Fragen. Sie fragte, ob sie weggehen und dahin zurückkehren sollte, wo sie hergekommen war. Ihre Mutter ausfindig machen. Vielleicht das Grab der Großmutter pflegen. Sich überhaupt wieder an ihrem alten Tummelplatz umsehen. Wie sie so in ihrem Innern umherforschte, stellte sie fest, daß sie gar kein Interesse an dieser selten gesehenen Mutter hatte. Sie haßte ihre Großmutter und hatte diese Tatsache all die Jahre unter einem Mantel des Mitleids vor sich selber verborgen. Sie hatte sich auf die große Reise zum Horizont aufgemacht, weil sie auf der Suche nach *Menschen* war; es war von weltbewegender Bedeutung, daß sie diese Menschen fand und daß diese sie fanden. Aber sie war geprügelt worden wie ein Straßenköter und war auf irgendwelchenAbwegen hinter den *Dingen* hergelaufen. Es kam darauf an, wie man die Dinge sah. Manche Menschen konnten in eine Dreckpfütze schauen und erblickten einen Ozean mit Schiffen. Aber Nanny hatte zu der anderen Sorte gehört, die sich lieber mit Schnipseln abgab. Nanny hatte den Horizont, das Gewaltigste, das Gott je geschaffen hatte – denn wie weit jemand auch gehen mag, der Horizont liegt noch immer weit vor ihm –, den hatte Nanny genommen und zu einem so kleinen, mickrigem Etwas zusammenschnurren lassen, daß sie es ihrer Enkelin gerade noch um den Hals binden und sie damit ersticken konnte. Janie haßte die alte Frau, die sie im Namen der Liebe so eingeengt hatte. Die meisten Menschen liebten einander sowieso nicht, und diese Mißliebe war so stark, daß selbst gleiches Blut sie nicht immer überwinden konnte. Janie hatte tief in sich drinnen einen Juwel gefunden und dahin gehen wollen, wo die Leute sie sehen würden und wo sie ihn leuchten lassen konnte. Aber sie war auf dem Markt feilgeboten worden. Als Köder ausgesetzt. Als Gott den Menschen schuf, hatte er ihn aus einem Stoff gemacht, der unablässig sang und über und über funkelte. Dann waren ein paar Engel neidisch geworden und hatten ihn in Millionen Stücke zerhackt, aber noch immer funkelte und summte er. Da zerschlugen sie ihn zu lauter Fünkchen, aber jedes Fünkchen barg einen Schimmer und ein Lied. Da bedeckten sie ein jedes mit Schlamm. Vor lauter Einsamkeit begannen die Fünkchen, einander sehnsüchtig zu suchen, aber Schlamm ist taub und stumm. Wie all die anderen durcheinandergepurzelten Schlammklümpchen hatte Janie versucht, ihren Schimmer zu zeigen.

Schon bald stellte Janie fest, daß ihre Witwenschaft und ihr Besitz in Süd-Florida eine große Versuchung darstellten. Noch ehe Jody einen Monat tot war, fiel ihr auf, daß Männer, die nie zu seinen Vertrauten gehört hatten, beträchtliche Entfernungen zurücklegten, um sich nach ihrem Wohlergehen zu erkundigen und ihr ihre Dienste als Berater anzubieten.

„Ne alleinige Frau is ja ne traurige Angelegenheit", bekam sie wieder und wieder zu hören. „Fraun brauchen Hilfe un Unterstützung. Der liebe Gott hat nie vorgehabt, dat sie mal allein auf ihre zwei Beine stehn solln. Sie sin dat nich gewöhnt, Mis' Starks, sich allein durchzuschlagen un alles selber machen. Sie warn immer schön behütet gewesen, Sie brauchen nen Mann."

Janie lachte über all diese Wohlmeinenden, weil sie wußte, daß sie mit etlichen alleinstehenden Frauen bekannt waren; daß sie nicht die erste war, die ihnen begegnete. Nur daß die meisten anderen Frauen arm waren. Außerdem gefiel es ihr, zur Abwechslung einmal allein zu sein. Das Gefühl von Freiheit war großartig. Und diese Männer verkörperten nichts, worauf sie neugierig war. Mit denen hatte sie in Gestalt von Logan und Joe ihre Erfahrungen gemacht. Manche hätte sie am liebsten geohrfeigt, weil sie herumhockten und sie wie Honigkuchenpferde angrienten und verliebt taten.

Eines Abends nahm sich Ike Green, als es ihm geglückt war, Janie auf der Veranda vor dem Laden allein anzutreffen, mit großem Ernst ihres Falles an.

„Sie sollten sich vorsehn, wen Se heiraten tun, Mis' Starks. Diese ganze fremde Mannsbilder, wat hier angelaufen komm un wolln von Ihre Umstände profitiern."

„Heiraten!" Fast schrie Janie es. „Joe is ja noch nichma kalt. Ich denk nich im Schlaf ans Heiraten."

„Wernse aber noch. Sie sin zu jung für zum Alleinebleiben, un Sie sin zu hübsch, dat die Mannsbilder Sie in Ruhe lassen. Sie wern ganz bestimmt wieder heiraten."

„Ich hoff nich. Ich mein, im Moment hab ich dat nich vor. Joe is nichma zwei Monate tot. Hat sich noch nich in sein Grab eingerichtet."

„Dat sagen Sie jetz, aber noch zwei Monate, un Sie wern n andres Lied sing. Aber dann müssen Sie aufpassn. Fraunsleute lassen sich leicht ausnützen. Sie wern doch nich so dumm sein, un sich auf sone hergelaufne Niggers einlassen, wat hier am Rumhocken sin. Benehm sich doch bloß wiene Horde Schweine, wense volln Trog sehn. Wat Sie brauchen, isn Mann, wat Sie schon ne Weile kenn un wo Se genau wissen, datter praktisch Ihre Angelegenheiten für Sie regeln kann un sich überhaupt bißchen nützlich macht."

Janie sprang auf. „Herrgott, Ike Green, Sie sin mir einer! Wat Sie da aufbring, dat is überhaupt noch kein Thema! Ich geh besser rein un helf Hezekiah dat Faß Zucker auswiegen, wat eben angekomm is." Sie eilte in den Laden und flüsterte Hezekiah zu: „Ich geh nach Haus. Sachsde mich Bescheid, wenn der olle Piesepampel wech is, dann bin ich gleich wieder da."

Sechs Wochen trug sie schon Schwarz, und noch kein einziger Verehrer war auch nur bis zur Veranda des Wohnhauses vorgedrungen. Mitunter redete und lachte Janie im Laden mit ihnen, aber weiter schien sie nie gehen zu wollen. Ohne den Laden wäre sie glücklich gewesen. Ihr Kopf sagte ihr, daß sie die uneingeschränkte Besitzerin war, aber ihr war, als arbeite sie immer noch für Joe als Verkäuferin

und als könne er jederzeit hereinkommen und etwas miß-
billigen, das sie getan hatte. Fast hätte sie sich bei den Päch-
tern entschuldigt, als sie das erste Mal die Pacht einziehen
ging. Kam sich wie eine Hochstaplerin vor. Aber sie ver-
drängte das Gefühl, indem sie Hezekiah losschickte, der mit
seinen siebzehn Jahren den denkbar besten Abklatsch von
Joe abgab. Er hatte nach Joes Tod sogar begonnen zu rau-
chen, auch Zigarren; er versuchte sie, so gut er konnte, im
Mundwinkel festzubeißen wie Joe. Sooft er nur konnte, saß
er weit zurückgelehnt auf Joes Drahtsessel und versuchte,
seinen flachen Bauch zu einem Schmerbauch vorzusstrecken.
Janie lachte dann immer stillvergnügt über seine harmlose
Angeberei und tat, als habe sie nichts gesehen. Eines Tages, als sie durch die Hintertür in den Laden kam, hörte
sie, wie er Tripp Crawford anblökte: „Also wirklich, kommt
überhaupt nicht in Frage! Ei Gott, du hast ja noch nichma
nich für die letzte Ware gezahlt, wattu schon aufgegessen
has. Ei Gott, du krichs doch nich mehr aus diesen Laden
raus, als wie du Geld has zum Bezahlen. Mensch. Dat is
hier nich Habm-Habm, Florida, dat is Eatonville.“ Ein
anderes Mal bekam sie zufällig mit, wie er die Lieblings-
floskel verwendete, mit der Joe immer den Unterschied
zwischen sich und den leichtfertigen, großmäuligen Orts-
einwohnern hervorgehoben hatte. „Ich bin ein gebildeter
Mann, ich laß mir von niemand in meine Angelegenheiten
reinreden.“ Darüber lachte sie rundheraus. Hezekiahs Verhalten schadete niemandem, und ohne ihn hätte sie sich
nicht zu helfen gewußt. Er spürte das und begann, sie wie
seine kleine Schwester zu behandeln, als wolle er sagen:
„Armes kleines Ding, überlaß dat mal lieber dein großen
Bruder. Der machdat schon für dich.“ Seine Besitzergefühle
machten ihn überdies ehrlich, abgesehen von einer Krach-
karamelle oder einem Päckchen Sen-Sen hier und da. Spe-
ziell das Sen-Sen sollte den anderen jungen Burschen und
den kükenkleinen Mädchen bedeuten, daß er eine Alkohol-
fahne zu verdecken hatte. Die Aufgabe, Läden und Laden-
inhaberinnen zu betreuen, kostete einen Mann Nerven. Um
das durchzustehen, brauchte man ab und zu einen Schluck
Alkohol.

Als Janie Schwarz ablegte und anfing, sich in weißer Trauerkleidung zu zeigen, umschwärmten sie unzählige Bewunderer von nah und fern. In aller Öffentlichkeit. Darunter auch Männer mit Grundbesitz, aber niemand schien es weiter als bis in den Laden zu schaffen. Janie hatte immer viel zu tun, um sie mit nach Hause zu nehmen und zu bewirten. Sie hätte die Kaiserin von Japan sein können, so respektvoll und steif gingen sie alle mit ihr um. Sie hätten es unschicklich gefunden, jemand wie der Witwe von Joseph Starks mit Begehren zu kommen. Da sprach man von Ehre und Achtung. Was sie auch sagten und taten, prallte an Janies Unaufmerksamkeit ab und zerstob zu nichts. Sie und Pheoby Watson besuchten einander oft und setzten sich hin und wieder an einen der Seen und angelten. Die meiste Zeit genoß Janie einfach die Freiheit und hatte kein Bedürfnis, sich Gedanken zu machen. Ein Bestattungsunternehmer aus Sanford bedrängte sie durch Pheoby mit seinen Anträgen, und Janie lauschte liebenswürdig, aber unbeteiligt. Es mochte durchaus angenehm sein, ihn zu heiraten. Keine Eile. Derlei wollte reiflich überlegt sein, oder zumindest tat sie Pheoby gegenüber, als denke sie darüber nach.

„Nich dattich Gewissensbisse hätt, weil Joe tot is, Pheoby. Ich genieß einfach meine Freiheit.”

„Sch-sch-sch! Laß dat bloß niemand hören, Janie. Die Leute wern sagen, es tut dir nich leid, datter nich mehr is.”

„Laß die doch sagen, watse wolln, Pheoby. Meine Ansicht nach sollt man nicht länger trauern, als wie man traurich is.”

Übersetzt von Barbara Henninges.
Aus: Zora Neale Hurston, *Und ihre Augen schauten Gott*. Roman. Mit einem Glossar von Barbara Henninges. © Ammann Verlag & Co. Zürich, 1993.

Foto: George de Vincent

Marita Golden

Marita Golden (USA), geboren 1950 in der US-Hauptstadt Washington, hat ernstgemacht mit dem Versuch, ihre afrikanischen Wurzeln zu entdecken: Nach ihrem Studium und einigen Jahren als Journalistin und TV-Produzentin in New York heiratete sie einen Nigerianer und lebte mehrere Jahre in Lagos. Die Umstellung auf die anderen Lebensverhältnisse fiel ihr schwer, und der traditionell große Einfluß der Familie ihres Mannes machten ihr zu schaffen. Sie kehrte schließlich mit ihrem Sohn in die USA zurück. In ihren Romanen beschäftigt sie sich mit dem Rassismus in den USA und mit der Unterdrückung der Frauen – besonders in den ärmlichen Gegenden des ländlichen Südens und der großen Städte. Ihr erfolgreichster Roman *Long Distance Life* thematisiert das überwiegend segregierte Leben der Schwarzen in Washington – über drei Generationen hinweg. Ihre bildhafte Sprache und ihre scharfe Beobachtungsgabe machen sie zu einer der interessantesten Stimmen in der schwarzen Literatur englischer Sprache.

Bibliographie
Migrations of the Heart. (Doubleday, 1983).
A Woman's Place. Roman. (Doubleday, 1986).
Long Distance Life. Roman. (Doubleday, 1989).
And Do Remember Me. Roman. (Doubleday, 1992; Marino Verlag, 1995).
(Hg.) Black Women Don´t Wear No Blues (Doubleday 1993).

Der Sommer der Freiheit

Der dunkelgrüne Ford stuckerte in einem Nebel aus Staub und Hitze auf Jessie zu. Vorne fehlte eine Lampe, der Kotflügel war verbeult, und die ganze Karosserie war verklebt von Dreck. Sie stand auf, klopfte sich den Staub aus den Kleidern und ging etwas näher an die Straße, um zu sehen, wer der Fahrer war. Langsam hob sie die Hand. Das Auto bremste ab und hielt direkt vor ihr an. Im Auto saß ein junger schwarzer Mann mit Sommersprossen auf Nase und Wangen. Um seinen Mund herum war der stoppelige Beginn eines Barts zu sehen.

„Wo willste hin?" fragte er und lehnte sich dabei zur Beifahrerseite herüber.

„Nach Winona. Kannste mich mitnehmen?"

„Haust wohl ab von daheim, was?" Er grinste, und sein Gesicht sah blasierter aus, als Jessie es ertragen konnte.

„Weshalb willste das wissen?"

„Du hast so'n richtiges Abhaugesicht."

„Na wenn schon, was geht's dich an?" gab Jessie zurück und trat schnell weg von dem Auto.

„Hab ich doch gar nicht gesagt. Los, komm. Ich nehm dich mit."

„Wo fährst'n hin?" fragte Jessie und lehnte sich wieder durch das Fenster.

„Ich fahre rüber nach Greenwood."

Jessie öffnete die Tür, quetschte ihren Karton unter das Armaturenbrett und nahm auf dem Beifahrersitz Platz.

„Wie heißt du?" fragte er und ließ den Wagen an.

„Jessie. Jessie Foster."

„Hi. Ich bin Lincoln Sturgis. Was machst du, wenn du in Winona bist?"

„Ich hab ein paar Verwandte dort. Meine Oma. Aber die weiß eigentlich gar nicht, daß ich komme."

„Du reißt also doch aus", lachte er.

„Hab ich nicht gesagt. Mann, du fragst zuviel," sagte Jessie und wand sich unbehaglich. Lincolns Neugier versetzte ihr Stiche von Schuldgefühlen. „Wo kommst'n her?" fragte sie und schaute ihn an. Er war schlacksig, und auf seinen hellen Armen schimmerten die blauen Venen durch die Sonnenbräune, die seine Hautfarbe golden aussehen ließ; fast perfekt.

„Ich komme aus Montgomery, aber ich will nach Greenwood, um in der Bewegung mitzumachen."

„Was für 'ne Bewegung?"

„Hast du noch nicht gehört, Mädchen? Das hier ist Freedom Summer – der Sommer der Freiheit," sagte Lincoln mit einem fröhlichen, herzlichen Lachen in der Stimme. Sie fühlte sich eingeweiht in ein Geheimnis, daß ihr Angst machte und sie gleichzeitig anspornte.

„Naja, daß ich meine Freiheit kriege, das habe ich gewußt. Aber ich hab keine Ahnung gehabt, daß sonst noch wer sich dafür interessiert," sagte sie und zitterte ein bißchen bei diesem Ausbruch von Humor; sie wunderte sich darüber, daß sie sich so wohlfühlte, und war verwirrt, weil sie Lincoln so gerne anschaute. „Bist du einer von diesen Freedom Riders?"

„Ich hab schon fast alles andere gemacht. Streikposten vor Läden mit Rassentrennung. Versucht, die Neger dazu zu kriegen, sich zur Wahl registrieren zu lassen und dann auch zu wählen. Alles, was hilft, daß wir die Bürgerrechte bekommen."

„Ach so, dann bist du also einer von diesen Bürgerrechtlern," sagte Jessie. Ihr war plötzlich ganz flau vor Angst, als ob er ihr gesagt hätte, daß er aus einem Gefängnis ausgebrochen wäre.

„Du könntest das auch sein," sagte er, und seine Augen schauten sie ernst an.

„Ich hätte zuviel Angst."

Vor sechs Monaten war Alberta Garrison, die Tochter eines der Diakone in der Kirche von Jessies Mutter, nach

Jackson gegangen, um sich über irgendetwas zu beschweren, was mit Bürgerrechten zu tun hatte. Das Mädchen war festgenommen worden, und seitdem hatte niemand mehr etwas von ihr gehört. Albertas beste Freundin, Iola Hughes, war damals mit nach Jackson gegangen, und als sie nach Columbus zurückkam, erzählte sie Albertas Familie, daß Alberta eines Nachts aus ihrer Zelle geholt worden war und niemals zurückkam. Alberta war siebzehn Jahre alt, sie sang im Kirchenchor, und ihre helle Kontra-Alt-Stimme hatte die Gemeinde immer zu hingebungsvollen Chören von ‚Amen' hingerissen. Den Rest der Woche rebellierte sie allerdings gegen das strenge Regiment ihrer Eltern: Sie schwänzte die Schule, hatte Sex mit den wildesten Jungs der Stadt – auf den Rücksitzen von Autos, in gemieteten Buden und in Baumwollfeldern. Aber als Alberta die Bürgerrechtler traf, die in die Stadt kamen, änderte sie sich. Ihre Eltern waren deshalb ängstlich, aber auch stolz. Alberta fing an, sich ordentlich anzuziehen, und sie schaute Jungs, die sie nicht kannte, nicht mehr an. Manche Leute werden vom Herrgott erlöst – im Falle von Alberta waren es die Bürgerrechte. Und jetzt wußte niemand, was ihr zugestoßen war, und es wollte sich auch niemand vorstellen.

Eines Tages war der Boss der Plantage, auf der Jessie manchmal Baumwolle pflückte, mit seinem Pickup aufs Feld gefahren und hatte alle Arbeiter um sein Auto versammelt. Auf der Ladefläche, auf die sonst die Ballen aufgeladen wurden, lag ein junger Neger. Seine blutigen, dunkelroten Lippen waren dick, sein linkes Auge war zugeschwollen, die Haut an seinen Wangen war aufgeplatzt. Der Geruch seines rohen Fleisches zog eine Fliegenfamilie an, die um seinen Kopf herumschwirrte. Seine Hände waren auf dem Rücken gefesselt. „Das hier sin' die Bürgerechte die jeder kriegt, der se ham will," brüllte der Boss. „Der Bengel da is gekommen, damit ihr alle wählen geht. Naja, ich hab ihm wohl 'ne Predigt gehalten über Bürgerrechte, die er nich vergessen wird." Der Mann fuhr weg, und die Feldarbeiter standen in der Nachmittagssonne, und ihre Worte blieben ihnen im Halse stecken. Jessie hatte den Ausdruck auf dem Gesicht des jungen Mannes noch wochenlang gesehen –

wenn sie ein Schulbuch nahm, aus dem Fenster schaute oder in den Himmel starrte.

„Verdammt, ich habe auch Angst,“ hörte sie Lincoln sagen, und sein Geständnis löste sie aus ihren Erinnerungen. „Aber ich habe größere Angst davor, daß die Dinge so bleiben, wie sie sind. Was ist mit deiner Familie? Wird sie dich denn nicht vermissen?“

„Das hoff’ ich doch“, sagte Jessie. Sie drehte sich weg von Lincoln und schaute aus dem Fenster. „Das hoffe ich wirklich.“

Auf dem Rücksitz standen ein paar Kartons mit Manuskripten, Gedichten und Stücken, die Lincoln geschrieben hatte. Während er fuhr, rezitierte er Stellen aus King Lear und Hamlet, und er erzählte ihr, daß er in der Bewegung sei, um davon inspiriert zu werden und um eine ‚Hymne für unsere Leute zu schreiben‘.

Lincoln verkündete das mit soviel Leidenschaft, daß Jessie klar wurde, daß für ihn das Außergewöhnliche ganz alltäglich war. Sie kannte niemanden, der so redete. Ihre Eltern sprachen so wenig wie möglich, als ob das Sprechen ihr Elend noch vergrößern würde. Obwohl sie im Schweigen aufwuchs, hatte ihr Kopf immer vor Wörtern geschwirrt. Ihr Vater hatte ihr eingeschärft, nichts zu verraten. Und ihre Mutter wiederholte stets: „Ich will nichts hören über diesen Mann oder was er getan hat.“ In ihrem Haus waren Wörter Konterbande, verboten. Jessie hatte sich immer nach Wörtern gesehnt, weil sie verboten waren. Ihre hartnäckigsten Tagträume bestanden meistens aus Szenen, in denen glückliche Menschen miteinander plauderten, als ob Sprechen ein Akt der Gnade wäre.

Sie hatte gesehen, wie die Bullocks, die weiße Familie, in deren Haus sie dreimal in der Woche nach der Schule putzen ging, wie hypnotisiert vor ihrem Schwarz-Weiß-Fernseher saßen. Wörter und Witze und Geschichten wurden ihnen wie auf einem Tablett serviert. Walter Cronkite las ihnen die Nachrichten vor, Red Skelton brachte sie zum Lachen. Jessie hatte gesehen, wie sie sich um den Fernseher versammelten, als sei er ein Altar. Sie wußte, es waren Wörter, die sie vor den Bildschirm zogen.

Lincoln redete ununterbrochen. Seine männliche, selbst-
bewußte Art ließ Jessies Tagträume ein bißchen wahr werden, und er befriedigte damit ein Verlangen, an das sie sich
schon gewöhnt hatte. Erst imitierte er Sammy Davis Jr., dann
erzählte er ihr, daß Präsident Kennedy von Leuten umge-
bracht worden sei, die ganz oben in der Regierung säßen. Er
zitierte Teile der amerikanischen Verfassung und erzählte
ihr von einem New Yorker Prediger, dessen Nachname ‚X‘
war und von dem Jessie noch nie gehört hatte.

Aber sie hatte von den Freedom Riders gehört, die sich
in die Überlandbusse im gesamten Süden gesetzt hatten, um
die Rassentrennung aufzuheben. Schwarze Männer und
Frauen waren in den Bus gestiegen und hatten sich hingesetzt, wo sie wollten, nicht nur in den hinteren Teil, wohin
sie zuerst Gesetz und dann Gewohnheit verbannt hatten.
Neger stellten sich in die ‚weißen‘ Abschnitte der Warte-
räume in den Busbahnhöfen, und sie tranken Wasser aus
den Becken, an denen ‚Nur für Weiße‘ geschrieben stand.

Es gab auch weiße Freedom Riders, das wußte Jessie.
Und alle wurden sie vom Mob zusammengeschlagen und
ins Gefängnis gesteckt. Die farbigen Leute in Columbus
konnten gar nicht aufhören, über die Freedom Riders zu
reden, und die Weißen konnten keine Schimpfwörter erfinden, die schlimm genug gewesen wären. Die Neger-Prie-
ster in Columbus beteten sonntags für sie und sammelten
Geld, um sie auf Kaution aus den Gefängnissen zu holen.
Die Sheriffs in vielen Städten und Dörfern im Süden hatten
sich geschworen, jeden Freedom Rider zu erschießen, der
in ihr Gebiet käme, ob schwarz oder weiß.

Jessie hatte diesen fieberhaften Drang nach Freiheit von
Ferne beobachtet, als wäre sie eine Zuschauerin bei einem
Theaterstück – fasziniert von der Handlung auf der Bühne, aber nicht ganz überzeugt, daß dies etwas mit ihr zu
tun hatte.

„Ich wette, du warst auf dem College,“ sagte Jessie.
Sie warf ihren Arm über die Lehne und drehte sich so, daß
sie Lincoln ansehen konnte, wann immer sie wollte.

„Ja. Miles College. Drüben in Birmingham.“

„Und wieso schauste dich nich’ nach ’nem Job um?“

„Es gibt Sachen, die sind wichtiger als ein Job."

„Und was?" fragte Jessie ungläubig. So etwas hatte sie in ihrem ganzen Leben noch nicht gehört.

„Das Wahlrecht. Die gleichen Rechte zu haben, wie jeder andere auch," sagte Lincoln. Seine Stimme war drängend, sein Gesicht bewegt. Er wendete seinen Blick von der Straße ab und sah Jessie an, während er mit ihr sprach.

„Meinst du die Weißen", fragte sie. „Also, was ich geseh'n hab, also, da will ich gar nich' so sein wie die."

„Nein, aber ich will die gleichen Rechte haben wie sie," sagte Lincoln nachdrücklich. „Du weißt doch, was wir erreicht haben in Montgomery, mit dem Bus-Boykott."

„Durch's Wählen kriegen wir bessere Jobs?" Jessie war skeptisch. Sie dachte an die erniedrigende Arbeit ihrer Mutter, als Hausangestellte. An den Hungerlohn ihres Vaters, der Hausmeister in einer Begräbnisanstalt war. Daran, daß Willie und Junior und Mae Ann und sie selbst Baumwolle pflücken mußten, um ein bißchen Geld zu verdienen.

„Dafür ist das Wahlrecht da," sagte Lincoln.

Jessie beugte sich vor und stellte das Radio an.

„Funktioniert nicht," sagte Lincoln. Sie waren nicht mehr weit weg von Winona. Das endlose, flache Land, wo nur ab und zu ein Haus oder eine Scheune stand, wurde abgelöst durch kleine Ansammlungen von Tankstellen und Restaurants. Die Sonne war jetzt ein tief oranger Strich über dem Abendhimmel.

„Denkst du manchmal darüber nach, warum Gott es uns Farbigen so schwer gemacht hat?" fragte Jessie versonnen.

„Das hat Gott nicht getan. Das waren die Weißen."

„Aber glaubst du wirklich, wir wären gut genug?" insistierte Jessie. „Für gleiche Rechte, mein' ich. Du weißt doch, was sie über uns sagen, daß wir an unserem richtigen Platz sind." Jessie fragte sich, ob Lincoln heraushören konnte, wie oft sie gedacht hatte, daß das stimmte, wie oft sie es geschluckt hatte, in diesem Glauben gelebt hatte, als sei es die Antwort auf die Fragen des Lebens.

„Sie täuschen sich über uns, Jessie. Sie lagen da immer schief. Wir werden das wieder geradebiegen," sagte er und drückte beruhigend ihre Hände, die sie im Schoß gefaltet hatte.

Wovor läuft sie weg?, fragte sich Lincoln. Daß Jessie ausgerissen war, zeigte ihren Mut, aber auch ihre Verzweiflung. Ihr Körper war fest und reif. Er sah ihren Händen, Armen und Beinen an, daß sie hart gearbeitet hatte, wahrscheinlich ihr ganzes kurzes Leben lang. Aber wenn sie lachte, hatte sie Grübchen in den Wangen, und ihre Augen waren groß, klar und ehrlich in dem Braun ihres Gesichts. Doch hatten diese Augen auch eine Tiefe, als ob sie ein tödliches Geheimnis verbargen. Lincoln, der begonnen hatte, sich selbst als Schriftsteller zu betrachten, dachte sich, daß Geheimnisse einen Menschen interessanter machten. Er wußte, daß alles, was er sah, berührte, hörte und fühlte, als geschriebene Worte enden würde. Was bedeuteten also Geheimnisse? Konnte er sich vor seinen Geheimnissen oder denen eines anderen fürchten, wo er sie doch jederzeit so ändern konnte, wie er es sich vorstellte oder wünschte?

Die Mädchen, die er in Montgomery und Birmingham zurückgelassen hatte, verachteten ihn, weil er ein Waise war. Oder sie hörten höflich seinen Gedichten zu und erzählten sich hinter seinem Rücken, daß er schwul wäre. Wenn er mit diesen Mädchen redete, dann mußte er alles beweisen, und er konnte alles verlieren. Aber als Lincoln anfing, für das ‚Studentische Gewaltlose Koordinations-Komitee' zu arbeiten, wollten dieselben Mädchen plötzlich mit ihm ausgehen, weil niemand wußte, ob er lange genug leben würde, um die ‚Freiheit' zu genießen, von der er so oft redete, oder ob man ihn eines Tages aus einem Seitenarm des Mississippi fischen würde. Diese Aura von Gefahr, das Wissen um seinen offensichtlichen Mut, machten ihn zum begehrten Mann. Viele junge Frauen träumten davon, erzählen zu können, sie hätten als Letzte den lebenden Lincoln im Arm gehalten.

Aber er konnte sehen, daß Jessie anders war. Er schaute sie gerne an, saß gerne einfach so neben ihr. Mit ihr war eine Unterhaltung kein Kampf, sondern so etwas wie Gemeinsamkeit. Es würde ihm schwerfallen, sich von ihr zu verabschieden.

„Warum kommst du nicht mit mir nach Greenwood?"
fragte er. „Es gibt da viel Arbeit."

„Ich hab dir doch gesagt, ich hab Angst."

„Und ich hab dir gesagt, daß ich die auch hab."

„Ich kenn dich doch nicht mal," hielt Jessie dagegen.

„Naja, ich kenn dich auch nicht, aber ich weiß, daß
du nicht nach Winona gehörst."

Jessie suchte in Lincolns Gesicht nach etwas, dem sie
mißtrauen konnte, ein Zucken in seinen Augen, eine Lippen-
bewegung, aus der sie schließen konnte, daß sie in Gefahr
war. Und als sie so etwas nicht entdecken konnte, dachte sie
an Oma Bessie. Sie wollte zu ihr, weil sie immer der Liebling
der alten Frau gewesen war. Aber dann fiel ihr die Tapete
aus Zeitungen in der Zwei-Raum-Hütte ihrer Großmutter
ein, und was für ein hartes Leben die alte Frau führte – sie
lebte von der Wohlfahrt und von ein paar Geschenken einer Familie, für die sie früher als Kindermädchen gearbeitet hatte. Und was würde sie in Winona tun? Kaum eines
der weißen Unternehmen würde eine Negerin anstellen,
auch wenn sie die High School abgeschlossen hatte.

Sie waren in Winona angekommen, und Lincoln hielt
an einer Tankstelle, um zu tanken. Dann fuhr er weiter in
die Stadt hinein und parkte im Geschäftsviertel und sagte
zu Jessie: „Ich will dich nicht drängen. Ich biete dir nur eine
Chance, etwas zu tun, was sinnvoll ist."

„Wo wirste eigentlich wohnen?"

„Es gibt ein Haus für die Leute von der Bewegung."

„Und ich?"

„Du könntest da auch wohnen. Ich wette, du hättest
sogar dein eigenes Zimmer."

Seit sie sich erinnern konnte, hatte sie versucht, weg-
zukommen von zu Hause, von 486 Davis Road. Die kleinen Holzhäuser in der Straße waren zusammengedrängt,
als würden sie ihre Köpfe einziehen, um nicht geschlagen
zu werden. In einigen Hinterhöfen gab es Plumpsklos. Ab-
blätternde Farbe und verwittertes Holz machten die meisten Fassaden häßlich. Im Sommer standen die jungen Männer an den Ecken zusammen, Verschwörer, die ihre Stimmen in den Saum der Nacht wie Nadeln steckten. Stimmen,

die verzweifelt darum baten, gehört zu werden. In Davis Road glaubte niemand daran, daß Bürgerrechte möglich waren. Niemand wußte, was das überhaupt war. In dieser Straße hatte jeder gesehen, wie der Stellvertreter des Sheriffs regelmäßig zu Elvira McCullough kam. Jeder, der an diesen Frühlingsabenden auf den Stufen vor seinem Haus saß, wird sich daran erinnern, wie Mr. McCullough auf sein Haus zuging und sich umdrehte, wenn er den gewohnten Polizeiwagen sah, und in Bo Wilsons Kneipe ging und sich besoff und wartete, bis der weiße Mann endlich gegangen war.

Auch in ihrem eigenen Haus war Jessie immer allein gewesen. Sie hatte gelernt, sich zu fürchten. Sich vor weißen Männern zu fürchten. Sich vor ihrem Vater zu fürchten. Weil sie die Furcht so gut kannte, wußte sie, wann sie in Sicherheit war.

Sie saß da und spielte mit dem Saum ihres Rocks, ihr Rücken war dem nachdrücklichen, freundlichen, ungeduldigen Blick Lincolns zugedreht. Schließlich sagte er: „Los, auf, Mädchen. Du drehst dich im Kreis. Wenigstens wissen wir, wo ich hinfahre." Und er fuhr los.

Übersetzt von Holger Ehling.
Aus: Marita Golden, *And Do Remember Me*.
Doubleday New York, 1992.
Deutsche Ausgabe: © Marino Verlag München, 1995.

Angèle Ntyugwetondo Rawiri

Angèle Ntyugwetondo Rawiri (Gabun) wurde 1954 in Port-Gentil geboren; seit mehreren Jahren lebt sie mit ihrem Sohn in Paris. Sie arbeitete zunächst als Dolmetscherin, inzwischen widmet sie sich allerdings ganz dem Schreiben. Junge schwarze Frauen, die auf der Suche sind nach ihrem Platz in der Gesellschaft von heute, stehen im Zentrum ihrer Romane, die allesamt von ihrer plastischen, kraftvollen Erzählweise leben.

Bibliographie
G'amekano au carrefour. Roman. (Silex, 1983).
Elonga. Roman. (Silex, 1986).
Fureurs et cris de femmes. Roman. (L'Harmattan, 1989).

Mutterliebe

Emilienne kommt schon seit etlichen Wochen sehr spät nach Hause. Wenn sie nicht länger im Büro zu tun hat, leitet sie Frauenversammlungen der Einheitspartei oder verbringt die Abende bei ihrer Schwester oder bei ihren Eltern. Die alte Ejang, die das Paar kaum mehr sieht, kümmert sich trotz ihrer Jahre intensiv um ihre Enkel.

An diesem Abend jedoch ist Joseph nach Hause gekommen, um ein paar Stunden mit seiner Mutter zu verbringen. Weil die seltenen Momente, die sie gemeinsam verbringen, kostbar sind wie ein funkelnder Edelstein, hat Ejang den Koch gebeten, das Lieblingsgericht ihres Sohnes zuzubereiten. Joseph ist an diesem Abend besonders gesprächig. Er sitzt neben seiner Mutter auf dem Kanapee und wärmt mit aufrichtigem Vergnügen Kindheitserinnerungen auf. Seine Mutter, die sichtlich die wiedergefundene Intimität genießt, korrigiert ihn vorwurfsvoll, wenn er sich in einem Datum irrt oder Ereignisse durcheinanderbringt.

Die Heraufbeschwörung der fernen Erinnerungen dauert gut zwei Stunden. Dann schweigt die Mutter, damit ihr Sohn sich die letzten Fernsehnachrichten anhören kann. Es drängt sie, ein Problem mit ihm zu besprechen, das ihr in der Kehle und auf der Zunge brennt. Die Nachrichten wollen an diesem Abend kein Ende nehmen. Also steht Ejang auf, sieht nach ihren Enkeln, die schon lange im Bett sind, deckt sie zu und setzt sich wieder neben ihren Sohn, der eben den Fernseher ausgeschaltet hat.

„Mein Sohn, reden wir ein wenig von dir."

Sie knüpft den Gürtel ihres spitzenbesetzten Morgenmantels, den ihr Sohn ihr aus Frankreich mitgebracht hat – vor dem Ärger über seine Heirat.

„Was hast du mir zu sagen, Mama?" fragt er lächelnd und gähnt dabei.

„Tu nicht so, als seist du müde, mir ist bitterernst. Das Kind, das du von dieser Frau gehabt hast, ist gestorben; also stehen heute die Dinge wie am Anfang eurer Verbindung. In meiner Eigenschaft als Mutter will ich wissen, was du mit deiner Frau zu tun gedenkst."

Joseph, der seiner Mutter schläfrig zugehört hat, setzt sich mit einem Ruck auf und starrt sie an.

„Was willst du damit sagen? Ich verstehe nicht, was du meinst", antwortet er barsch.

„Du hast mich sehr wohl verstanden", fällt ihm die Mutter ins Wort. „Diese Frau ist nutzlos geworden, und du liebst sie nicht mehr, sonst würdest du deine Nächte nicht bei einer anderen verbringen. Erzähl' mir vor allem nicht, daß du dieses Doppelleben noch lange fortsetzen willst."

Joseph druckst einen Moment herum, dann antwortet er:

„Weißt du eigentlich, daß deine Sicht der Dinge etwas gar zu einfach ist? Glaubst du, daß man sich einfach so von einer Frau trennt, mit der man praktisch seit fünfzehn Jahren zusammenlebt, wenn ich das Jahr an der Uni dazurechne? Wann wirst du endlich begreifen, daß ich es überhaupt nicht mag, wenn man so verächtlich über meine Frau spricht. Merke dir ein für allemal, daß ich nicht die leiseste Absicht habe, mich von Emilienne zu trennen. Hast du schon einmal eine Sekunde versucht, dich an ihre Stelle zu versetzen? Sie hat eben ein Kind verloren, und obwohl sie nie darüber spricht, weiß ich, daß sie sich mehr denn je ein weiteres wünscht. Ich bin vielleicht untreu, aber kein Schuft. Und es gibt viele Dinge, die uns verbinden."

„Nein, mein Sohn," beharrt die Mutter, „da bin ich überhaupt nicht deiner Meinung. Was verbindet euch? Erinnerungen! Man baut sein Leben nicht auf Erinnerungen auf. Mein Großvater sagte oft zu meinem Vater, daß das Leben eines Menschen nur dann einen Sinn hat, wenn seine Gedanken und seine Arbeit auf ein Ziel ausgerichtet sind. Die Erinnerungen bringen einen Mann nicht weiter. Und auch dein kompliziertes Studium wird diese weisen Worte kaum widerlegen können. Was willst du eigentlich an dieser Ehe retten? Den Anschein? Paß auf, du bleibst nicht ewig jung. Hättest du auf mich gehört, bevor du dir diese Frau ausgesucht hast, wärst du heute nicht an diesem Punkt angelangt. Wenn dein Glück in deinen Augen nichts zählt, denke zumindest an die junge Frau, die nichts anderes verlangt, als dich zu lieben. Ich habe sie gestern besucht und sie wirkte sehr unglücklich. Wenn du dich nicht eindeutig für die eine oder für die andere entscheidest, wirst du beide verlieren. Hüte dich vor verliebten Frauen: Sie sind zu den größten Gemeinheiten fähig, wenn die Männer ihnen nicht die erwartete Aufmerksamkeit schenken."

„Du hast Emilienne nie gemocht, nicht wahr? Und weil du unsere Heirat nicht verhindern konntest, verlangst du nun unsere Scheidung. Diese andere Frau in meinem Leben paßt dir aus dem einfachen Grund besser, weil sie aus unserer Gegend stammt ... und weil sie dir Geschenke macht, die du im übrigen ebenso schnell vergessen wirst wie du Emiliennes Geschenke vergessen zu haben scheinst. Die Schlußfolgerung hinsichtlich meines doppelten Liebeslebens hätte Gültigkeit, wenn sie nicht von dir käme, denn ich glaube kaum, daß du vor allem an mein Glück denkst. Was willst du genau, Mama?"

Ejang schweigt ein paar Sekunden, antwortet dann kühl:

„Wenn deine Frau ihre Ehe retten wollte, würde sie die Abende nicht außer Haus verbringen. Ich frage mich, ob sie nicht einen Liebhaber hat." Ejangs Stimme klingt gehässig:

„Du willst wissen, was ich in meinem Innersten denke? Also gut, ja, deine Frau paßt mir nicht. Was ist das für eine Ehefrau, frage ich dich, die ihre Tage und einen guten Teil ihrer Nächte bei Frauenversammlungen verbringt, um ich weiß nicht was für Rechte zu fordern, als ob sie unsere Bräuche und Sitten auf den Kopf stellen müßte? Glaubst du, daß sie sich in diesem Land durchsetzen kann, wenn sie nicht weiß, was eine gute Ehefrau ist, und wenn sie keine Kinder machen kann wie alle anderen Frauen? Kannst du mir erklären, wozu du sie noch brauchst? Ich wünsche ihr nichts Böses, doch ich bin überzeugt, daß sie ohne dich glücklicher sein wird. Wenn sie wirklich intelligent wäre, würde sie die Scheidung verlangen ... es sei denn, sie zieht es vor, sich von dir vor der ganzen Stadt demütigen zu lassen aus Angst, keinen anderen zu finden."

Joseph betrachtet seine Mutter nachdenklich, entspannt sich dann und schaut auf die Uhr.

„Es ist spät, Mama, ich muß gehen. Wir werden dieses interessante Gespräch demnächst weiterführen. Haben die Kinder alles, was sie brauchen?"

Er wühlt in seiner Hosentasche, zieht fünf Tausendfrancscheine hervor, reicht sie ihr und steht auf.

„Wie kannst du stolz darauf sein, ein solches Leben zu führen? Was muß dein Vater in seinem Sarg denken! Niemand kann verlangen, andere glücklich zu machen, wenn man selbst nicht glücklich ist. Du wirst später einmal deiner Frau deine Schwäche vorwerfen, die du heute für Treue oder Aufrichtigkeit hälst."

Sie steht auf und fährt jetzt französisch fort:

„Tu reviens quand nous voir? – Wann kommst du uns wieder besuchen?"

„Bonsoir maman", verabschiedet er sich.

Mutter und Sohn unterhalten sich sonst immer in ihrem heimischen Dialekt. In Gegenwart von Emilienne sprechen sie manchmal Französisch. Er küßt seine Mutter auf die Stirn und geht hastig hinaus.

Ejang macht das Licht im Zimmer aus und setzt sich wieder hin. Der Garten hingegen ist hell erleuchtet. Ihre Wangen zucken wie ein runzliger Luftballon. Sie verkneift zornig den Mund und knirscht mit den Zähnen. Niemand kann ihr verbieten, an ihre alten Tage und an die Zukunft ihres Sohnes zu denken, nein. Sie ist jetzt über sechzig und ihr kommt es vor, als lebe sie mit dem Schatten eines Sohnes und mit einer Schwiegertochter, die ihr nicht paßt und der sie nicht paßt. Wer weiß, wohin diese unhaltbare Situation noch führen wird, wenn sie nicht endlich für Ordnung sorgt. Wird ihr Sohn sich gegen seine Frau durchsetzen können, falls diese beschließt, sie loszuwerden? Wohin könnte sie gehen? Gewiß nicht zu Antoinette, deren Mann die Kinder seiner eigenen Frau haßt. „Sie werden mich ins Dorf zu meiner Kusine schikken … ja, und ich werde dort einsam sterben, weit weg von meinen Kindern. Ich kann es unter keinen Umständen zulassen, daß diese Frau mir meinen Sohn abspenstig macht."

Als sich Emiliennes Schlüssel knarrend im Schloß dreht,

schließt Ejang krampfhaft die Augen und hält den Atem an. Nach ein paar Sekunden, die ihr wie eine Ewigkeit vorkommen, kriegt sie kaum mehr Luft. Sie legt ihre Hand aufs Herz und sperrt die Augen weit auf, sie öffnet den Mund und stößt ein heiseres Röcheln aus. Emilienne, die schon lange im Zimmer das Licht angemacht hat, steht vor ihr. In der lastenden Stille fordern sich die zwei Blicke heraus. Es ist Ejang, die sich als erste die Augen reibt, aufsteht und mit stolz erhobenem Kopf auf ihr Zimmer zugeht.

Um sechs Uhr morgens sitzt die alte Frau am Straßenrand und wartet ungeduldig auf ein Taxi. Über ihrem langen, gestreiften Rock, der bis auf ihre Gummisandalen fällt, trägt sie einen verwaschenen Rollkragenpullover von undefinierbarer Farbe. Frauen und Kinder gehen an ihr vorbei; sie sind zum ein paar Kilometer entfernten Markt unterwegs und tragen überquellende Körbe und Eimer mit Gemüse und sonstigen Lebensmitteln auf dem Kopf. Ein paar Passanten drehen sich neugierig nach der alten Frau um, gehen dann schnell weiter. Seit ein paar Monaten geht allerdings das Gerücht, daß sich Gespenster in der Stadt herumtreiben. Es gibt Leute, die behaupten, in aller Herrgottsfrühe, das heißt zwischen drei Uhr und fünf Uhr, an den Straßenkreuzungen schönen, nackten oder weißgekleideten jungen Frauen mit langem Haar begegnet zu sein, die verschwanden und wiederauftauchten. Obwohl Ejang kaum für eine dieser geheimnisvollen Frauen gehalten werden kann, erschreckt ihre ungewöhnliche Erscheinung am Rand einer noch fast ausgestorbenen Straße die morgendlichen Fußgänger, die zudem noch nicht alle ganz wach sind.

Sie braucht nicht lange zu warten. In der Ferne taucht das beleuchtete Schild eines Taxis auf. Ejang steht mühsam auf und tritt mitten auf die Fahrbahn hinaus, um den Fahrer zum Anhalten zu zwingen. Was er auch im letzten Moment mit kreischenden Bremsen tut.

„Willst du unter die Räder kommen, Mama?" brüllt der Fahrer.

„Die ist wohl übergeschnappt", mischt sich ein aufgebrachter Passagier ein.

„Die Alte sieht mir ganz nach einer Hexe aus", meint ein zweiter Passagier. „Ihr tut besser daran, sie nicht einsteigen zu lassen."

Ejang lächelt breit und entblößt all ihre gelben Zähne.

„Guten Tag, mein Sohn", stammelt sie treuherzig, „willst du mich nach Nomba fahren? Danke, mein Sohn, ich wußte, daß du mich nicht stehenläßt."

Der Fahrer schüttelt den Kopf; er muß laut lachen über das kokette Gehabe der alten Frau.

„Los, steigt ein, Mama. In deinem Alter noch Männer anmachen ..."

„Sie soll vorn einsteigen und sich neben dich setzen", schimpft der zweite Passagier. „Fall nicht auf ihr unschuldiges Getue herein. Die Sorte alte Weiber ist gefährlich, sie wissen genau, was sie wollen, sie schrecken vor nichts zurück."

Der Fahrer macht ihr die Tür auf. Ejang hüllt sich in undurchdringliches Schweigen. Innerlich kocht sie vor Wut. Wie kann sich ein Wildfremder erlauben, sie in diesem Ton zu behandeln? Sie, die einen Sohn hat, der diese zwei nach Maniok stinkenden Kerle mit seinen Diplomen und seinem Auftreten geradezu zerquetschen würde? „Ich werde es ihr heimzahlen", murmelt sie vor sich hin.

„Was erzählst du da, Mama?" fragt der Fahrer.

Ejang hält den Blick starr auf die am Straßenrand vorbeiflitzenden Bäume gerichtet und verschanzt sich hinter eisigem Schweigen, das in krassem Gegensatz zu ihrem betörenden Lächeln von vorhin steht.

„Hast du keine Angst, so früh am Morgen allein auszugehen?" fährt der Fahrer fort. „Es könnte dich jemand überfallen oder dir den Geldbeutel entreißen."

Ejang klemmt ihre kleine Handtasche zwischen den Schenkeln fest.

Sie geht fast hüpfend den Fußweg hinauf, der zur Wohnung der Geliebten ihres Sohnes führt. Sie wäre beinahe auf einem Kieselstein ausgeglitten. Zum Glück hat sie sich gerade noch an einem Grasbüschel am Wegrand festhalten können. Die junge Frau, die auf dem Fensterbrett aufgestützt eine Tasse Kaffee trinkt, fährt beim Anblick der alten Frau erschrocken auf. Sie beeilt sich, ihr die Tür zu öffnen.

„Was ist los? Ist zu Hause etwas passiert?"

„Nein, keine Sorge. Ist er da?"

„Ja, er schnarcht."

„Er wird gelegentlich für dich ein Haus in einem schönes Stadtviertel mieten müssen. Aber ich bin nicht deswegen hergekommen. Schenk' mir einen Kaffee ein ... mit Croissants, wenn noch welche da sind."

Sie setzt sich. Die junge Frau holt zwei Croissants aus dem Tiefkühler und wärmt sie im Backofen auf. Die alte setzt entschlossen das Gespräch fort:

„Hör' mir zu, Tochter; er hat offenbar nicht im Sinn, seine Frau zu verlassen. Ich dachte, der Tod ihres Kindes würde sie endgültig auseinanderbringen, aber ich habe mich geirrt. Also hör mir gut zu: Ich habe einen anderen Weg gefunden, sie zur Scheidung zu bewegen. Wir werden uns an seine Frau heranmachen. Tue alles, um dich mit ihr anzufreunden. Wenn du den Eindruck hast, daß sie dir vertraut, sag es mir, ich werde dann den zweiten Teil meines Planes ins Werk setzen. Inzwischen tue, was ich dir geheißen habe. Ich meinerseits werde alles daran setzen, sie ernsthaft in Verlegenheit zu bringen. Wenn wir es zu zweit nicht schaffen, sie aus dem Leben meines Sohnes zu verdrängen, ja, dann werde ich diese Stadt verlassen. Streng' dich an, damit er erst einmal über beide Ohren in dich verliebt ist ... Ich hoffe sehr, daß du dich nicht bereits wie eine verheiratete Frau benimmst, die nichts mehr zu geben und nichts mehr zu beweisen hat. Paß auf: Keine Fetische! Hast du gehört? Mach ihn mir nicht meschugge."

Ejang starrt den Kaffeekrug und die warmen Croissants an und wippt dabei erregt mit dem Fuß, fügt dann boshaft lächelnd hinzu:

„Diese Waffe könnte später eingesetzt werden, wenn ..."

„Was meinst du damit?"

„Nichts. Warten wir's ab. Warum freundest du dich nicht mit Antoinette an? Sie könnte dir nützlich sein. Wenn sich die Dinge so entwickeln, wie wir es wollen, wird sie deine Schwägerin sein."

„Ich glaube, sie mag Emilienne."

„Ach, weißt du, sie wird ihre Meinung ändern, sobald ich mit ihr gesprochen habe. Ich bin ihre Mutter. Vergiß das nicht."

„Danke, Mama Ejang!" sagt die junge Frau und begleitet die alte Frau bis zur Überlandstraße.

„Wenn mein Sohn dich geheiratet hat, wirst du alle Zeit haben, dich bei mir zu bedanken."

Sie schlägt die Tür des Taxis zu, das anfährt und verschwindet. Kurz bevor der Wagen ihr Haus erreicht, bittet sie den Fahrer, sie zum neuen Stadtbezirk zu fahren, wo Antoinette mit ihrem Mann im achten Stockwerk eines modernen Miethauses wohnt. Der erst zwei Jahre alte Gebäudekomplex besteht aus sieben Mietshäusern zu je zehn Stockwerken; im Erdgeschoß befinden sich Boutiquen, Friseursalons, Feinkostläden, Banken und andere Geschäfte. Auch ein großer, kreisförmiger Parkplatz gehört zur Anlage.

Ejang ist zum ersten Mal gezwungen, allein den Fahrstuhl zu nehmen. Hätte sie sich das vorher überlegt, hätte sie sich damit begnügt, ihre Tochter anzurufen. Sie hat ihn bisher nur in Begleitung eines ihrer Kinder betreten. Sie zögert, obwohl sie genau weiß, auf welchen Knopf sie drücken muß, um den Fahrstuhl zu holen, und an welcher Tür sie klingeln muß, wenn sie im achten Stockwerk ankommt. Was, wenn sie in der verhexten Büchse – wie sie es nennt – eingeklemmt bleibt? Wird man sie noch lebend finden? Sie schaut sich um. Weit und breit niemand, der auf den Fahrstuhl zugeht. Die Hausbewohner sind alle bei der Arbeit und ihre Kinder in der Schule. Als sie eben verärgert umkehren will, kommt ihr ein kleines Mädchen atemlos entgegen. Es drückt auf den Knopf und die Tür des Fahrstuhls öffnet sich geräuschlos. Ejang drängt sich vor dem kleinen Mädchen hinein. Sie lächelt ihm zu. Es ist die Tochter der Wohnungsnachbarn, stellt sie erleichtert fest. Die alte Frau und das kleine Mädchen steigen beide im achten aus.

„Kannst du nicht in einem normalen Haus wohnen, wie dein Bruder?" schimpft die Mutter, kaum hat ihre Tochter die Tür aufgemacht. „Du mußt immer alles anders machen, und dein Mann ist ebenso eigensinnig wie du. Vor lauter

Angst behelligt zu werden, zieht ihr es vor, in dieser Corned-beefbüchse zu wohnen."

„Mama", antwortet Antoinette lächelnd, „das sagst du jedesmal, wenn du mich besuchst. Übrigens: Was ist los, wieso kommst du ganz allein zu dieser Tageszeit?"

„Ich muß mit dir über ernste Dinge sprechen; ich brauche deine Hilfe", sagt Ejang und folgt ihrer Tochter ins Wohnzimmer.

Der Raum ist groß, und jeder Dekorationsgegenstand, jedes Möbelstück scheint eigens dafür gemacht zu sein. Die alte Frau setzt sich auf das braune Ledersofa.

„Weiß du, daß dein Bruder eine Mätresse hat?"

„Und wenn schon! Er hat ganz einfach ein 'zweites Büro' wie alle Männer hierzulande, vielleicht sogar ein drittes, wer weiß. Du bist doch wohl nicht gekommen, um mir von den Liebesaffären meines Bruders zu erzählen?"

„Mit irgendwem muß ich doch darüber sprechen können. Mach nicht so ein Gesicht. Ich will, daß dein Bruder seine gegenwärtige Mätresse heiratet, die ich im übrigen gut kenne. Oh, nein, sie ist nicht so gebildet wie Emilienne. Sie hat jedoch einen Vorteil, den ich den vielgerühmten Tugenden meiner Schwiegertochter vorziehe: Sie ist von hier! Und sie ist sehr hübsch. Weißt du, Tochter, seit ich mit deiner Schwägerin unter einem Dach wohne, mißtraue ich den Frauen, die höhere Schulen besucht haben, wie ihr das nennt. Was ich von dir will, ist ganz einfach. Erstens einmal, versuche herauszufinden, was diese Frau im Sinn hat."

„Welche?"

„Wie, welche? Emilienne natürlich. Will sie nochmals Kinder haben? Und kann sie? Was hält sie von ihrer Ehe? Wenn du alle Informationen hast, werde ich sie gegen sie verwenden. Und bitte deinen Bruder, dir seine Mätresse vorzustellen. Ein nettes Mädchen."

„Bist du fertig, Mama?" fragt Antoinette mit erstickter Stimme.

„Was ist mit dir los?" fragt die Mutter besorgt. „Du wirst doch nicht zu weinen anfangen?"

Zwei dicke Tränen zittern an den Wimpern der jungen Frau.

„Ich hätte allen Grund dazu. Unglaublich. Bist du es wirklich, meine Mutter, die einen solchen Unsinn von mir verlangt? Du bittest mich, dich von deiner Schwiegertochter zu befreien! Weißt du überhaupt, was du ihr schuldest, Mama?"

„Wovon redest du?"

„Ich werde es dir sagen. Dank Emilienne konntest du vor sieben Jahren deine Augen in Frankreich operieren lassen. Ohne diese Operation würdest du heute an einem Stock gehen oder an einen Lehnstuhl gefesselt sein. Und dank ihr kannst du dich jedesmal, wenn du krank bist, unentgeltlich im teuersten Krankenhaus der Stadt behandeln lassen. Die meisten Kleider, die du trägst, hat sie dir geschenkt. Das sind nur ein paar Beispiele für das, was deine Schwiegertochter für dich tut, liebe Mutter. Unabhängig davon finde ich es unwürdig, daß du anfängst, Ränke zu schmieden, um sie aus ihrem Zuhause zu vertreiben. Unglaublich. Ich kann es nicht fassen, daß du so weit gehst, mich zu bitten, dir bei der Ausführung deines gemeinen Planes zu helfen. Was würdest du sagen, wenn meine Schwiegermutter das gleiche täte? Was für eine Mutter bist du denn?"

Antoinette steht auf. Sie geht zur großen Fensterfront hinüber und steckt sich mit zitternden Händen eine Zigarette an. Die Strafpredigt entmutigt die Mutter keineswegs, die vorwurfsvoll zum Gegenangriff übergeht.

„Ich verbitte mir diesen Ton. Es ist schließlich ganz normal, daß meine Schwiegertochter mir all die Gefälligkeiten erweist, die du soeben aufgezählt hast. Das ändert nichts an meiner Meinung über sie ... und auch nichts an meinem Entschluß, sie von meinem Sohn zu trennen. Meine Rechte und meine Pflichten gegenüber Joseph gehen vor. Er ist ein Mann, zugegeben, doch immer noch mein Junge. Ich weiß, was für ihn gut ist, und niemand kann ihn glücklicher machen, als ich es tun kann. Alles, was ihn quält, schmerzt mich hier – die alte Frau knetet mit der Hand ihren Unterleib –, alles gerät in mir in Aufruhr, sobald euch etwas zustößt. Begreifst du nun, warum ich so hart bin gegenüber dieser Frau? Ich habe gelitten, um euch zur Welt zu bringen, und gelitten, um euch nach dem Tod eures Vaters großzuziehen. Und ich höre nicht auf, euer Bestes zu wollen. Bevor du mich beschimpfst, versuche, dich an meine Stelle zu versetzen. Glaubst du, daß es einfach ist, mich in meinem Alter auf einen solchen Kampf einzulassen? Ich bin es mir schuldig, einen Fehler gutzumachen, und der besteht darin, daß ich meinen Sohn diese Frau habe heiraten lassen. Ich tue es für uns alle. Eines Tages, wenn deine Kinder groß sind, wirst du es verstehen."

Sie steht auf.

„Ich verbiete dir, deinem Bruder von diesem Besuch zu erzählen", fügt sie noch hinzu.

Anstatt einer Antwort öffnet Antoinette die Tür sperrangelweit.

„Hast du gehört, was ich dir gesagt habe?" fragt die Mutter auf der Schwelle. „Ich werde diese Angelegenheit bis zum bitteren Ende durchziehen, und wehe dir, wenn du versuchst, mich zu verraten. Im Hause meines Sohnes wird es nicht mehr zwei Mätressen geben, und die Frau, die Emilienne ersetzt, wird sich mir zu fügen haben."

Der Aufzug schließt sich hinter ihr. Ejangs Worte tönen in Antoinettes Ohren; sie läßt sich aufs Sofa fallen. Um sie herum dreht sich alles. Sie hat Angst, große Angst.

Sie gerät jetzt schon in Panik, wenn sie an die Folgen einer solchen Intrige denkt. Das ist nicht das richtige Wort dafür. Wird sie das Ganze für sich behalten können? Mit ihrem Mann darüber zu sprechen, das kommt auf gar keinen Fall in Frage. Er würde es stracks Joseph weitererzählen, und der würde es nicht ertragen, von den Machenschaften seiner Mutter zu erfahren. Und wenn Emilienne davon wüßte, würde sie unweigerlich die Scheidung einleiten, die sie um alles in der Welt vermeiden will. Im übrigen kann sie nicht der eigenen Mutter den Krieg erklären und sich öffentlich auf die Seite ihrer Schwägerin stellen. „Es ist unglaublich. Hat Mutter den Verstand verloren? Ich muß zu ihr gehen, bevor es zu spät ist", beschließt Antoinette auf dem Weg zum Friseur. „Ich muß sie unbedingt dazu bewegen, diesen diabolischen Plan aufzugeben."

Aus dem Französischen von Giovanna Waeckerlin-Induni.
Aus: Angèle Ntyugwetondo Rawiri, *Fureurs et cris de femmes*. © L'Harmattan Paris 1989.

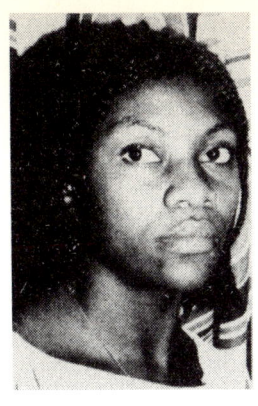

Philomène M. Bassek

Philomène M. Bassek (Kamerun) wurde 1957 in Dschang geboren, im Nordwesten Kameruns. Sie studierte Philosophie und Pädagogik in Yaoundé, der Haupstadt des Landes, wo sie heute als Dozentin für Philosophie lebt, mit ihren drei Kindern. Mit *Le tache de sang*, ihrem bisher einzigen Roman, etablierte sie sich als eine der vielversprechendsten jungen Autorinnen Kameruns. In präziser Sprache schildert sie anhand einer Mutter-Tochter-Beziehung die verschiedenen Rollen der afrikanischen Frau in der heutigen Gesellschaft.

Bibliographie
La tache de sang. Roman. (L'Harmattan, 1990)

Männerstolz

Es war mittlerweile heller Tag; Same schritt immer noch die Landstraße entlang, wo bereits die anderen Dorfbewohner unterwegs waren. Die jüngeren – Schüler – bestaunten seine ungewohnte Aufmachung und vergaßen darüber beinahe, ihm „guten Tag" zuzurufen.

„Schönen guten Tag, Kinder!" antwortete Same.

Die Erwachsenen grüßten ebenfalls oder erwiderten seinen Gruß. Wer mit ihm auf vertrauterem Fuß stand, ging mit ausgestreckter Hand auf ihn zu. Man wechselte ein paar Worte miteinander, dann ging jeder seines Weges.

Nach ungefähr drei Kilometern bog Same in einen Pfad ein, der durch den dichten Busch führte. Er atmete tief den Geruch von feuchter Erde und verwesendem Laub ein und hatte das Gefühl, durch den Kontakt mit der unberührten Natur wiederaufzuleben. „Bloßer Zufall, daß ich als Beamter in der Stadt gelandet bin", pflegte er zu sagen.

Same liebte es, auf dem Feld zu arbeiten. Er stürzte sich nicht gierig auf die Erde wie ein Kolonist. Er nahm zärtlich von ihr Besitz, befühlte sie, lotete sie aus, versuchte, durch Klugheit den besten Nutzen aus ihr zu ziehen. Er verhielt sich ihr gegenüber wie ein Geliebter.

Der Boden war stellenweise glitschig. Same bewaffnete sich mit einem langen Stock und stützte sich darauf, um nicht auszugleiten. Als er zuoberst auf dem letzten Hügel angelangt war, blieb er einen Augenblick stehen, um sein ausgedehntes Feld zu bewundern. Er runzelte die Stirn, und der Mund blieb ihm offen stehen. Dann schob er hastig seinen Umhängebeutel zurecht, ließ den Stock fallen und eilte mit klopfendem Herzen den Hügel hinunter. Am Rand seiner Pflanzung angekommen, stieß er einen Schrei aus und wäre beinahe in Tränen ausgebrochen. Da erinnerte sich Same an die heftigen Regenfälle vom Vortag, offenkundig der Grund für die Verwüstung: Dutzende und Aberdutzende blühende Bananenstauden waren geknickt, was bedeutete, daß die jungen Büschel nicht weiterwachsen konnten. Dutzende andere waren nur leicht beschädigt; man mußte sie mit Hilfe von Astgabeln wieder aufrichten. Zudem war eine riesige Wucherpflanze innerhalb von zwei Wochen nachgewachsen und mußte ausgerissen werden.

Same durchlitt die Mühsal und Nöte der Bauern. Diese Pflanzung, er hatte sie während des letzten Urlaubs gerodet und hatte ausschließlich Bananenstauden gepflanzt. Die vielen Stunden Arbeit! Die viele verlorene Mühe!

Same ließ sich jedoch nicht entmutigen. Er legte seinen Umhängebeutel und seinen Hut unter einen Baum, krempelte die Ärmel seines Overalls hoch und machte sich an die Arbeit. Er schnitt zuerst auf dem unbebauten Feld eine ansehnliche Menge Astgabeln und schleppte sie auf die Pflanzung, dann begann er die Bananenstauden aufzurichten, eine nach der anderen, lichtete sie aus, häufte Erde um den Stamm und drückte sie fest.

Nach drei Stunden war Same erschöpft. Er setzte sich unter einen großen, schattigen Baum, trank gierig einen halben Liter Palmwein, rülpste, verzehrte dann den für ihn vorbereiteten Imbiß.

„Ida hat gut daran getan, mir einen Imbiß mitzugeben", dachte er. „Man könnte meinen, sie haben eine Sehergabe – die Frauen!"

Als die erste Flasche Palmwein leer war, machte sich Same an die zweite, steckte einen Glimmstengel an, dann einen zweiten, dann einen dritten ... Es dauerte nicht lange, und er schlief ein. Er wachte mit einem schweren Kopf auf, starrte einmal mehr auf das verwüstete Feld und bedauerte, daß Tabou, der ihn sonst immer begleitete, nicht mitgekommen war. War es die Stimme des Unheils, die ihn am Morgen bewogen hatte, allein herzukommen?

Sein Blick schweifte in die Ferne, und er versank in Grübeln: Die Zeiten hatten sich tatsächlich geändert. Wenn doch alles noch so wäre wie früher, als er noch ein kleiner

Junge war und zuschaute, wie die Männer einander gegenseitig halfen: Heute auf dem Feld des einen, morgen auf dem Feld des anderen ... Die Ernten waren fruchtbar, die gemeinsamen Anstrengungen gereichten allen zum Vorteil, und jedermann fühlte sich frei. Gewiß, es gab manchmal Unstimmigkeiten, Streit, aber die Lebensfreude setzte sich letztlich immer durch. Damals ... damals wäre sein zerstörtes Feld in einem Tag, ja in wenigen Stunden wieder in Ordnung gebracht worden. Heute ... heute Zwietracht, Mißtrauen, Selbstsucht, Neid.

Mban unterbrach Sames Grüblerei. Er wirkte gelassen; seine Kleidung war zerlumpt; sein Feld hatte nicht unter dem Unwetter gelitten.

„Ich habe Glück gehabt, Bruder, meine Stauden sind jünger, ein paar unbedeutende Schäden, das ist alles. Im Moment plagt mich eine andere Sorge – du weißt ja."

„Sorgen hat man immer", antwortete Same, der nicht genau wußte, worum es sich handelte.

„Es gibt Sorgen und Sorgen, Bruder. Stell' dir vor, Helena ist seit ihrer heimlichen Abreise nicht wieder zurückgekehrt – und auf den Feldern wächst das Unkraut ewig nach. Sie war wütend, weil ich mir eine zweite Frau genommen habe, die uns immerhin demnächst Ehre bringt. Hätte man zulassen dürfen, frage ich dich, daß der Name Mban von der Erde verschwindet wie ein faules Samenkorn im Boden? Ich hätte sie zumindest fragen sollen, hat sie mir ausrichten lassen. Seit wann, Same, seit wann ...?"

Same antwortete nichts. Er war müde, und Mbans Geschichte ärgerte ihn, denn es sah ganz so aus, als ob er seiner Frau nachweinte.

„Eines kannst du mir glauben: Wenn sie nicht spätestens in zwei, drei Tagen vor meiner Tür erscheint, werde ich sie verklagen, jawohl, ich fürchte mich vor nichts ..."

Same bot Mban ein Glas Palmwein an, um ihn abzulenken, doch der lehnte ab.

„Ich habe gerade meine letzte Flasche ausgetrunken und gehe jetzt nach Hause. Aber du bist noch nicht fertig, wirst ihn noch nötig haben. Auf Wiedersehen, Bruder!"

„Auf bald, Mban."

Same raffte sich auf und machte sich erneut an das Aufrichten der Bananenstauden, war es aber bald leid.

Als er sich auf den Heimweg machte, war Mittag bereits vorbei. Nach einem langen Fußmarsch auf der Landstraße schlug er eine Abkürzung ein, was ihm erlaubte, unterwegs noch nach seinen Fallen zu sehen. Doch was für eine Enttäuschung: Sie waren entweder leer oder zugeschnappt, ohne daß eine Beute sich darin verfangen hätte. Da und dort war das Tier offenbar mit der Pfote steckengeblieben, hatte sich aber losreißen können und eine deutliche Blutspur hinterlassen. Zum Glück fand Same, kurz bevor er zu Hause anlangte, in der letzten Falle doch noch eine dicke, glänzende Viper. Ein Lächeln erschien auf seinen Lippen; er löste sie sorgfältig vom Haken, nicht ohne ihr vorher den Kopf abgeschnitten zu haben, wickelte sie in ein Bananenblatt ein, verstaute sie behutsam in seinem Beutel und murmelte vor sich hin: „Gott ist mit mir.“

Daheim erzählte er seiner Frau von den Verwüstungen, die der Regen auf dem Feld angerichtet hatte. Mama Ida war außer sich. Natürlich war der nächtliche Sturm daran schuld, gewiß, doch sie war ebensosehr davon überzeugt, daß ein übelgesinnter Zauberer die Hand mit im Spiel hatte, beruhigte sich aber schließlich.

Da man ihr am Tag zuvor einen Flußfisch gebracht hatte, der bereits zubereitet war, beschloß Mama Ida, Same den Fang am Abend vorzusetzen. Dieser war inzwischen ausgegangen und erschien unglücklicherweise nach einer Stunde wieder in Begleitung von Hanack, der sich nie zweimal bitten ließ, und Ndjepel, dem pflichteifrigen Parteigenossen. Mama Ida war kaum überrascht, die zwei zu sehen, denn der Brauch will es, daß ein so schmackhaftes und seltenes Fleisch wie das Vipernfleisch nicht allein verspeist wird – es sei denn, man wolle als geizig beschimpft oder gar verhext werden. Dennoch geriet Mama Ida in Verlegenheit. Same hätte ihr sagen müssen, daß er seine Brüder einladen wollte. Sie hätte ihn gebeten, etwas später zum Essen zu kommen, und hätte sich gleich an die Zubereitung der Viper gemacht. Du meine Güte, sie hatte noch nicht einmal die Kräuter gepflückt, die am Wegrand und an Bachufern wachsen und den Vipernsud so köstlich würzen! Same machte sich offensichtlich einen Spaß daraus, sie immer wieder in peinliche Situationen zu bringen. Doch sie war schließlich keine Maschine!

Mama Ida legte die für die Kinder bestimmte Portion Flußfisch in eine kleine Schüssel, brachte den größeren Rest ins Haupthaus und bat die drei Männer, sich doch zu Tisch zu setzen.

„Euer Ding* ist noch nicht fertig", sagte sie zu ihnen, „doch kostet inzwischen von diesem Flußfisch und trinkt den Palmwein dazu."

Ihre Worte waren von einen offenen Lächeln und einer ehrerbietigen Haltung begleitet. Hanack ließ sich nicht zweimal bitten. Er stand auf und ging als erster auf den gedeckten Tisch zu. Bevor er den Stuhl zurückzog, warf er einen gierigen Blick auf die vollen Schüsseln, und das Wasser lief ihm offensichtlich im Mund zusammen. Er setzte sich und sagte:

„Oh, Ida, Same hätte keine bessere Frau als dich heiraten können. Du bist für uns wie geschaffen worden, für die Familie. Mach dir keine Sorgen, wir warten auf die Viper. Wir fühlen uns hier wie zu Hause und bleiben die ganze Nacht, wenn's sein muß."

„Aber sicher", pflichtete Ndjepel bei, der sich ebenfalls an den Tisch setzte.

Mama Ida schenkte ihnen ein Lächeln und sagte scherzend:

„Das denn doch nicht. Ihr habt Cicilia (Hanacks erste) und Tatina (Ndjepels einzige) nicht benachrichtigt."

Die Männer erwiderten, sie seien niemandem Rechenschaft schuldig.

Mama Ida wußte darauf keine Antwort; sie nahm die Rotweinflasche, die Same aus Ndjepels Dorfkneipe mitgebracht hatte, und stellte sie behutsam auf ein Beistelltischchen. Sie verspürte Müdigkeit, und die Küchendüfte wider-

---

* Die Frauen vermeiden es, Fleisch, das ihnen – wie Vipernfleisch – untersagt ist, mit dem richtigen Namen zu bezeichnen. Sie verwenden dafür den Begriff *Ding*.

ten sie an, also entschuldigte sie sich bei den Gästen und ging in ihr Zimmer.

Same wirkte fast abwesend, er war in seinem Sessel versunken und schien düstere Gedanken zu wälzen. Dann stand er mit unschuldiger Miene auf und folgte seiner Frau. Doch kaum hatte er die Türschwelle überschritten, verkrampfte sich sein Gesicht. Mama Ida beobachtete ihn aus dem Augenwinkel und machte sich auf eine Auseinandersetzung gefaßt.

„Warum ist die Viper nicht auf dem Tisch?" fragte Same mit vor Zorn hervortretenden Augen.

Mama Ida sah Same auf sie zukommen. Sie blieb stumm.

„Du hast mich sehr wohl verstanden", sagte Same. „Ich rede von der Viper."

„Du hast sie doch eben erst nach Hause gebracht. So habe ich mir gedacht, es sei besser, sie am frühen Abend zu essen. Oder?"

Same antwortete nicht. Erinnerte er sich an Mbans Geschichte? Wollte er sich seiner Macht über seine Frau vergewissern? Er runzelte die Stirn, und sein Gesicht verfinsterte sich erneut. Wohl um seinen Zorn zu besänftigen, sagte Mama Ida:

„Ich werde mich gleich darum kümmern. Es ist im übrigen schon bald Abend."

Es war ganz offensichtlich: Mama Ida wich ihrem Mann aus. Vergeblich. Sames Lippen bebten, und sein kahler Schädel glänzte noch mehr als sonst.

„Weiß du, daß du mir Schande machst? Ich habe meinen Brüdern gesagt, daß es Viper zu essen gibt, und du tischst uns Fisch auf."

„Wééééh! Same, laß mich in Frieden", murmelte Mama Ida verärgert, „was ist mir dir los? Ich hab's ja nur gut gemeint, willst du mich dafür etwa umbringen?"

„Gut gemeint, was?" rief Same und ging einen Schritt auf sie zu.

Seine Unduldsamkeit brachte seine Gefährtin langsam in Harnisch.

„Hör mir bitte zu", sagte sie zu ihm. „Ich weiß, worauf du hinaus willst. Wir haben bereits große Kinder. Ich ertrage deine Einschüchterungen nicht mehr.

„Große Kinder! Deine großen Kinder, meinst du wohl. Aber hier befehle ich und habe das Recht, zu bestrafen, wann ich will – und wen ich will."

„Mich bestrafen! Ich bin kein Kind mehr, nur daß du es weißt. Und im übrigen, bestrafe ich dich etwa?"

Same starrte sie einen Moment lang mit offenem Mund an, dann schimpfte er los.

„Natternzunge. Mich bestrafen? Ich bin doch keine Frau ..."

Mama Ida kam gar nicht dazu, ihm auch nur mit einem Wort zu widersprechen. Same verpaßte ihr einen heftigen Schlag ins Gesicht und hieb mit den Fäusten ein paarmal auf sie ein. Mama Ida verlor das Gleichgewicht und brach auf dem harten Fußboden zusammen. Same blickte zornig auf sie hinunter, ganz offensichtlich in der Absicht, sie zu verprügeln. Er wollte sie packen; sie stand schnell auf und wollte fliehen, taumelte jedoch und fiel wieder hin.

Als Same einen sich auf dem Fußboden ausbreitenden Blutfleck sah, hielt er erschrocken inne. Er spürte sein Herz schnell und heftig schlagen. Schweiß trat auf seine Stirn. Er wollte sich über seine Frau beugen, doch Scham und Schrecken nagelten ihn fest. Er stand mit leicht angewinkelten Ellbogen da, doch sein falscher Männerstolz verbot ihm schließlich jede Geste, die als Schwäche hätte ausgelegt werden können. Mama Ida atmete immerhin noch. Same wandte sich erleichtert ab, zog ein schmuddeliges Taschentuch aus der Hosentasche und wischte sich damit das Gesicht ab, kehrte dann zu seinen Brüdern zurück, die so damit beschäftigt waren, sich den Bauch vollzuschlagen, daß sie nichts von seiner Bestürzung merkten.

Hanack wiegte den Kopf zum Takt einer fröhlichen Melodie. Als er seinen Bruder sah, sagte er zu ihm:

„Du willst dir wohl den Hunger nicht verderben, Same, was? Aber ich versichere dir, dieser Fisch schmeckt köstlich."

Same setzte sich an den Tisch. Während des Essens verschluckte er sich mehrmals und beteiligte sich kaum an der Unterhaltung. Er überlegte: Was zum Teufel war in seine Frau gefahren? Gewiß, Mama Ida warf ihm manchmal unliebsame Dinge an den Kopf, doch selten in diesem Ton.

„Selbst wenn sie aufgebracht ist, eine Frau muß sich beherrschen können und in Gegenwart ihres Mannes ihre Zunge im Zaun halten", dachte Same.

Wie auch immer, ihr Widerspruch hatte ihn überrascht; er verbot sich ein für allemal ein solches Verhalten. Dann fragte er sich, was es wohl mit dem geheimnisvollen Blutfleck auf sich hatte. Ein Bild des Todes wollte ihn beschleichen, doch er wies es gleich von sich. In seiner Vorstellung tauchte eine offensichtlich freudige Antwort auf. Er stand also auf und ging vergnügt zur Küche hinüber, wo er seine Mutter antraf in Gesellschaft von Tele, Hanacks vierter Frau. Er unterhielt sich kurz mit seiner Mutter, ging dann zu Mama Ida, die mit halbgeschlossenen Augen auf dem Bett lag. Sein Blick schweifte kurz über den Fußboden. Der Blutfleck war verschwunden. Er beugte sich über seine Frau und stammelte verlegen:

„Bleib ruhig liegen und mach dir keine Sorgen wegen des Abendessens ..."

„Wer soll sich denn darum kümmern?" fragte Mama Ida verschüchtert.

„Maman Medi", antwortete Same. „Tele, die ihr jetzt Gesellschaft leistet, wird ihr dabei helfen. Sie wollen dich übrigens besuchen. Ich habe ihnen gesagt, daß du dich etwas ausruhst."

„Hm", sagte Mama Ida und schürzte ihre vollen Lippen.

Same wich ihrem Blick aus, fuhr dann fort:

„Übermorgen gehst du nach Ngol. Patricia und ihr Mann bringen dich ins neue Krankenhaus, das von allen so gerühmt wird."

Mama Ida kauerte sich unter der Decke zusammen. Sie haßte diese zärtlichen Momente. Sie sagte leise:

„Ich hab' davon gehört."

Aus Angst, die Gäste zu stören, huschten Mbômbô Medi und Tele durch die Seitentür, die direkt in das Zimmer der Kranken führte. Mama Ida schützte Müdigkeit vor, um den Besuch der zwei Frauen abzukürzen.

Als es Abend wurde, kamen die Kinder in Begleitung von Tabou müde nach Hause. Barbara sorgte sich rührend um ihre kleinen Brüder und Schwestern. Sie wusch sie, gab ihnen dann in der Küche zu essen.

Von ihrem Zimmer aus konnte Mama Ida das Gelächter der Männer hören und das Klappern der Löffel und Gabeln auf den Tellern. Die Viper schmeckte ganz offensichtlich gut.

Aus dem Französischen von Giovanna Waeckerlin-Induni.
Aus: Philomène M. Bassek, *La Tache de sang*.
© L'Harmattan Paris 1990.

Foto: Ekko von Schwichow

Ama Ata Aidoo

Ama Ata Aidoo (Ghana) wurde 1942 geboren. Sie studierte Englisch an der University of Ghana in Legon, unterrichtete an der University of Cape Coast, war 1982-83 Erziehungsministerin ihres Landes und lebte danach mehrere Jahre in Simbabwe. Schon früh wandte sie sich der Literatur zu: Anfang der sechziger Jahre gewann sie einen Preis in einem Wettbewerb des renommierten nigerianischen *Mbari Club*, der unter anderem von dem späteren Nobelpreisträger Wole Soyinka initiiert wurde. Bisher hat sie zwei Romane, mehrere Gedichtsammlungen, Theaterstücke, Kinderbücher und Kurzgeschichten veröffentlicht. Sie lehrt heute afrikanische Literatur am Kalamazoo College, USA.

Auswahlbibliographie
The Dilemma of a Ghost. Theaterstück. (Longman Nigeria, 1965).
Anowa. Theaterstück. (Longman, 1970).
No Sweetness Here. Erzählungen. (Longman, 1970).
Our Sister Killjoy, or: Reflections from a Black-Eyed Squint. Roman. (Longman, 1977).
Someone Talking to Sometime. Gedichte. (College Press, 1985).
The Eagle and the Chickens. Geschichten für Kinder. (Afram Publishers, 1989).
Changes - A Love Story. Roman. (Women's Press, 1991).
An Angry Letter in January. Gedichte. (Dangaroo Press, 1992).

Morgenstund'

Verglichen mit Esi war Opokuya wirklich dick. Nicht daß sie das störte. Sie bewegte sich wie ein Blitz daher und lachte sich durch die Tage des Jahres hindurch. Wann immer die Rede auf ihr Dicksein kam, machte sie deutlich darauf aufmerksam, daß die Tatsache ihres Dickseins nichts damit zu tun hätte, daß sie nicht gewußt hätte, wie sie damit umgehen sollte. Sie war seit fast 15 Jahren eine staatlich anerkannte Krankenschwester und eine qualifizierte Hebamme. Im Verlaufe der Jahre hatte sie entschieden, daß diejenigen, die ein Interesse daran hatten, daß Frauen – und besonders afrikanische Frauen – abnehmen sollten, just auch die sein müssen, die dafür eintreten, daß Frauen – und besonders afrikanische Frauen – auch ihre Geburtenrate herabsetzen.

„Du, Opokuya. Gerade Du, Opokuya," pflegten ihre Zuhörer zu protestieren.

„Ich mag ja Unrecht haben," versuchte sie dann einzulenken, um forsch fortzufahren, „wie kommt es denn eigentlich, daß, wie abgelegen und vergessen eine ländliche Klinik auch sein mag, zwei Dinge unweigerlich in rauhen Mengen vorhanden sind: Flugblätter und Proben zum Schlankwerden und Mittel zur Empfängnisverhütung? Oder?," fragte sie dann ihre überrumpelten Zuhörer, mit den Händen in der Luft. „... und für Hospitäler wie dies hier, hätten wir natürlich nie einen Mangel an Medikamenten, wenn es Verhütungsmittel wären, die wir allen Patienten geben könnten, selbst Männern und Kindern, mit der Aufforderung, diese dreimal täglich vor dem Essen zu nehmen." Sie blickte dann wild um sich, mit fast unnatürlich funkelnden Augen. Wenn sie so tiefschürfend argumentierte, dann blieben die Leute zumeist ruhig und hörten ihr einfach nur zu.

„Und derweil verhält sich unsere Regierung genauso wie ein professioneller Bettler. Sie hat gelernt, wie man wirksam bettelt. Oberste Regel ist: Akzeptiere, was dem Gebenden lieb ist. Und die Regierung weiß ganz genau, daß den Gebenden eines wirklich besonders am Herzen liegt: Es sollte nicht zu viele von uns nicht geben. Wie soll der Bettler unter solchen Umständen sagen: Hau ab! Stopf Dich selbst voll mit gefährlichen Pillen, Kapseln und Spritzen, die erst noch erprobt werden müssen? Ja, auch Spritzen. Und dann geben sie diesen mörderischen Programmen noch so schöne Namen wie ‚Familienplanung‘ oder ‚Mutterschutz‘; alles nur zur Täuschung.“

Ihre Zuhörer waren meist Hospitalmitarbeiter. Einige meinten, in ihren Worten Wahrheit zu erkennen. Anderen war das Ganze eher peinlich, sie fragten sich, was eine anständig verheiratete Frau mit so verrückten Ideen eigentlich wollte. Einige wandten sich einfach ab, wenn sie so redete. Andere schwiegen. Doch gab es immer auch welche, die blieben und mit ihr stritten, um ihr moderne und zivilisierte Vernunft aufzuzeigen.

Opokuya hatte ziemlich gründlich über die Politik von Bevölkerungskontrolle und Dicksein nachgedacht. Sie war zu der Überzeugung gelangt, daß die Art und Weise, wie mit Bevölkerungskontrolle, besonders für Afrikaner, umgegangen wurde, schlichtweg erschreckend ist. Jemand, der ein so starkes Interesse daran hatte, daß du keine Kinder produzierst, konnte ganz sicher auch kein Interesse an deiner Gesundheit oder deinem Wohlergehen haben, und auch nicht an dem deiner Kinder. Für sich selbst hatte Opokuya entschieden, vier Kinder zu haben. Sie hatte sie zur Welt gebracht, und dann hatte sie das Thema offen mit ihrem Mann Kubi besprochen. Nachdem sie übereingekommen waren, daß vier tatsächlich genug waren, war sie zu einem Gynäkologen gegangen, den sie kannte, hatte alles mit ihm geklärt und dann einen Termin vereinbart. Sie ging in die Gynäkologie, ließ sich ihre Eileiter durchschneiden und veröden oder was auch immer. Das war es dann auch. Die

Gewichtsfrage hatte Opokuya bisher freilich nicht so leicht lösen können, auch nicht sich selbst gegenüber. Gelegentlich gab sie zu, daß sie ein wenig wegen einer möglichen Herzkomplikation beunruhigt sei. Routinemäßig maß sie ihren Blutdruck, der erstaunlich normal blieb. Da sie nicht ganz sicher war, wieviel ihr Körper an Ausdehnung noch ertrug, hatte sie sich schon vor einiger Zeit auferlegt, die Finger von den verbrecherischen Dingen wie Zucker und Fett zu lassen. Dieses Wissen und diese Disziplin waren es schließlich, die ihr das Selbstvertrauen gaben, so heftig zu argumentieren. Ab und zu kam es ihr jedoch wie Selbstbetrug vor.

Keine zwei Personen hätten verschiedener sein können als Opokuya und Esi, physisch wie temperamentmäßig. Aber sie vertrugen sich sehr gut. Tatsächlich waren sie seit langem Freundinnen und standen sich so nahe wie Schwestern, und das trotz der Tatsache, daß sie in verschiedenen Gegenden des Landes lebten. Opokuya und ihr Mann Kubi hatten sich kennengelernt, als sie in der Ausbildung war, und sie hatten in dem Jahr geheiratet, als sie die Schule abschloß. Ihre Qualifikation als Hebamme folgte erst später.

Ihr ältestes Kind, ein Mädchen, war nur ein bißchen jünger als das Berufszeugnis ihrer Mutter. Sie und das nächste Kind, ein Junge, waren jetzt im Internat einer Sekundarschule. Die beiden jüngeren, beides Jungen, waren noch auf der Grundschule und lebten bei ihren Eltern.

Opokuya und Kubi lebten auf Sweet Breezes Hill. Zur Kolonialzeit war es das prestigeträchtigste Wohngebiet. Sie bewohnten einen alten kolonialen Bungalow des Landvermessers aus den 30er Jahren. Und Opokuya war sich stets der verschiedenen Geister bewußt, die noch im Hause wohnten. Da war der vom ersten Vermesser, der die für englische Zivilbeamten günstige Lage auf dem Hügel in einer von Moskitos verseuchten Gegend erkannt hatte – die passende Residenz für diejenigen, die im Dienste der königlichen Majestät das Gebiet zu verwalten und die Eingeborenen zu zivilisieren hatten. Diese Eingeborenen, sowohl die von der Küste als auch die im Landesinneren, galten als die primitivsten und unbezähmbarsten im ganzen britischen Empire. Warum das so war, wußte niemand, und dennoch war es so. Mit der Zeit war eine beträchtliche Anzahl von Engländern mit ihren Frauen gekommen. Sie lebten dicht beieinander, strategisch günstig, um die Eingeborenen mit Gewehren, die Moskitos mit Alkohol und die Langeweile mit Frauengeschichten zu bekämpfen. Natürlich konnten sie Frauen und Alkohol von ‚zuhause' importieren und taten es auch des öfteren. Dazu kam die mehr als reichliche lokale Versorgung mit beidem. Doch zuerst verboten sie den einheimischen Alkohol, damit die Eingeborenen den teuren englischen Gin und schottischen Whiskey kaufen mußten, und dann übernahmen sie die einheimischen Frauen.

Andere Geister bewohnten das Haus der Dakwas; sie waren ihnen vielleicht ähnlicher. Doch manchmal wunderte sie sich, ob diese wohlgesonnener waren, nur weil sie afrikanisch waren.

„Es liegt an ihnen," murmelte sie vor sich hin.

„Du sprichst mit Dir selbst, nicht wahr?" sagte Kubi, als er nach dem Frühstück ins Schlafzimmer zurückkehrte.

„Oh, hast Du mich vielleicht erschreckt," protestierte Opokuya. „Ja, ich habe wohl mit mir selbst gesprochen," gab sie zu.

„Und was ist jetzt das Problem?" Kubi war hinsichtlich Opokuyas Launen ziemlich empfindlich.

„Ich bin mir selbst nicht sicher. Doch ich glaube, daß die Selbstgespräche, die ich ab und zu führe, nichts mit dem zu tun haben, was du ‚meine Probleme' nennst."

„Und was ist das heute morgen?" hakte Kubi nach.

„Vielleicht das gleiche wie gestern."

„Das da war?"

„Wie wir die Benutzung des Autos koordinieren."

Da lag es auf dem Tisch, das Problem. Da Opokuya wußte, daß das eines der wenigen Streitgebiete in einer ansonsten guten Ehe war, haßte sie es, es aufzubringen. Doch sie mußte einfach. Jeden Morgen. Eigentlich sahen beide das Thema der Auto-Benutzung als ‚sehr einfach' an. Kubi meinte, daß er wie seine Kollegen im Büro und im öffentlichen Dienst allgemein, das Recht haben sollten mit dem Autor zur Arbeit zu fahren. Besonders, weil die Regierung das Benzin und den Unterhalt bezahlte, und außerdem, weil vor den regionalen Büros ein Parkplatz für den Wagen des Landvermessers reserviert war. Er war der festen Überzeugung, daß der Wagen den ganzen Tag dort parken sollte. Um halb eins pflegte er mit dem Auto zum Lunch zu fahren. Um viertel vor zwei kam er dann wieder, parkte das Auto und ließ es dann für den restlichen Tag dort stehen, bevor er zum Feierabend wieder nach Hause fuhr. Wenn eine eintägige Dienstreise anstand, bestand er darauf, daß der Wagen auf seinem Platz abgestellt blieb, bis er vom Busch oder von wo auch immer zurückkam und dann abends heimfuhr. Opokuya sollte halt von und zur Arbeit mit dem Hospitalbus fahren.

Opokuya meinte, all das sei lächerlich und gar wahnsinnig. Ein Auto muß benutzt werden. Wie sollte sie nur ganztags arbeiten, noch dazu medizinische Arbeit, und sich um die Familie kümmern, ohne eigene Transportmöglichkeit? War er sich eigentlich bewußt, wieviel Wege nötig waren, um vier heranwachsende Kinder zu nähren und zu kleiden?"

„Es ist eine Frage der Ethik!"

„Waaas?"

„Ja, es ist eine Frage der Ethik."

„Welche Ethik? Es geht um den gesunden Menschenverstand."

„Was verstehst du unter gesundem Menschenverstand? Willst du mich heruntermachen? Ich kassiere die vollen Kosten für das Auto. Willst Du denn, daß ich dich jeden Tag auf den Markt fahren lasse?"

„Aber ..."

„Heißt das etwa, daß wir es auch tun sollten, weil alle anderen es tun?"

„Bitte, Kubi, hör zu. Zuerst einmal, ich mach' dich nicht herunter. Und du weißt, ich will nicht sagen, daß du mich das Auto auf Regierungskosten überall fahren lassen solltest ...,"

„Was willst du denn sonst sagen?"

„Wenn du mich ausreden ließest. Bitte, verzichte doch einfach auf die Regierungsgelder für das Auto ..."

„Was? Welch glänzende Idee! Ich bin höherer Beamter. Die Spesen für das Auto gehören zu meinem Gehalt. "

„Was ich zu sagen versuche, ist folgendes: Da ich auch das Auto brauche, um mich anständig um die Familie kümmern zu können, verzichte einfach auf die Kostenübernahme für das Auto. Mit deinem und meinem Gehalt sollte es uns möglich sein, den Unterhalt selbst zu finanzieren. Dann gäbe es keinen Grund für Schuldgefühle, wenn ich einmal damit fahre. "

„Du redest gerade so, als wärst du die einzige Gehaltsempfängerin. "

„Oh!" und mit aller Zuneigung für ihren Mann in der Stimme: „Jetzt bist du aber unfair. Du weißt, ich rede nicht über Geld. Ich rede bloß über das Hin und Her, das ich täglich veranstalte, nur um die Familie in Gang zu halten. "

Wann immer sich Opokuya bei ihren Kolleginnen über die ‚unrealistische Haltung' ihres Mannes in Bezug auf das Auto beklagte, nickten diese voll Mitgefühl in ihrer Anwesenheit und lachten sie hinter ihrem Rücken aus. Was sie betraf, so war Opokuya diejenige, die unvernünftig oder verrückt war. Ganz klar, sie hatte keine Ahnung. Sie sollte mal die Geschichten von Frauen hören, die für Autos zahlten, die dann die Männer voll in Anspruch nahmen. In einigen Fällen gar, um damit ihre Freundinnen in der Stadt herumzufahren …

Vor den Augen der Welt
Eindeutig vor den Augen der Welt, und
die eigene Frau nicht mitnehmen,
wenn er auf der Straße an ihr vorbeifährt.

„Opokuya ist einfach verwöhnt. "
„Ja, sie ist wirklich verwöhnt. "
Opokuya wußte nicht, daß sie angeblich verwöhnt war. Sie fühlte sich nicht verwöhnt. Jeden Morgen dasselbe, bis jemand nachgab. Der Sieger fuhr das Auto. Wenn es Kubi war, und er war es meistens, ließ er Opokuya beim Hospital aussteigen und fuhr dann weiter, derweil er den ganzen Weg ins Büro summte. Gewann Opokuya, so setzte sie Kubi vor

seinem Büro ab, fuhr weiter und summte die ganze Strecke. Wenn sie einen guten Parkplatz gefunden hatte, blieb sie noch eine Weile im Auto sitzen, um im Geiste den Tag durchzugehen und eine Liste zu machen. Sie wußte, daß sie auch dann, wenn sie eine ganze Woche lang das Auto hätte, kaum die Hälfte dessen schaffen würde, was sie sich für einen Tag aufgeschrieben hatte. Dennoch schrieb sie sich alles auf die Liste. Wenigstens gab es einen Bereich, der keine Sorgen machte, weil sie schon früh in ihrem Zusammensein beschlossen hatten, sich nicht etwa anzugewöhnen, die Kinder zur Schule zu fahren und abzuholen. Das taten sie nur, als sie noch im Kindergarten waren. Aber später nicht mehr. So nahmen die Kinder täglich ihren Weg mit den Stadtbussen, so wie die meisten Kinder aus der Nachbarschaft auch. Es war anders, wenn die Busse zusammenbrachen, was leider oft der Fall war. Dann brachten sie die Kinder in die Schule und holten sie auch wieder ab.

„Was ist es nun, das heute absolut notwendig ist?" fragte Kubi mit einer ‚Ich-versuche-vernünftig-zu-sein-und-du-solltest-es-auch-versuchen'-Stimme. Opokuya ging nicht in die Falle.

„Kubi, du weißt ganz genau, daß es mindestens ein Dutzend Dinge gibt, die heute ‚absolut notwendig' sind," antwortete sie mit ihrer ‚Heute-morgen-habe-ich-keine-Zeit-für-einen-erwachsenen-Mann-der-von-seiner-Mutter-verwöhnt-worden-ist'-Stimme.

„Opokuya, nenn mir bloß eins," befahl er.

Sie beschloß nachzugeben und sagte geduldig: „Erinnerst du dich, daß wir vereinbart haben, daß die Kinder während meines Besuchs bei meiner Mutter zu deiner Schwester gehen sollten?"

„Ja," gab Kubi ziemlich vorsichtig zu.

„Ich kann doch nicht so einfach die Kinder jeden Morgen auf dem Weg zum Busbahnhof bei ihr abladen. Das wäre nicht gut, selbst wenn Connie die vernünftigste deiner Schwestern ist. Wir müssen sie vorwarnen."

„Hm. Hmm ..." Kubi wurde immer vorsichtiger. Abgesehen davon, daß er noch nicht so recht wußte, ob ihr Besuch bei ihrer Mutter notwendig war, hatten ihn jahrelange Erfahrungen mit einer klugen Frau im Haus und einer Reihe von dummen Abteilungsleitern im Büro gelehrt, nichts in einer Diskussion für gesichert zu halten.

„Du siehst," fuhr Opokuya fort, „ich dachte, ich würde heute das Auto nehmen, um auf dem Heimweg vom Hospital bei ihr vorbeizufahren und die Sache mit ihr zu besprechen."

Kubi entspannte sich. Diesen Fall konnte er gewinnen. Eigentlich hatte er ihn ja schon gewonnen. Opokuya würde nächste Woche ihren Urlaub antreten. Sie hatte geplant, den größeren Teil mit ihrer Familie zu verbringen. Aber zwischen heute und ihrem ersten freien Tag lag mindestens noch eine Woche, in der sie eigentlich alles erledigen konnte, wenn sie richtig plante. Mit oder ohne Auto. Einschließlich einem Besuch bei der Schwester zum Regeln der Dinge ...

„Hör zu, es sieht so aus, als komme ich bereits zu spät zu unserer Finanzbesprechung heute morgen."

Opokuya wußte, daß sie verloren hatte. Daher war es sinnlos, ihn zu fragen, warum denn das regionale Vermessungsbüro jeden Morgen eine Finanzbesprechung hatte. Ohne ein weiteres Wort nahm sie ihre Handtasche und ihren Korb und setzte sich ins Auto. Nach einer sorgfältigen Prüfung der Reifen und des Wasserstandes setzte sich Kubi auf den Fahrersitz. Während der guten vier Kilometer von Sweet Breezes Hill zum Stadtkrankenhaus sprachen sie kein Wort miteinander. Da sie sich weigerte, ein Gespräch zu beginnen, und er genau wußte, daß sie nicht antworten würde, selbst wenn er anfinge, schwiegen beide einfach.

Als er am Hospitaleingang anhielt, fragte er in einem leicht schuldbewußten Ton: „Treffen wir uns zu Hause heute abend?"

„Nein," schoß sie zurück. „Ich werde nicht mit dem Hospitalbus nach Hause kommen. Ich werde auch so zu deiner Schwester kommen."

„Soll ich dich dort abholen?"

„Mach dir keine Mühe," sagte sie, mit kaum unterdrückter Wut. „Du weißt, daß es zu weit weg ist. Und du wirst sicher müde sein, wenn es wieder so eine anstrengende Sitzung war."

„Und wie willst du dann zurückkommen?" sagte Kubi. Etwas Sorge kam nun zum Schuldgefühl hinzu. Was natürlich Opokuya nicht entging.

„Ich könnte den Bus in die Stadt zurücknehmen und dann im Twentieth-Century-Hotel auf dich warten ..."

„Gut," erwiderte Kubi. Er haßte es, nach der Arbeit in der Stadt zu warten. Er wußte aber, daß er etwas nachgeben mußte.

„Kurz nach halb sechs," erinnerte ihn Opokuya. Beide wußten, was das hieß.

Opokuya war bereits ausgestiegen. Während der letzten Worte hatte sie schon die Tür in der Hand. Sie schlug sie zu und ging zum Krankenhaus. Kubi setzte zurück, wendete in Richtung der Straße und fuhr nach rechts davon. Er war auf dem Weg zur Arbeit. Summend, selbstverständlich.

Aus dem Englischen von Al Imfeld.
Aus: Ama Ata Aidoo, *Changes*.
© Women's Press London 1991.

Terry McMillan

Terry McMillan (USA) wurde 1951 in Port Huron geboren, im Bundesstaat Michigan. Nach ihrem Studium in Berkeley und der New Yorker Columbia Universität arbeitete sie zunächst als Sekretärin, bevor sie, von Schreib-Workshops der *Harlem Writers Guild* inspiriert, ihren ersten Roman verfaßte. Heute wird ihr Name meist genannt, wenn es um die besten schwarzen amerikanischen Autorinnen der Generation nach Walker und Morrison geht. Sie gilt als Bestseller-Autorin von hohen Graden, die es stets versteht, die richtige Balance zu finden zwischen politischem Bewußtsein für Rassismus und Sexismus einerseits und einer starken, süffigen Story andererseits. Terry McMillan lebt heute mit ihrem Sohn in der Nähe von San Francisco und lehrt an der Universität von Arizona in Tucson.

Bibliographie
Mama. Roman. (1987; Rogner & Bernhard, 1993).
Ab durch die Mitte. Roman. (1989; Rogner & Bernhard, 1993).
(Hg.) Breaking Ice. Anthologie (Rogner & Bernhard, 1994).
Endlich Ausatmen. Roman. (1992; Bertelsmann, 1993).

Mama

Mildred versteckte die Axt unter der Matratze der Eßzimmerliege. Dann vergewisserte sie sich, daß alle drei Fleischmesser scharf wie Rasierklingen waren. Sie hätte sich jederzeit innerhalb einer Viertelstunde eine Pistole beschaffen können, aber seit ihr Bruder vor ihren Augen erschossen worden war, weil er in einer Billardkneipe ein Bier geklaut hatte, fürchtete sie sich vor Pistolen. Außerdem wollte sie Crook gar nicht umbringen, sondern ihm bloß einen Denkzettel verpassen.

Sie haßte dieses vergammelte Haus. Haßte diese trostlose Stadt. Haßte es, daß es immer an allen Ecken und Enden fehlte. Am allermeisten haßte sie Crook. Und wenn die fünf Kinder nicht gewesen wären, hätte sie ihn längst sitzenlassen.

Sie setzte sich an den Küchentisch, schlug ihre dicken braunen Schenkel übereinander und stützte das Kinn auf. In dem Plastikaschenbecher neben ihrer kaltgewordenen Tasse Kaffee kokelte eine L&M vor sich hin. Mit ihren siebenundzwanzig Jahren war Mildred schon so kaputt wie ein alter Ackergaul und kam sich vor wie gerade zurück aus dem Krieg. Das ganze Gesicht tat ihr weh. Die Unterlippe war geschwollen, und das blieb sie wohl auch für den Rest ihres Lebens, so daß sie jedesmal, wenn sie Lippenstift trug, den linken Mundwinkel einziehen mußte, also praktisch immer. Das wurde bestimmt zu ihrem Markenzeichen: Sie riskierte eben gern eine dicke Lippe.

Ihr linker Fuß war ebenfalls geschwollen. Crook war ihr am Abend vorher mit dem Hinterreifen drübergefahren. Um fünf war sie aufgestanden und hatte den Fuß eine volle Stunde in Bittersalz gebadet, aber das hatte nicht viel genutzt.

Diese Schmerzen zusammen mit dem Durcheinander in ihrem Kopf plagten sie jetzt wie eine juckende Stelle, an die man nicht hinkommt; deshalb nahm sie kurzerhand die gelbe Beruhigungspille, die ihr Curly Mae letzte Woche gegeben hatte. Dann bandagierte sie den Fuß, packte ihn in einen Puschelhausschuh und zog sich noch einen Stuhl ran, um das Bein hochzulegen. Sie trank einen Schluck Kaffee.

Während sie darauf wartete, daß die Tablette wirkte, sah sie zum Küchenfenster hinaus auf die kahlen Bäume und zog gierig an ihrer Zigarette. Sie spielte mit den rotgefärbten Zöpfen, die aus dem Windelturban um ihren Kopf heraushingen, und tappte mit dem gesunden Fuß auf das eingerissene Linoleum; das tat sie immer, wenn sie überlegte.

Nein, es hätte gestern abend keinen Sinn gehabt, noch frecher zu werden und ihn bis aufs Blut zu reizen. Crook hatte sie vor dem *Shingle* so verprügelt, daß sie ein paar Minuten lang die Engel singen hörte.

Er war eher der eifersüchtige Typ.

Das wußte eigentlich jeder, aber Mildred hatte eben den Fehler begangen, zwei Minuten nett mit Percy Russell zu plaudern. Crook konnte Percy sowieso nicht ausstehen, weil das Gerücht kursierte, daß seine älteste Tochter Freda überhaupt nicht von ihm war und leicht von Percy hätte sein können. Beide Männer waren nämlich hellbraun und hatten weiches, welliges Haar, wie Freda auch. Und beide hatten hohe, ausgeprägte Wangenknochen, die sich inzwischen auch in Fredas Gesicht immer deutlicher abzeichneten.

Mildred scherte sich nicht um das Gerede; sie wußte genau, daß sich in einer so kleinen Stadt wie Point Haven die Leute eben die Mäuler zerrissen, weil sie nichts Besseres zu tun hatten. Crook warf ihr übrigens nie direkt vor, ihn betrogen zu haben; er hatte nämlich seit zwölf Jahren mit Unterbrechungen ein Verhältnis mit Ernestine Jackson. Das hatte schon angefangen, bevor man Mildred die Schwangerschaft mit Freda überhaupt ansah. Und bevor der Ehealltag richtig begonnen hatte. Dabei war er eigentlich kein Weiberheld, höchstens, wenn er mehr als eine halbe Flasche Schnaps getrunken hatte, was so ziemlich jeden Tag der Fall war.

Und während Crook sich herumtrieb, nagelte eben Percy im Winter Plasikplanen vor die Fenster, kaufte Mildred Umstandskleider, reparierte den tropfenden Hahn an der Wanne und zahlte den Klempner, der die eingefrorenen Wasserleitungen wieder flottmachte. Percy schaufelte auch im Schuppen die schweren Briketts in einen Eimer und schaffte sie ins Haus, wenn Crook in seinem Suff nicht mehr stehen konnte, und Percy wartete dann, bis das Feuer im Ofen prasselte. Percy kaufte Mildred Zigaretten, Aspirin und Vitamintabletten, Schmalz und Kartoffeln; er bezahlte ihr sogar die Stromrechnung, wenn Crook das Geld wieder einmal anderweitig ausgegeben hatte, sich aber auf Gedächtnisschwund berief.

Sie waren alle drei zusammen aufgewachsen; allerdings waren die beiden Männer sechs Jahr älter als Mildred. Percy hatte schon immer für sie geschwärmt, aber er war so schüchtern und stotterte so schlimm, daß sie nie die Geduld aufbrachte, ihn ausreden zu lassen. Folglich war er gezwungen, ihr seine Gefühle eher zu zeigen, als sie in Worte zu fassen, was für beide Teile wesentlich leichter zu ertragen war. Und obwohl Mildred ihn immer nett und anständig fand, regte seine tranige, lammfromme Art sie so sehr auf, daß sie seine Annäherungsversuche nie ernst genommen hatte. Bis auf ein Mal.

Gestern abend im *Shingle* war Crook einfach in ihre und Percys Unterhaltung geplatzt, hatte Mildred am Arm gepackt und sie unsanft zur silbernen Schwingtür hinausgestoßen. Draußen befahl er ihr, ins Auto zu steigen, schwang sich hinters Lenkrad und ließ den Motor aufheulen. Als sie sich nicht von der Stelle rührte, setzte er so abrupt zurück, daß der 59er Mercury ihr über den linken Fuß rollte. Sturzbetrunken und außer sich, daß seiner Wut etwas in die Quere gekommen war, war er aus dem Wagen gesprungen und hatte auf Mildred eingeprügelt, bis sie es doch für klüger hielt, einzusteigen.

Sie hatte ihre platinblonde Perücke zurechtgeschoben, die Gummibänder nachgezogen und sich die Haarnadeln gegen die Kopfhaut gerammt, bis das Ganze wieder fest saß. Die Perücke trug sie immer, wenn sie abends wegging. Dann kam sie sich nämlich vor, als wäre es tatsächlich etwas Großes, als wäre sie eine Frau von Welt, die von dem Mann ihrer Träume ausgeführt wird. Sie stieg hinten ein und verkroch sich tief in der Ecke der weichen, rosa gepolsterten Rückbank, möglichst außer Reichweite von Crook. Der klemmte sich wortlos hinters Steuer und knallte die Tür zu.

„Jetzt fahr mich nach Hause", hatte sie gesagt und dabei versucht, sich sowohl das Brüllen als auch das Heulen zu verbeißen, aber die Tränen spülten schon helle Streifen in ihr kakaobraunes Make-up. Sie verdrehte die Augen, bis sie ihr fast herausfielen, was er zum Glück nicht sah, sonst wäre er rechts rangefahren und hätte sie wieder vertrimmt. Sie hatte nur noch einen Gedanken gehabt: wie sie sich rächen könnte, wenn sie zu Hause waren.

Vom *Shingle* bis zu ihnen waren es nur fünf Minuten, erst die Vierundzwanzigste runter, dann links in die Manual bis zur Fünfundzwanzigsten. In Mildreds Kopf tickte es wie ein Uhrwerk. Wo genau hatte sie die gußeiserne Pfanne hingestellt? Unter den Boiler? Oder in den Backofen, noch mit Hühnerfett drin? Egal. Sie würde sie schon finden. Die Stirn an die nasse Scheibe gepreßt, starrte sie auf die Holzhäuser, die zum großen Teil Bekannten oder sogar Verwandten von ihr gehörten. Crook fuhr Schlangenlinien. Mildred wußte genau, daß er sich mit Orange Rock vollgetankt hatte, traute sich aber nichts zu sagen. Sie war vorher selbst angeheitert gewesen, doch die brennenden Nachwirkungen von Crooks Schlägen hatten sie schon wieder halbwegs nüchtern gemacht. Es kam aber sowieso kein Auto. So spät in der Nacht. In diesem verschlafenen Nest.

„Ich fahr dich schon nach Haus, verlaß dich drauf", sagte Crook, der sich nur mühsam auf den schlingernden weißen Strich in der Mitte der zweispurigen Straße konzentrieren konnte. „Hältst dich wohl für oberschlau, wie? Für verdammt schlau hältste dich." Er erwartete keine Antwort, und Mildred gab ihm auch keine.

„Daß du den Arsch versohlt kriegst, ist ja wohl klar. Das treib ich dir schon aus, daß du diesem Affen Percy schöne Augen machst, und was weiß ich, was sonst noch. Du gehörst mir, kapiert? Und ich kanns aufn Tod nicht haben, wenn sie dich anquatschen, wie wenn du keinen Mann hättest. Schon gar nicht vor meiner Nase, damit ich mir nächstens das Geklatsche in der ganzen Nachbarschaft anhören darf. Ist das klar?"

Er warf Mildred im Rückspiegel einen Blick zu; seine Augen waren so weit aufgerissen, als hätte er gerade in einen Kamerablitz gestarrt. Mildred funkelte ihn bloß an und fummelte weiter an ihrer Perücke herum. Die Tränen waren inzwischen völlig versiegt. Ihre Finger rochen nach Evening-in-Paris, vermutlich weil sie es sich überall hingesprüht hatte – zwischen die Beine, unter die Achseln, auf die Fußballen und unter die Perücke. Sie sagte kein Wort, bemühte sich nur, den schmerzenden Fuß zu ignorieren, und stöhnte entnervt.

Crook bog mit Karacho in die Einfahrt und stieg dann auf die Bremse, so daß der rechte Scheinwerfer nur knapp die große Eiche verfehlte.

Noch ehe sie richtig standen, war Mildred herausgesprungen, knallte die Tür zu und schrie: „Leck mich an meinem schwarzen Arsch!" Sie humpelte die Seitentreppe zur Veranda hinauf, drehte sich um und skandierte wie ein Cheerleader: „Ich hasse dich! Ich hasse dich! Ich hasse dich!"

Im Haus war alles dunkel, aber die Kinder schliefen bestimmt noch nicht, das wußte Mildred genau. Als der Wagen in die Einfahrt gebogen war, hatte Freda wahrscheinlich sofort den Fernseher ausgemacht und die anderen angezischt, sie sollten verduften. Money, Bootsey, Angel und Doll waren wie der Blitz in ihre beiden Zimmer gehuscht und unter die Bettdecke gehechtet, wo sie warteten, daß die Prügelei losging, die jetzt so sicher kam wie das Amen in der Kirche. Vor der hatten sie jedesmal Angst, wenn ihre Eltern aus der Bar kamen. Sie kniffen die Augen fest zu und stellten sich schlafend, falls Mildred oder Crook auf die Idee kommen sollten, nach ihnen zu sehen, was allerdings selten vorkam an solchen Abenden, an denen Crook nicht mehr wußte, daß er Kinder hatte, und Mildred vollauf damit beschäftigt war, sich ihrer Haut zu wehren.

Mildred machte im Wohnzimmer Licht und ging ins Bad. Ihr Fuß tat höllisch weh. Im Spiegel entdeckte sie, daß

der weiße Nerzkragen an ihrem blauen Samtmantel rot-
braun verschmiert war. Das Blut von ihrer Lippe hatte den
Pelz verklebt, so daß die Spitzen stachelig hochstanden wie
bei einem nassen Hundefell. Mildred spürte, wie ihr wieder die Wut hochkam. Reihenweise Häuser von Weißen
hatte sie geputzt, um sich den Mantel leisten zu können,
hatte bei Winkelmans fast ein Jahr lang daran abbezahlt,
und Blutflecken gingen doch so schwer raus.

Ein Blick nach unten zeigte ihr, daß auch die Stepp-
nähte an den Taschen und die weiß eingefaßten Knopflö-
cher Blutflecken hatten. Der Evening-in-Paris-Duft breite-
te sich im Bad aus und wurde zum Gestank. Sie hätte kotzen
können. Statt dessen ging sie in die Küche, packte die voll-
gestellte Abtropfe und schmiß sie mit ganzer Wucht in die
Spüle. Teller, Gläser, Tassen, Untertassen und Cornflakes-
Schüsseln krachten ins Becken – was zerbrechlich war, zer-
brach. Ein paar Sachen landeten auf dem Boden. Zähne-
knirschend ballte Mildred die Faust und hieb auf den Scher-
benhaufen ein. Die Hand fing an zu bluten, aber das merkte sie vor lauter Wut gar nicht.

Sie wollte sich gerade auf die Suche nach der Pfanne
machen, als sie Crook durch die Seitentür hereinwanken
hörte. „Aaach, Mann! Du nervst mich so irrsinnig. Ein
Wunder, daß ich noch nicht in der Klapse bin. Mußt aus
jeder Mücke einen Elefanten machen und bildest dir weiß
Gott was für einen Scheiß ein. Du bist so blöd, daß es
qualmt. Immer wieder sag ich mir, Mildred, laß diesen
schlappen Jammerlappen sitzen. Mildred, sag ich mir, du
weißt doch, daß er nix taugt. Ein Lahmarsch isser, ne Flasche. Aber wie sollt ich ihn sitzenlassen, mit meinen fünf
Kindern, die gefüttert und anständig angezogen sein wollen?" Ihre Zähne waren wie Kreide; vor lauter Knirschen
rutschte sie ab und biß sich auf die Zunge.

„Herr im Himmel, sei mir gnädig", betete sie. „Wenn
mir doch einer ne Extraportion Kraft geben würde, dann
wär ich so schnell hier weg, daß du nicht mehr wüßtest,
wo hinten und vorn ist, verdammt." Mildred war kein re-
ligiöser Mensch, sorgte aber dafür, daß ihre Kinder jeden
Sonntag morgen in die Shiloh Baptist Church gingen, ob-

wohl sie selber sich dort nur zu Ostern, am Muttertag und an Weihnachten blicken ließ. Sie schüttelte heftig den Kopf und ließ die Augen kullern wie Murmeln.

„Red du ruhig weiter" sagte Crook, während er sich vergeblich mühte, die Schuhe abzustreifen.

Mildred kochte wie heiße Lava. Schweißperlen rannen ihr die Schläfen hinunter, und ihre Wangenmuskeln spannten sich.

„Wenn ich mit nem Typen flirten will, dann bin ich doch nicht so doof und tu das vor deiner Nase, du Arsch." Sie stemmte die Arme in die Seiten und machte ein paar drohende Schritte auf Crook zu. Wo sie den Mut her hatte, wußte sie nicht – von Gott jedenfalls nicht, denn der hatte noch nie durchblicken lassen, daß man sich aus brenzligen Situationen am besten durch hirnrissiges Verhalten rettete. „Aber weißt du was? Ich würd echt gern mal mit Percy vögeln, nachdem ihr ja alle sowieso behauptet, daß ich es schon jahrelang tu. Und wem hab ich angeblich noch schöne Augen gemacht? Ach ja, Porky und Joe Porter und Swift. Die würd ich am liebsten alle ficken, alle auf einmal!"

„Halt bloß die Luft an, Mildred. Jetzt bist du fällig, das ist dir hoffentlich klar. Den Arsch kriegst du gleich versohlt." Crook war seine Schuhe endlich losgeworden; überall lagen nasse rotgoldene Blätter herum, die an seinen Sohlen geklebt hatten. Er rutschte aus und fiel rückwärts gegen den Geschirrschrank, so daß aller möglicher Krimskrams über den Boden kullerte, und dann stakste er durch die gläsernen Trauben, Wunschbrunnen und Miniaturkätzchen wie durch heißen Sand am Strand.

Inzwischen war Mildred alles egal. Sie war jetzt sowieso dran, ob sie den Mund hielt oder nicht. Er würde ihr die Faust gegen den Kopf donnern, den Handrücken durchs Gesicht ziehen oder sie an die Wand knallen, daß ihr Hören und Sehen verging. Irgendwas fiel ihm immer ein, solang es nur weh tat.

Crook torkelte ins Schlafzimmer, holte seinen breiten braunen Ledergürtel, mit dem Mildred gelegentlich die Kinder verdrosch, und baute sich im Eßzimmer auf. Mit gestrafften Schultern, um möglichst schüchtern zu wirken,

winkte er Mildred mit dem Zeigefinger zu sich. „Wo du ja
so verdammt schlau bist, wollen wir mal sehen, ob dein
Arsch genauso zäh ist wie dein Mundwerk. Jetzt schwing
dich schon hier rüber. Hast längst mal wieder ne Tracht
Prügel verdient."

Mildreds Mut verflog.

„Nicht, Crook, bitte nicht. Es tut mir leid. War doch
nicht so gemeint, ich hab bloß vor mich hingelallt mit meinem besoffenen Schädel." Mildred wich vor ihm zurück,
aber bald hatte er sie in eine Ecke gedrängt, und sie saß in
der Falle. Um Hilfe schreien konnte sie nicht. Es war keiner da, und die Kinder wollte sie nicht noch mehr ver-
schrecken, die klebten wahrscheinlich sowieso bibbernd wie
kleine Vögel an den Zimmertüren. Mildred konnte nur
hoffen, daß es bei dem Gürtel blieb und er sie diesmal nicht
einfach umbrachte. Besoffenen tat es immer erst hinterher
leid. „Bitte nicht schlagen, Crook", bettelte sie. „Ich sag
kein Wort mehr, ich versprech dirs. Bitte." Mildred lag das
Betteln nicht. Sie hatte noch nie um irgendwas gebettelt,
und es kam ihr auch jetzt komisch vor. Irgendwie falsch.

„Jetzt schwing dich schon rüber. Dein Geplärre zieht
bei mir nicht", sagte er und packte sie an den Handgelen-
ken. „Du hältst dich wohl für Miss Superschlau, was?"
Crooks Gesicht war zur Fratze verzerrt. Er sah aus, als wäre
ihm jeder Tropfen Alkohol in den Kopf gestiegen. Er riß
ihr die Perücke vom Kopf und warf sie auf den Boden. Er
zwang sie, den Mantel danebenzuwerfen, dann ihr creme-
farbenes Strickkleid und zum Schluß den Hüftgürtel. Als
sie nur noch Büstenhalter und Höschen anhatte, schubste
er sie ins Schlafzimmer, wo sie sich auf dem Bett in eine
Ecke verkroch. Crook trat mit dem Fuß die Tür zu, die
Kinder öffneten ihre Türen einen Spalt. Als nächstes hörten sie die Schreie ihrer Mutter, das Gebrüll ihres Vaters
und das Klatschen des Gürtels.

„Ich sags ja, du hältst dich für Miss Superschlau."
Klatsch. „Du wirst mir langsam zu übermütig." Klatsch.

„Nicht, Crook." Klatsch.

„Noch nie was von Respekt gehört?" Klatsch. „Na warte, Kleine. Ich bin ein Mann und kein Spielzeug." Klatsch.

„Kapiert?" Klatsch. „Ich laß mich doch hier nicht zum Affen machen." Klatsch.

Er warf den Gürtel hin und brach neben Mildred auf dem Bett zusammen. Aus ihrem verzweifelten Geschrei war ein klägliches Gewimmer geworden. Die Kinder erinnerte es an das Gewinsel von Prince, ihrem Schäferhund, der letztes Jahr auf der Vierundzwanzigsten Straße angefahren worden war.

Mildred rutschte möglichst weit an die Bettkante und kauerte sich zusammen. Sie hoffte, daß er gleich einschlafen würde, aber er beugte sich vor und machte den Fernseher an. Sie kroch am Fußende aus dem Bett und zog sich einen Unterrock über.

„Wo willst du hin?" fragte er.

„Aufs Klo", sagte sie und machte die Tür hinter sich zu. Dann ging sie in die Küche, tappte vorsichtig um die Scherben herum, riß die schwarze Pfanne aus dem Backofen und goß mit Schwung das Fett in den Ausguß. Crook, der sie rumoren gehört hatte, kam nachsehen. Ehe er wußte, wie ihm geschah, hatte Mildred die Pfanne hochgehoben und ihm mit voller Wucht gegen die Stirn gedonnert. Das Blut rann ihm ins Auge; er packte Mildred und schubste sie grob wieder ins Schlafzimmer zurück. Noch eine halbe Ewigkeit hörten die Kinder ein dumpfes Gerumpel hinter der Wand, dann war alles still.

Freda ließ die Mädchen auf dem unteren Stockbett unter einer dünnen Flanelldecke zusammenrücken. „Pscht, seid bloß still, sonst sind wir auch gleich dran", flüsterte sie aufgeregt. Sie versuchte erfolglos, Angel und Doll, die beiden Jüngsten, zu trösten, indem sie ihre dünnen Arme um sie schlang: Die beiden wollten nicht aufhören zu heulen. Freda fand, daß sie als Älteste eben die Erwachsene spielen mußte, aber nach einer Weile konnte sie sich die Tränen auch nicht mehr verbeißen. Worum es bei dem Streit ging, kapierten die Kinder nicht, doch als sie dann die Matratze quietschen hörten, wußten sie gleich, was los war.

Jetzt kam auch Money zu Freda ins Zimmer gerannt. Schniefend saßen die Geschwister auf der eisernen Bettkante, wo die Matratze nicht mehr hinreichte, und horchten und warteten geduldig. In fünf oder zehn Minuten hörte man hoffentlich nur noch Crooks Geschnarche, und dann konnten sie endlich schlafen gehen. Doch kaum hatten sie sich vom Rhythmus der Stille einlullen lassen – vom Summen des Kühlschranks, den Autos auf der Vierundzwanzigsten Straße, dem lauten Gähnen von Prince auf der Küchenveranda –, drang das Gestöhne ihrer Eltern wieder durch die Wand und verpestete die friedliche Atmosphäre.

Als Money es nicht mehr aushielt, schlich er wieder in sein Zimmer zurück. Er drehte seine Matratze um, weil Streitereien ihm immer auf die Blase schlugen, sagte besonders inständig seine Gebete auf, und dann schwor er sich, seine Frau später auf keinen Fall zu schlagen, egal, was sie machte. Eher würde er ausziehen.

Die Mädchen schlüpften in ihre Stockbetten, wo sie ganz steif und still dalagen, ohne sich auch nur zu kratzen oder zu zucken. Sie versuchten, sich in irgendeinen Traum fortzustehlen, doch das Geknarze wurde immer lauter, dann immer schneller.

„Wieso bringen sie sich erst beinah um, und dann treiben sies miteinander?" fragte Bootsey.

„Mama hat gar keine Lust", erklärte Freda. „Sie machts bloß, damit Daddy sie nicht mehr verprügelt."

„Klingt aber, wie wenn sies gern machen würde. Dauert ja schon Ewigkeiten", sagte Bootsey. Angel und Doll verstanden nicht, worum es ging. „Jetzt wird geschlafen", sagte Freda. Und dann verstummten die Geräusche ziemlich bald, und den Mädchen fielen die Augen zu.

Aus dem Englischen von Christiane Buchner.
Aus: Terry McMillan, *Mama*.
© Rogner & Bernhard Verlag, Hamburg 1993.

Tsitsi Himunyanga-Phiri

Tsitsi Himunyanga-Phiri (Simbabwe) arbeitet als Rechts-
anwältin und Entwicklungsplanerin in Harare, der Hauptstadt ihres Heimatlandes. Vor allem für die Rechte von
Frauen tritt sie ein, für Gleichberechtigung im persönlichen
Bereich wie auch bei der wirtschaftlichen Entwicklung.
Tsitsi Himunyanga-Phiri führt in *The Legacy*, ihrem bisher einzigen Roman, ins ländliche Simbabwe und zeigt die
Probleme, die aus überlieferten Bräuchen entstehen können – hier geht es um das traditionelle Erbschaftsrecht, das
Witwen kraß benachteiligt. Ein scheinbar dröges Thema,
das sie spannend zu erzählen weiß.

Bibliographie
The Legacy. Roman. (Zimbabwe Publishing House, 1992).

Das Erbe

Ich saß im vollbesetzten Gerichtssaal und wartete darauf, daß mein Fall aufgerufen wurde. Wie viele Leute sich wohl an diesem Tag so fühlten wie ich mich fühlte – verloren, deprimiert und sehr einsam? Es war, als trüge ich das Gewicht der ganzen Welt auf meinen Schultern. Denn das Ergebnis meines Falles würde für das Leben vieler anderer Frauen Folgen haben. Ich war sozusagen das Versuchskaninchen. Ich selbst hatte keinen Einfluß auf das, was mit mir geschehen würde. Das lag alles in den Händen des Richters. Sein Urteil würde darüber bestimmen, wie meine Kinder und ich den Rest unseres Lebens verbrachten.

Ich blickte zu Richter Chanda, der mit ernster Miene auf der Richterbank saß. Er sah so vornehm aus in seiner roten Robe, mit dem weißen Kragen und der Perücke. Er sah nicht aus wie ein gewöhnlicher Mann, der sich mit gewöhnlichem Alltagskram beschäftigte. Konnte er sich überhaupt vorstellen, wie es war, in meiner Haut zu stecken? Wie es war, als Mutter von sechs Kindern und Großmutter von vier Enkelkindern; als Mutter, die ihren Mann vor weniger als einem Jahr verloren hatte und jetzt im Begriff war, auch noch ihr Zuhause und ihre Arbeit zu verlieren – alles zu verlieren, wofür ich während der letzten fünfzehn Jahre gearbeitet hatte? Reichte es nicht, daß ich meinen Mann verloren hatte?

Hatte der Richter sich vor Augen geführt, wieviel ich geleistet hatte, um meinen Kindern das Leben angenehm zu machen? Oder war er wie alle anderen, die denken, daß die Frau ewig abhängig bleiben muß, unfähig, wichtige Entscheidungen zu fällen, und nur mit Hilfe eines Mannes überleben kann?

Zog er in Erwägung, daß ich es war, sogar als mein Mann noch lebte, die sich um die täglichen Probleme gekümmert hatte, und nicht mein Mann? Daß ich es war, die entschied, wie sie am besten zu lösen waren?

Glaubte ich wirklich, daß der Richter zu meinen Gunsten entscheiden würde? Daß er das Recht vor die Normen und Konventionen der Gesellschaft an erste Stelle setzte? War ich allzu optimistisch oder war ich nur einfach naiv?

Vielleicht hätte ich die Verteilung des Erbes meines verstorbenen Mannes, wie sie der General-Administrator vorgenommen hatte, einfach hinnehmen sollen. Dann hätte ich nicht soviel Leid und Ungewißheit erdulden müssen. Vielleicht hätte ich mich zufrieden geben müssen mit einem Viertel der Rente meines Mannes; schließlich erhielten die Kinder ja die Hälfte. So erhielten wir sieben zusammen zumindest drei Viertel, während seine Eltern, meine *Ba mpongosi**, das letzte Viertel bekamen; sein Bruder, mein *mulamu**, kriegte das Haus und die umliegenden zehn Acre Land – dieses Land, das meine einzige Chance war, unseren Lebensunterhalt zu verdienen.

Ja! Sein Bruder, der weder Zeit noch Geld an das Stück Land verwendet hatte, der bis zum Tode meines Mannes überhaupt kein Interesse an dem Grundstück, an meinem Mann oder meinen Kindern gezeigt hatte. Dieser Bruder, der seinen Lohn für Frauen und Bier ausgab und immer wieder Geld von mir lieh. Geld, das ich mit dem Verkauf des Gemüses von dem Land verdient hatte, das der General-Administrator ihm wie auf einem silbernen Tablett überreicht hatte, ohne sich einen Deut darum zu kümmern, wovon meine Kinder und ich künftig leben würden. Mein *mulamu* machte uns klar, daß meine Kinder und ich auf ‚seinem' Grundstück nicht willkommen waren. Er sagte, die 300 Dollar Rente, die wir pro Monat erhalten würden, reichten aus, um ein Haus zu mieten und Essen zu kaufen. Großzügig sagte er, er würde uns ein kleines Haus in einem Township finden; schließlich brauchten wir jetzt nicht

* *Ba mpongosi*: respektvolle Anrede des Schwiegervaters
* *mulamu*: Schwager/Schwägerin

mehr viel Platz, da die Kinder, mit Ausnahme der beiden jüngsten, ja erwachsen und aus der Schule seien. Ich würde es sehr bequem haben, versicherte er mir, ich könne auch meinen Handel auf dem Markt weiterführen, wenn ich das wünsche, nur müsse ich jetzt das Gemüse eben bei ihm kaufen. Wenn mir diese Idee nicht zusage, könne ich ja ins Dorf zurückgehen und bei meinen *Ba mpongosi* leben. Sie wären sehr glücklich, mich bei sich zu haben. Ich könne ihnen im Alter Gesellschaft leisten und Ihnen bei der Hausarbeit zur Hand sein. Meine beiden jüngsten Kinder könnten während des Semesters bei ihrem Onkel wohnen und mich in den Ferien besuchen.

Was mein *mulamu* geflissentlich übersah, war, daß ich in den letzten fünfzehn Jahren täglich viele Stunden geschuftet hatte, früh aufgestanden und sehr spät zu Bett gegangen war – alles meiner Familie zuliebe. Ich hatte unser Grundstück von einem Stück Land mit einem Haus darauf in ein schönes Zuhause mit einem gepflegten Rasen und einem blühenden Garten verwandelt, in dem das ganze Jahr über Gemüse wuchs. Ich hatte dank dieses Gemüsegartens einen erfolgreichen Handel aufgebaut, dessen Erträge die Haushaltausgaben und das Schulgeld der Kinder deckten. Vom Lohn meines Mannes sahen wir nie etwas, weil der für die Grundstückzinsen benötigt wurde. Ich schauderte beim Gedanken an all die Mühen und den Schweiß, die umsonst gewesen waren, begraben, zusammen mit meinem Mann.

Ba Mudenda, Vater meiner Kinder, warum mußtest du sterben? Früher sagtest du stets, du seist der Herr des Hauses und würdest dich also um alles kümmern.

Warum kümmerst du dich jetzt um nichts?

Warum hast du dir nicht die Zeit genommen, ein Testament zu schreiben?

Ein einziger Satz hätte genügt, damit deine Kinder jetzt nicht leiden müßten und dort wohnen bleiben könnten, wo sie aufgewachsen sind. Du sagtest stets, ein Testament sei nur etwas für alte Leute, und mit fünfzig seist du immer noch jung und brauchest keines. Als müßte man ein bestimmtes Alter erreichen, bevor man sterben kann! Ja, du warst erst fünfzig an diesem verhängnisvollen Tag, an dem du uns verließest, um nie mehr zurückzukehren.

Als du dich an jenem Abend verabschiedet hast, dachte ich nicht daran, daß du nicht zurückkommen könntest. Ich sagte nur beiläufig auf Wiedersehen, da ich es schon seit langem aufgegeben hatte herauszufinden, wohin du gingst oder wann du zurückkehren würdest. Als die Polizei kam und mir mitteilte, du seist bei einem Autounfall ums Leben gekommen, da erfuhr ich nur, daß du an einem Geschäftsempfang teilgenommen hattest. Du warst tot, und ich hatte mich nicht gebührend von dir verabschiedet. Tot, ehe du die Zukunft deiner Kinder sicherstellen konntest. Vielleicht hätte ich vor Dir sterben müssen, dann hätte für die Kinder nie die Gefahr bestanden, ihr Heim zu verlieren.

Die ganze Situation ist so unglaublich ungerecht. Sollten wir alles verlieren, wofür wir so lange und so hart gearbeitet hatten, nur weil ich eine Frau war und die Gesellschaft bestimmt, daß ich nicht für mich selber sorgen kann. Es ist einfach nicht gerecht!

„Das Leben ist nicht immer gerecht, aber es geht hier nicht um Gerechtigkeit, sondern um soziale Normen, die schwerer wiegen als das Recht."

Als ich mir jene Worte in Erinnerung rief, bewegte sich mein Blick dahin, wo meine Anwältin, Miss Zulu, saß. Sie wirkte so gelassen in ihrem weißen Kragen und der schwarzen Robe, mit ihrem angesichts ihrer Jugendlichkeit erstaunlichen Mut und ihrer überzeugenden Art. Sie war die einzige, die bereit war, mit mir gegen den Entscheid des General-Administrators Einspruch zu erheben. Ich hatte mein Problem zwei anderen Anwälten vorgelegt, die kein Interesse zeigten, weil sie dachten, der General-Adminstrator sei vermutlich im Recht.

Der Unterhalt eines großen Hauses und eines Geschäfts würde für eine Frau allein zu belastend sein, sagten sie. Ich sei nicht fest angestellt und mit meinem Gemüseverkauf könne ich mir kein geregeltes Einkommen verschaffen, um die Grundstückszinsen zu bezahlen. Und daß, obwohl mein Handel die Familie während der letzten fünf Jahre mit einem regelmässigen Einkommen versorgt hatte. Aus den gleichen Gründen könne ich außerdem auch keine anderen Einnahmen garantieren, um die Hypothek abzubezahlen, da ich keine Darlehen aufnehmen könne.

Ich war nahe daran aufzugeben, als ich völlig zufällig Miss Zulu begegnete, und ich traf sie ausgerechnet im Büro des General-Administrators. Ich war zu ihm gegangen, um ihm meinen Entschluß mitzuteilen, daß ich keinen Einspruch erheben würde und daß er die Vermögensverteilung durchführen könne.

Ich saß im Vorzimmer und wartete auf den General-Administrator. Seine Bürotür stand leicht offen, und ich konnte eine junge Frau hören, die heftig mit ihm stritt; sie sagte ihm, daß ihre Klientin Anrecht habe auf das Eigentum ihres verstorbenen Ehemannes. Und daß es die Frau gewesen sei, die zu Lebzeiten ihres Mannes das Grundstück bebaut habe, und warum sollte sich all dies ändern, jetzt, wo er tot war. Beim Zuhören staunte ich, wie bekannt mir der Fall vorkam, und wieviel Empörung in der jungen Stimme lag, als ob sie ernsthaft an das glaubte, was sie sagte.

Das ist die Person, mit der ich meinen Fall besprechen muß, dachte ich aufgeregt. Als sie aus dem Raum kam, sprang ich auf und fragte, ob ich mit ihr reden könne. Falls sie überrascht war, so zeigte sie es nicht. Sie setzte sich nur ruhig auf einen Stuhl und forderte mich mit einem Wink auf, ebenfalls Platz zu nehmen. Sie stellte sich vor und fragte mich, worum es gehe. Ich begann ihr vom Tod meines Mannes zu erzählen und vom Entscheid des General-Administrators über die Vermögensverteilung. Ich brauchte nicht allzu viel zu erklären, sie unterbrach mich gleich und sagte, sie würde versuchen, mir zu helfen. Sie fragte nach meinem Namen und bat mich, sie am nächsten Morgen in ihrem Büro aufzusuchen.

Am nächsten Tag war ich angenehm überrascht, als ich sah, daß sie bereits im Besitz einer Kopie der Akte war, die der General-Administrator über mich angelegt hatte. Sie war der Ansicht, die Sache sollte weiterverfolgt werden, sogar wenn es bedeutete, bis vors Oberste Gericht zu gehen. Sie machte mir klar, daß der bevorstehende Kampf hart werden würde, da wir nicht nur die Entscheidung des General-Adminstrators anfochten. Wir fochten gegen unsere Kultur und ihre Erbteilungs- und Erbfolgegesetze.

Durch ihre entschlossene Haltung erreichten wir in den folgenden sechs Monaten eine gerichtliche Verfügung, die dem General-Administrator untersagte, das Vermögen zu verteilen, und die Anhörung vor Richter Chanda, bei der ich meine Ansprüche vortragen konnte. An diesem Morgen nun würde unser Kampf zu einem Ende kommen, denn Richter Chanda würde das Urteil verkünden.

Würde ich mein Heim und meine Arbeit behalten können, oder würde ich alles verlieren, wie ich meinen Mann verloren hatte? Nur der Richter wußte die Antwort.

Der Richter!

Ich lachte beinahe, als mir zu Bewußtsein kam, daß es wieder ein Mann war, der über meine Zukunft entscheiden würde. Mein ganzes Leben lang scheint immer ein Mann entschieden zu haben, was gut für mich war, und jedes Mal hatte ich es demütig akzeptiert. Doch dieses Mal nicht. Diesmal kämpfte ich für das, was mir und meinen Kindern gehörte. Ich hatte es verdient und würde nicht wie früher kampflos aufgeben.

Ich hatte das, was andere von mir verlangten, immer hingenommen, ohne mich zu beschweren, aber irgendwie kann ich nicht akzeptieren, mein Zuhause an jemanden zu verlieren, der es in keiner Weise verdient hat. Seit dem Tod meines Mannes mußte ich hinnehmen, daß seine Familie mich beleidigte und verhöhnte.

Die Beschimpfungen begannen gleich nach der Ankunft der Familie zur Beerdigung. Während der vier Tage vor der Beerdigung von Ba Mudenda saß ich mit den trauernden Frauen im leergeräumten Wohnzimmer. Ich durfte nicht aufblicken, wenn die Trauergäste eintraten, mußte den Kopf gesenkt halten. Zwischen Klagen und Weinen hörte ich manchmal, wie Frauen in Gruppen die Umstände von Ba Mudendas Tod diskutierten und mich beschuldigten, ich hätte seinen Tod geplant. Niemand beschuldigte mich offen, bis zum Tag der Beerdigung. Ich konnte nicht glauben, daß seine Verwandten an diesem Tag, dem traurigsten Tag meines Lebens, als wir den Mann begruben, mit dem ich dreißig Jahre verbracht hatte, mein Leid noch vergrößern wollten und mir verboten, um Ba Mudenda zu weinen; wie, fragten sie, könne ich um jemanden weinen, den ich getötet hatte.

Als wir nach der Beerdigung nach Hause zurückkehrten, gingen die Beleidigungen weiter; die Frauen sagten mir, welch eine schreckliche Verwandte ich für sie gewesen sei. Einige stießen und schlugen mich. Sie nahmen mir meine Kochgeräte weg, und die Männer nahmen die anderen Haushaltgegenstände an sich. Sie gingen sogar so weit, mir und meinen Kindern die Kleider wegzunehmen. Sie sagten, wir hätten früher damit angegeben. Sie ließen uns mit nichts als den Kleidern, die wir am Leibe hatten, zurück. Ich schaute sie durch meine Tränen hindurch an; das also waren die Leute, die ich jahrelang genährt und gekleidet hatte. Ich habe einige ihrer Kinder aufgezogen und zur Schule geschickt, als ob sie meine eigenen wären. Manchmal gingen meine Kinder beim Notwendigsten leer aus, nur damit ich ihren Kindern Schuluniformen kaufen konnte. Ich erinnere mich, daß ich meiner Stiefmutter oft *chitenge** gesandt habe, die ich mit meinem eigenen, hartverdienten Geld gekauft hatte. Sie müssen schon immer gedacht haben, daß Ba Mudendas Geld für alles aufkam. Wie unrecht sie hatten. Es war immer mein Geld gewesen. Während ich für die Familie meines Mannes sorgte, hatte ich meine eigene vernachlässigt. Jetzt war sie es, die ich um Hilfe bitten mußte, damit ich für mich und meine Kinder neue Kleider kaufen konnte.

Sogar mein *mulamu*, der jetzt gierig mein Haus an sich reißen wollte, hatte vergessen, daß er hier aufgewachsen war. Er war nur drei Monate nach unserer Heirat zu uns geschickt worden, und wir behandelten ihn wie unseren Erstgeborenen. Gemäß der Sitte war er mit dem einzigen Zweck zu uns geschickt worden, mich zu prüfen, zu schauen, ob ich ihn wie meinen eigenen Sohn behandeln würde. Wenn ich die Prüfung bestand, war ich in der Familie willkommen, und man würde mir weitere Kinder anvertrauen.

* *chitenge:* Wickeltuch

Damals war er in der zweiten Klasse, und wir übernahmen die Pflicht, ihn mit allen Kleidern, Schuluniformen, mit Büchern, Essen und Unterkunft zu versorgen. Er blieb während seiner ganzen Grundschulzeit bei uns. Als er die höhere Schule erreicht hatte, kamen wir für die Schul- und Internatsgebühren sowie für seine persönlichen Ausgaben und Uniformen auf. In den Schulferien wohnte er bei uns. Insgesamt sechs Kinder aus der Familie meines Mannes sind bei mir aufgewachsen.

Zusammen mit unseren sechs eigenen Kindern war das Haus immer voll, und die Haushaltausgaben stiegen schwindelerregend, vor allem wenn in den Schulferien alle zu Hause waren. Während der Schulzeit war es nicht allzu schlimm, da die älteren Kinder im Internat waren. Zu Beginn des Semesters aber, wenn wir die Schulgelder bezahlen, Uniformen und Bücher kaufen und den Kindern Taschengeld und Fahrgeld geben mußten, war es sehr hart. Bis zum Monatsende blieb nichts übrig.

Meine Kinder litten am meisten, weil ihre Bedürfnisse zuletzt erfüllt wurden. Wenn das Geld nicht für alle reichte, bezahlten wir die Ausgaben der anderen Kinder zuerst, und meine mußten warten, bis wir es uns leisten konnten. Manchmal wurden sie von der Schule gewiesen, weil ihre Schulgelder nicht bezahlt worden waren. Hätte ich das den anderen Kindern angetan, so hätte ich die Familie meines Mannes beleidigt. Ich konnte es mir aber nicht leisten, sie zu beleidigen, da ich es mir nicht leisten konnte, geschieden zu werden. Ich hätte nirgendwohin gehen können und wußte keinen Ort, wo ich meine Kinder hätte hinbringen können.

Ich nahm es hin, daß mein Schwiegervater nach dem Tode meines Mannes dessen Sparkontobuch verlangte. Ich gab es ihm, obgleich ich wußte, daß wir alle für dieses Geld Opfer gebracht hatten. Ich ließ es sogar geschehen, daß mein *mulamu* mich vom Geist meines verstorbenen Mannes reinigte. Reinigen!!! Ich denke, dies ist nicht der richtige Ausdruck für das, was mit mir geschah. Es kann nicht reinigend sein, wenn du gezwungen wirst, mit Deinem Schwager zu schlafen. Mit einem Schwager, für den ich gesorgt hatte, als sei er mein Sohn. Welch bösen Geist konnte mein

Mann zurückgelassen haben, den man nur mit einer solch erniedrigenden Handlung loswerden konnte? Diese schändliche Erniedrigung werde ich nie aus meinem Gedächtnis löschen können.

Meinen Kindern zuliebe nahm ich alles hin; ich hatte sie geboren, und sie verdienten ein besseres Leben als ich es gehabt hatte. Ich war unerbittlich darin, ihnen all die Unterstützung zu geben, die mir gefehlt hatte. Trotz unserer finanziellen Schwierigkeiten bestand ich immer darauf, daß sie zur Schule gingen – Mädchen wie Jungen gleichermaßen.

Ich wünschte, es wäre mir möglich gewesen, länger die Schule zu besuchen. Nur bis zur vierten Klasse durfte ich hingehen, dann sagte mein Vater, er könne mein Schulgeld nicht länger bezahlen, ich müsse aufhören. Ich weinte und bettelte, daß er mich weiter gehen lasse, aber er blieb bei seinem Entschluß. Er sagte, er habe einen Mann für mich gefunden. Einen Mann, der eine gute *lobola** für mich bezahlen würde. Er brauche die *lobola*, um das Schulgeld meiner zwei Brüder zu bezahlen, von denen einer älter und der andere jünger war als ich. Wenn ich mich weigere zu heiraten, wäre das ungerecht, sagte er mir, nicht nur gegenüber meinen Brüdern, sondern gegenüber der ganzen Familie. Meine Weigerung stehe dem Erfolg der Familie im Weg, denn wenn die Brüder die Schule abschließen könnten, würden sie für die ganze Familie sorgen. Vater und Mutter würden nie wieder leiden müssen, da sie zwei Söhne hätten, die arbeiteten und für sie sorgten.

Mein Vater war Bauer; er hatte drei Ehefrauen. Meine Mutter war seine erste Frau. Damals hatte er dreizehn Kinder: sieben von meiner Mutter, vier von seiner zweiten Frau und zwei von der letzten. Jede Frau hatte eine eigene Hütte, die sie mit ihren Kindern teilte. Mit der Pubertät zogen die Jungen in eine eigene Hütte. Vater hatte eine Hütte für sich. Die Frauen teilten sich das Kochen.

Ich war sechs Jahre alt, als Vater die zweite Frau heiratete. Ich war zu jung, um zu verstehen, was vor sich ging,

* *lobola:* Brautpreis

aber ich war nicht zu jung um zu merken, daß etwas nicht gut war, daß etwas meine Mutter sehr plagte. Etwas, das ihr ganzes Verhalten veränderte. Sie war immer heiter gewesen und hatte kaum je die Geduld verloren mit uns Kindern. Sie hatte immer Zeit gehabt, mit uns zu spielen; sie dachte sich Spiele aus, die während der Arbeit weitergingen, was besonders die Feldarbeit weniger ermüdend für uns machte. Als aber die jüngere Frau kam, wurde Mutter dumpf und in sich gekehrt, sprach kaum mit jemandem, auch nicht mit uns Kindern. Sie spielte nicht mehr mit uns und schnauzte uns wegen der kleinsten Fehler an. Nachts, wenn sie dachte, wir schliefen alle, hörte ich sie manchmal weinen.

Vater verbrachte die ganze Zeit mit seiner neuen Frau und sprach kaum mit meiner Mutter, außer wenn er sich beschwerte. Jetzt schien meine Mutter alles falsch zu machen. Sie kochte nicht gut genug. Sie war zu nachsichtig mit uns Kindern. Sein Badewasser war nicht warm genug und ihre Arbeit auf dem Feld zu schlampig. Dabei hatte sie dieselben Arbeiten seit elf Jahren verrichtet.

Meine Junior-Mutter, wie wir sie nennen mußten, übernahm die Haushaltspflichten erst sechs Monate nach ihrer Ankunft, als meine Mutter ihr viertes Kind bekam. Während Mutters Wochenbett lernten die beiden Frauen einander kennen. Sie holte Mutters Rat zur Haushaltsführung, während Mutter ihr ihrerseits die Aufgaben anvertraute, die sie üblicherweise erledigte. Durch diesen Austausch kamen sich die beiden näher und wurden Freundinnen. Als Mutter sich erholt hatte, begannen sie, sich die Arbeit zu teilen, und die eine übernahm, bei Abwesenheit, Krankheit oder Wochenbett der anderen, die ganze Verantwortung für den Haushalt.

Während der folgenden fünf Jahre lebten wir verhältnismäßig harmonisch. Dann aber wurde unser Leben erneut gestört, als mein Vater ankündigte, er werde noch eine weitere Frau heiraten: ein Mädchen, so jung, daß sie seine Tochter hätte sein können. Diesmal waren Mutter und Junior-Mutter beide verletzt und außer sich – Junior-Mutter mehr als Mutter, aber keine der Frauen beschwerte sich. Ich hörte, wie Mutter zu ihr sagte, sie solle sich nicht beschweren und Vater nicht zeigen, wie sehr sein Verhalten sie verletze. Er sei ein Mann, sagte sie, und es sei sein Recht, eine dritte Frau zu nehmen, wenn er sich mit den ersten zwei unzufrieden fühle. Er bleibe dennoch ihr Ehemann und würde für sie und ihre Kinder sorgen. Nach den ersten aufregenden Monaten mit seiner neuen Frau würde er zu ihnen zurückkehren, sagte sie. Und überhaupt, eine dritte Frau könne bei der Arbeit nützlich sein. Sie selbst werde alt und könne nicht mehr alle Arbeiten wie früher machen, meinte Mutter. Die junge Frau würde mithelfen.

Dieses Mal war ich alt genug, um zu verstehen, was vor sich ging, und ich war sehr bestürzt, daß mein Vater wieder geheiratet hatte. Seine neue Frau war nur fünf Jahre älter als ich. Ich wollte sie nicht ‚Mutter' nennen, aber ich mußte; sie war die Frau meines Vaters, und ich mußte ihr angemessenen Respekt zollen.

Was mich am meisten bestürzte, war die Tatsache, daß Vater schon Schwierigkeiten genug hatte, seine bisherigen Frauen und Kinder zu ernähren und zu kleiden. Bald würde die Neue eigene Kinder haben, und wir würden auch sie versorgen müssen.

Da ich das älteste Mädchen war, lasteten viele Verpflichtungen auf meinen Schultern. Ich mußte beim Kochen, Geschirrspülen und Kleiderwaschen mithelfen, mußte Hof und Hütten kehren und auf die jüngeren Kinder aufpassen. Mehr Kinder bedeuteten mehr Arbeit für mich. Ich hatte es satt, Kinder auf dem Rücken zu tragen, sie zu waschen und zu füttern, anstatt zu lernen.

Ich mochte die Schule wirklich und freute mich jeden Morgen darauf. In der Schule konnte ich ich selber sein, Moya, ohne familiäre Verpflichtungen. Ich konnte das Lernen genießen, und indem ich gute Leistungen erbrachte, konnte ich zeigen, daß ich etwas Besonderes war, und nicht einfach eines von Vaters zwölf Kindern. Ich war immer darauf bedacht, meine Hausaufgaben zu machen, auch wenn es bedeutete, spät nachts zu arbeiten, wenn alle anderen schlafen gegangen waren, oder früh morgens, bevor sie aufwachten. Es war nicht einfach, da ich immer müde war von der Arbeit zu Hause, und meine Hausaufgaben mußte ich im trüben Licht der Paraffinlampe machen. Außerdem mußte ich jeden Morgen drei Meilen zu Fuß zur Schule laufen und nachmittags die drei Meilen zurück. Aber es machte mir nichts aus, ich wollte gut sein in der Schule. Ich blieb auch, nachdem einige meiner Freundinnen ausgestiegen waren, weil ihnen beides, Hausarbeit und Schularbeit, zuviel wurde. Ich träumte davon, die Schule abzuschließen und eine Lehrerausbildung zu machen. Ich würde Grundschullehrerin werden, mein eigenes kleines Haus haben und ausreichend Geld, um für meine Mutter zu sorgen. Dann würde sie nicht mehr auf Vater angewiesen sein oder so hart arbeiten müssen.

Als Vater mir sagte, ich müsse die Schule verlassen, glaubte ich es nicht. Ich dachte, das sei nicht sein ernst. Ich werde diesen Tag, eine Woche nach meiner *nkolola**, nie vergessen.

Die *nkolola* war das Zeichen dafür, daß ich die Pubertät erreicht hatte. Ich wurde zu meiner Großmutter geschickt und dort einen Monat lang in eine kleine Hütte eingeschloßen. Die Frauen, die mit der Aufgabe meiner Einweihung ins Erwachsenenleben betraut worden waren, verwöhnten mich mit vielen kleinen Aufmerksamkeiten. Mir war nicht erlaubt, mit jemand anderem zu sprechen oder in Berührung zu kommen. Einen ganzen Monat lang brachten sie mir bei, wie sich eine junge Frau benimmt. Sie ermunterten mich, soviel wie möglich zu essen, um Gewicht anzusetzen. Ich sollte schön dick werden, damit eines Tages eine richtige Frau aus mir würde. Sie lehrten mich verschiedene Tänze und zeigten mir, wie eine Frau ihren Körper pflegt, damit ich für meinen Mann immer attraktiv bleiben würde.

Nach meiner Klausur gab es ein Fest. Alle Verwandten und Freundinnen nahmen teil. Zur Feier des Tages wurde eine Kuh geschlachtet und Bier gebraut. Alles aß, trank und tanzte. Die Frauen, die sich um mich gekümmert hatten, ölten meinen Körper, bis er glänzte, und kleideten mich in ein *chitenge*, das extra für diesen Tag gemacht

* *nkolola:* Initiationsfeier für junge Frauen

211

worden war. Meine Brüste blieben bis auf einige Perlenschnüre unbedeckt. Ich trug auch Perlen auf der Stirn, an den Armen, Hüften und Fußgelenken. Ich mußte vor die Leute treten und tanzen, wie man es mir beigebracht hatte.

Zuerst war ich ziemlich aufgeregt, da das Fest mir zu Ehren abgehalten wurde. Aber als ich zu tanzen begann, Taille und Hüften zum Rhythmus der Trommel wiegte, schämte ich mich über mich und meinen Körper. Die Art, wie die Zuschauer mich musterten, gab mir das Gefühl, ein Stück Fleisch zu sein, besonders als ich die Blicke der Männer sah. Sogar Vaters Freunde starrten mich an und zeigten ihre große Anerkennung, indem sie mir Geld zuwarfen. Ich tanzte mit gesenktem Kopf weiter und wünschte mir, es würde bald ein Ende nehmen.

Nach der Zeremonie, eine Woche bevor die Schule begann, verließ ich Großmutter und kehrte nach Hause zurück. Ich holte meine Schuluniform hervor, wusch sie und hängte sie zum Trocknen auf. Ich füllte eben das Bügeleisen mit *malasha**, als Mutter mir sagte, daß Vater mich sprechen wolle. In Mutters Begleitung ging ich zu seiner Hütte. Ich kniete vor ihm nieder, und er sagte mir, es sei nun an der Zeit für mich, die Schule zu beenden und zu heiraten. Seine Worte zerrissen mir das Herz. Ich blickte Mutter hilfesuchend an, aber sie sah nicht zu mir hin, starrte nur geradeaus.

Alles drehte sich in mir, ich konnte nicht fassen, was Vater sagte. Die Schule abbrechen und heiraten? Alle meine Träume aufgeben, um jemandes Ehefrau zu werden? Die Schule verlassen und mit der Plackerei fortfahren? Nein! Das durfte ich nicht geschehen lassen. Auch wenn Kinder ihren Eltern nicht widersprechen sollten, mußte ich ihm sagen, was ich empfand. Ich war von mir selbst überrascht, als ich zu sprechen begann.

„Nein!", sagte ich. „Nein, ich will nicht heiraten, ich will weiter zur Schule gehen und Lehrerin werden."

Vater lachte. Ein Mädchen, das Lehrer wird? Das war Sache meiner Brüder. Jetzt, da ich die Reife erreicht hatte,

---

* *malasha*: Holzkohle

mußte ich heiraten und meinen Brüdern die Mittel verschaffen, damit sie die Schule fortsetzen konnten.

Einige Männer hatten bei Vater vorgesprochen: Ich sollte ihm dankbar sein, daß er eine Auswahl getroffen hatte. Unter all den Bewerbern hatte er sich für einen jungen Mann entschieden, Saul Mudenda, einen Polizeiwachtmeister. Er war in der Polizeistation von Pemba stationiert, nur einige Meilen von unserem Dorf entfernt. Er hatte auch das richtige Alter, war also mindestens zehn Jahre älter als ich. Vater war überzeugt, daß er mich lenken könne. Ich wiederholte beharrlich, daß ich nicht heiraten wolle, aber das erzürnte meinen Vater und er wies mich aus seiner Hütte. Er erinnerte mich daran, daß er stets mein Schulgeld bezahlt hatte; ohne seine Unterstützung würde ich mit der Schule nicht fortfahren können. Dann wandte er sich an Mutter und befahl ihr, dafür zu sorgen, daß ich in die Heirat einwilligte.

In den folgenden Tagen sprach Mutter ständig davon, wie vorteilhaft meine Heirat für die Familie sein werde; die Stiefmütter unterstützten sie dabei. Sie betonten, daß sie alle etwa in meinem Alter geheiratet hatten, und ich würde ja sehen, wie glücklich sie jetzt seien.

„Schule! Schule! Was ist so wichtig an der Schule?" fragten sie.

Schule ist für uns eine fremdartige Idee, die von den weißen Kolonialisten eingeführt wurde, um junge Mädchen zum Faulsein zu ermutigen. Eine Frau mußte stark und tüchtig sein, im Haus wie auf dem Feld. Es war die Pflicht der Frau, zu Hause zu bleiben und für Mann und Kinder zu sorgen.

Lehrte mich die Schule kochen und putzen!?

Würde die Schule bei mir sein, wenn ich zum Heiraten zu alt war?

Würde die Schule mir das behagliche Leben verschaffen, das nur die eigenen Kinder einer Frau geben können?

Ich mußte jetzt verheiratet werden, bevor die Männer den Eindruck hatten, ich sei zu gebildet für sie!

Die drei Frauen gaben nicht auf. Ich hörte ihnen zu, ohne ein Wort zu sagen. Ich wollte nicht heiraten, doch was sonst?

Ich überlegte, ob ich aus Protest das Essen verweigern oder weglaufen sollte, aber im Innersten wußte ich, daß es sinnlos war. Ich mußte nachgeben. Ich hatte keine Möglichkeit, die Schule fortzusetzen, wenn Vater mein Schulgeld nicht bezahlte und mir keine Bücher und Uniformen kaufte. Ich konnte nirgendwohin fliehen. Ich wußte, Einheit und Harmonie innerhalb einer Familie mußten zu allen Zeiten aufrechterhalten werden. Keiner meiner Verwandten würde die familiären Beziehungen gefährden wollen, nur damit ich in der Schule bleiben konnte. Darüber hinaus wußte ich, daß jede Rebellion meinerseits Mutter in Gefahr bringen würde. Vater duldete keinen Widerstand und würde es immer an der Mutter des Kindes auslassen, würde ihr die Schuld zuschieben, weil sie ihr Kind nicht richtig erzogen hatte. Als wir eines Abends alleine waren – der Abend, an dem ich in die Heirat einwilligte –, sagte mir Mutter im Vertrauen, sie befürchte, daß Vater sie zu ihren Eltern zurückschicken würde, wenn ich mich weiter weigerte.

Ich verstand ohne weitere Erklärungen, daß dies das Ende ihrer Ehe wäre, und Mutters Selbstachtung wäre zerstört. In den Augen der Leute wäre sie als Geschiedene eine Versagerin, eine, die ihr Haus nicht zusammenhalten konnte.

Ich hatte keine Wahl. Ich konnte die Verantwortung für das Scheitern von Mutters Ehe und für den Mißerfolg meiner Brüder, die die Schule nicht fortsetzen konnten, nicht auf mich laden. Also teilte ich Mutter mit, ich würde Saul Mudenda heiraten. Mutter schaute mich an und sagte, ich hätte richtig entschieden. Tränen rollten uns über die Wangen, und wir umarmten uns. Wir hätten beide viel zu sagen gehabt, aber wir wußten nicht wie. Schweigend schauten wir zu, wie die Kerze langsam herunterbrannte.

Aus dem Englischen von Chudi Bürgi.
Aus: Tsitsi Himunyanga-Phiri, *The Legacy*.
© Zimbabwe Publishing House, Harare 1992.

Gcina Mhlope

Gcina Mhlope (Südafrika) wurde ungefähr 1960 in der Nähe von Durban geboren – genauer kann sie ihr Geburtsdatum nicht angeben, wie viele Südafrikaner ihrer Generation, die auf dem Lande groß wurden. Sie wuchs auf in der Transkei, eines der vielen „Bantustans", die von den weißen Herren des Apartheidregimes errichtet worden waren. Bereits mit 19 Jahren kam sie nach Johannesburg, wo sie als Nachrichtensprecherin und Journalistin arbeitete, bevor sie 1982 als Schauspielerin zum legendären *Market Theatre* kam. Von ihrer Großmutter hat sie wohl das Talent zum Geschichtenerzählen geerbt: Denn Gcina Mhlopes Texte müssen laut erzählt werden – dann kann sich kaum jemand dem Zauber ihrer Geschichten entziehen.

Bibliographie
Have You Seen Zandile? Theaterstück. (Skotaville, 1988).
The Snake with Seven Heads. Erzählungen. (Skotaville, 1991).
The Singing Dog. Erzählungen. (Skotaville, 1992).
Hi, Zoleka. Kinderbuch. (David Philip, 1992).
Queen of the Tortoises. Erzählungen. (Skotaville, 1993).
Kind der Liebe. [Arbeitstitel]. Geschichten und Lieder. (Peter Hammer, 1995).

Die Toilette

Manchmal würde ich am liebsten alles hinwerfen und einfach nur ein nettes, braves Mädchen sein, das auf die ältere Generation hört. Vielleicht hätte ich – wie meine Mutter das wollte – so etwas wie Lehrerin oder Krankenschwester werden sollen. Das waren Berufe, die etwas galten, aber ich wußte, daß ich etwas anderes wollte, obwohl ich mir nicht sicher war, was. Die Schauspielerei ging mir im Kopf herum … Meine Mutter meinte, sie hätte viel Geld für nichts ausgegeben, weil ich mit dem, was ich gelernt hätte, nichts anzufangen wüßte. Nach meinem Abschlußexamen bin ich in den Weihnachtsfeiertagen nach Johannesburg gefahren und dann dort geblieben. Ich hoffte, einen Job zu finden. Meine ältere Schwester arbeitet in Orange Grove als Hausangestellte, und ich schlief in ihrer Kammer. Außer den Freundinnen meiner Schwester, mit denen wir in die Kirche gingen, kannte ich keine Menschenseele in Johannesburg. Die Methodistenkirche an der Vierzehnten Avenue war der einzige Ort, den wir aufsuchten, wenn wir mal zusammen ausgingen. Ich fühlte mich verlassen und langweilte mich zu Tode.

Die Woche über war ich in der Kammer meiner Schwester eingesperrt, damit die Madam mich nicht zu Gesicht bekam. Die meiste Zeit hockte sie zu Hause herum, lackierte sich die Fingernägel, trank Tee mit ihren Freundinnen oder lag am Schwimmbecken und bräunte sich. Das Schwimmbecken war ganz nahe bei meinem Zimmer, ich durfte mich also nicht rühren. Meiner Schwester gefiel es natürlich auch nicht, mich einschließen zu müssen, aber sie hatte keine andere Wahl. Da ich nicht einmal das Radio laufen lassen konnte, brachte sie mir Bücher, alte Zeitschriften und Zeitungen von den Weißen. Ich las alles, was mir unter die Finger kam: *Fair Lady, Woman's Weekly*, alles. Meine Schwester meinte, ich würde zuviel lesen.

„Was für eine Frau wirst du mal abgeben, wenn du nicht einmal Babysachen nähen oder einen Pullover strikken kannst? Du wirst wohl einen heiraten, der genausoviel liest wie du und dem es nichts ausmacht, mit einem Buch und einem leeren Magen ins Bett zu gehen."

Abends, wenn sie mit ihrer Arbeit fertig war, spielten wir Karten und hörten Radio; unsere Lieblingssongs sangen wir leise mit.

Dann kriegte ich diesen Aushilfsjob in einer Textilfabrik in der Stadt. Ich freute mich darauf, neue Leute kennenzulernen und endlich mal aus der Kammer herauszukommen. Die Fabrik stellte Kleider für Damenboutiquen her.

Die Halle stand voller Maschinen. Die Leute nähten oder bügelten mit großen schweren Bügeleisen, aus denen eine Menge Dampf herausquoll. Ich mußte die losen Fäden abschneiden, die von den fertigen Jacken oder Kleidern herunterhingen. Wenn eine bestimmte Sorte von Kleidungsstücken fertig war, kamen sie zu mir, und ich mußte sie zählen und aufschreiben, wie viele es waren und dann die losen Fäden abschneiden. Ich fand es faszinierend, daß eine Person die Ärmel zuschnitt, eine andere die Krägen und so weiter, bis schließlich die letzte in der Reihe alle Einzelteile zusammennähte und die Knöpfe und was sonst noch fehlte, anbrachte.

In der Fabrik sprachen die meisten Sotho, aber sie waren nett zu mir – sie versuchten, sich auf Zulu oder Xhosa mit mir zu verständigen, und sie gaben mir alle möglichen guten Ratschläge. Da war zum Beispiel Gwendolene – sie hielt mich für ziemlich beschränkt –, sie nannte mich 'bari', weil ich über Mittag immer im Umkleideraum hockte und las, statt nach draußen zu gehen, um die jungen Burschen kennenzulernen. Sie meinte, ich könnte viel Geld sparen, wenn ich mir einen lunch-boy zulegen würde – einen, der mir das Mittagessen bezahlte. Sie meinte, es wäre gescheiter, nicht mit ihm zu schlafen, dann könnte ich ihn jederzeit wieder abservieren. Ich fand das nicht so toll – ich

217

dachte mir, besser eine 'bari', als von einem Burschen, der sich betrogen fühlte, zusammengeschlagen zu werden.

Um halb fünf war Schluß; ich ging dann gewöhnlich in einen Park in dem Viertel, in dem meine Schwester arbeitete. Dort wartete ich, bis es halb sieben war, dann konnte ich mich wieder in das Haus zurückschleichen, ohne von der weißen Familie gesehen zu werden. Morgens mußte ich schon um halb sechs aus dem Haus gehen. Ich mußte mir also irgendwie die Zeit vertreiben – zwei Stunden ungefähr, bis ich den Halb-Acht-Uhr-Bus zur Arbeit nehmen konnte. Gewöhnlich ging ich in eine öffentliche Toilette im Park. Aus irgendeinem Grund war sie nie abgeschlossen, ich konnte also immer hinein, konnte mich auf den Klodeckel setzen und eine Zeitschrift lesen, bis der Bus schließlich kam.

Als ich zum ersten Mal die Toilette aufsuchte, war ich auf dem Weg zur Bushaltestelle. Gewöhnlich ging ich schnurstracks zu der vor dem OK Bazar, weil dort alles hell erleuchtet war und ich etwas sehen konnte. Da wartete ich dann, las meine Zeitschrift oder starrte einfach auf den immer dichter werdenden Verkehrsstrom in die Stadt. An jenem Tag fing es plötzlich an zu gießen, und ich dachte, ich könnte mich in der Toilette unterstellen und dort warten, bis der Regen aufhörte. Ich klopfte zuerst, um sicher zu gehen, daß niemand drinnen war. Als ich keine Antwort bekam, stieß ich die Tür auf und ging hinein. Es roch ein bißchen – ein trockener Geruch, als ob die Toilette nur selten benutzt würde. Im Vergleich zu anderen Toiletten „Für Nichteuropäer", die ich kannte, war sie jedoch ziemlich sauber. Die Wände waren cremefarben, der Fußboden war rot.

Es sah so aus, als wäre die Farbe in den letzten Jahren nicht erneuert worden. Ich stand in dem Raum und schaute mich um, während der Regen auf das Blechdach prasselte. Ein sehr beruhigendes Geräusch – ich hatte es geschafft, ich war im Trockenen – nur ein paar dicke Tropfen hatten mich erwischt. Die Plastiktüte, die mein Buch, mein Portemonnaie und ein ordentlich gefaltetes rosa Taschentuch enthielt, war etwas feucht geworden, aber nur weil ich sie mir über den Kopf gehalten hatte, als ich auf die Toilette zurannte. Ich setzte mich und zog mein Kleid etwas herunter, damit es keine Falten bekam. Der geschlossene Deckel der Toilette sollte mir noch an vielen Vormittagen als Sitzgelegenheit dienen.

Ich konnte wirklich von Glück sagen, daß ich diese Toilette entdeckt hatte, denn im Winter wurde es sehr kalt. Es war da drinnen zwar nicht wärmer, aber ich brauchte nur die Tür zu schließen, und der Wind war weg. Die Toilette war außerdem sehr klein – die Wände waren so wunderbar nahe – als ob sie für mich gebaut worden wäre. Ich fühlte mich wirklich ungestört, und ich dachte über einiges nach, während ich auf diesem Klodeckel saß. Häufig träumte ich aber auch nur mit offenen Augen – ich stellte mir einen riesengroßen Saal vor, in dem ich zusammen mit ein paar anderen ein Stück aufführte, das ein Riesenerfolg geworden war. Auf der Schule nahmen wir einfach Bücher wie *Buzani DuBawo* oder *Ein Mann für jede Gelegenheit* und machten Theaterstücke daraus, die wir am Wochenende an anderen Schulen aufführten. Ich fand das wunderbar. Als ich noch jünger war, hatte ich mir kleine Episoden aus der Bibel ausgesucht, und an religiösen Feiertagen wie Karfreitag führten wir sie dann auf; wir sangen und tanzten und waren sehr glücklich dabei. Ich saß auf meinem Klodeckel und träumte vor mich hin ...

Die Bücher langweilten mich mit der Zeit – die Liebesgeschichten klangen alle gleich, und außerdem interessierte mich das alles nicht mehr. Ich fragte mich, warum ich seit der Schule nichts mehr geschrieben hatte. Zumindest hatte ich damals noch ein paar Gedichte oder Kurzgeschichten verfaßt, die dann in der Schulzeitung, bei irgendwelchen Wettbewerben oder in Zeitschriften wie *Bona* und *Inkqubela* abgedruckt worden waren. Unser Englischlehrer hatte mir immer sehr viel Mut gemacht; ich dachte an den Tag, an dem ich ihm mein erstes Gedicht gezeigt hatte – ich war so aufgeregt, daß ich vom Unterricht überhaupt nichts mitbekam. Ans Veröffentlichen hatte ich damals überhaupt nicht gedacht, und ich hatte mir auch keine Gedanken gemacht, ob meine Geschichten gut waren. Es machte mir einfach Spaß zu schreiben. An einem Freitag, nachdem die Toilette schon eine Art Zuhause für mich geworden war, kaufte ich mir also ein Notizheft, das ich zu füllen hoffte. Ich machte jedoch lange Zeit keinen Gebrauch davon, bis dann eines Abends ...

Meine Schwester war wie üblich an ihrem freien Donnerstagnachmittag weggegangen und hatte sich zu lange aufgehalten. Ich hatte nach der Arbeit im Park gewartet, bis der Zeitpunkt günstig war, um in den Hof zurückzugehen. Die weiße Familie aß um halb sieben zu Abend, und um diese Zeit konnte ich mich dann, ohne von ihnen gesehen zu werden und ohne jemand zu stören, ins Haus zurückschleichen. Mein Kommen und Gehen mußte heimlich erfolgen, weil sie immer noch nichts von meiner Existenz wußten.

Dann bemerkte ich jedoch, daß meine Schwester noch gar nicht zu Hause war. Ich getraute mich nicht, wieder hinauszugehen; ich hatte Angst, es könnte etwas passieren. Deshalb beschloß ich, mich vor die Tür zu setzen, wo mich niemand entdecken würde, wie ich glaubte. Ich las eine Nummer des Drum-Magazins und hoffte, sie würde bald zurückkommen – bevor die Hunde mich gerochen hätten. Zum ersten Mal sagte ich mir, daß ich mir ja schon längst einen zweiten Schlüssel hätte besorgen können. Immer wieder hörte ich Geräusche, die so klangen, als würde das Tor geöffnet. Und ein paarmal glaubte ich, ihre Schritte auf den Betonstufen zu hören, die zu den Dienstbotenräumen führten, aber es war jedesmal etwas anderes oder jemand anderes.

Ich versuchte gerade, mich wieder in meine Lektüre zu vertiefen, als ich die beiden Hunde hörte; sie jagten einander und kamen meiner Tür immer näher. Dann standen sie vor mir und schienen genauso überrascht wie ich. Einen Augenblick lang starrten wir uns nur an, dann fingen sie an zu kläffen. Ich war überzeugt, daß sie mich in Stücke reißen würden, wenn ich auch nur einen Finger rührte. Also blieb ich regungslos sitzen und versuchte, sie nicht anzuschauen, während das Herz mir bis an den Hals schlug und mein Mund so trocken wurde wie Papier.

Das Gebell wurde noch lauter, als die Hunde von nebenan mit einstimmten; sie hatten ein paar Lücken in der Hecke gefunden, durch die sie mich anstarrten. Dann übertönte jedoch Madams schrille Stimme das Gebell der Hunde.

„Ireeene!" Das ist der englische Name meiner Schwester, den wir aber nie benutzten. Ich konnte weder darauf antworten, noch irgendeine Bewegung machen, denn die Hunde standen dicht vor mir und fletschten die Zähne. Als niemand antwortete, kam sie hoch, um nachzuschauen, was los war.

„Oh, du bist das? Hallo!" Auf ihrem ewigen Kaugummi herumkauend lächelte sie mir zu und dachte gar nicht daran, die Hunde wegzuschicken. Sie hatten aufgehört zu bellen, sich aber nicht vom Fleck gerührt und knurrten mich an, während sie auf ihren Befehl warteten.

„Bitte, Madam, sie gehen gleich auf mich los", flehte ich, ohne die Hunde aus den Augen zu lassen.

„Nein, sie gehen nicht auf dich los." Dann sagte sie beschwichtigend zu ihnen: „Also fort mit euch, na, geht schon." Und sie verzogen sich. Sie war wie eine Puppe; ihre Haare waren beinahe orangefarben und standen in lauter Löckchen um ihr geschminktes Gesicht. Ihre Wimpern klimperten wie die einer Puppe. Die schmalen Lippen leuchteten signalrot, und sie trug sehr hochhackige Schuhe. Sie lächelte immer noch; ich fragte mich, ob es nach einer Weile nicht wehtun müsse. Wenn ihre Freundinnen zum Schwimmen kamen, konnte ich sie endlos über eine Sache lachen hören.

Sie machte mir Angst – ich konnte nicht verstehen, wie sie mich so anlächeln konnte und mich gleichzeitig aus dem Haus haben wollte.

„Wann bist du denn hereingekommen? Wir haben dich überhaupt nicht gesehen."

„Ich bin schon eine Weile hier – meine Schwester ist nicht da. Ich muß mit ihr reden."

„Oh – sie ist nicht da?" Aus irgendwelchen unerklärlichen Gründen fing sie an zu lachen. „Ich kann ihr was ausrichten – du kannst wieder nach Hause gehen – ich sag ihr, daß du sie sehen willst."

Als ich wieder vor dem Tor stand, wußte ich nicht, was ich tun oder wohin ich gehen sollte. Ich schlenderte also einfach die Straße entlang. Die Straßenlampen waren so hell! Wie große Augen, die mich anstarrten. Ich fragte mich, was die Leute wohl dachten, wenn sie mich um diese Zeit auf der Straße sahen. Aber eigentlich war es mir egal, denn ich konnte doch nichts daran ändern. Mir ging durch den Kopf, daß an einem Tag wie diesem einfach alles schiefgehen mußte; meine Schwester und ich standen nämlich auf Kriegsfuß miteinander. Am Morgen, als der Wecker losging, war ich nicht sofort aus dem Bett gesprungen, um ihn abzustellen, und meine Schwester hatte einen Wutanfall gekriegt. Sie beschwerte sich, daß ich jedesmal den Wecker zu lange klingeln ließe, als wäre er für sie und nicht für mich gestellt. Und als ich dann hinausging, um mich zu waschen, hatte ich die Tür eine Sekunde zu lange aufgelassen, und das reichte schon, um mir eine weitere Standpauke einzuhandeln.

Jeden Morgen mußte ich sofort aus dem Bett springen, mein Bettzeug zusammenrollen und unter das Bett stopfen, in dem meine Schwester schlief. Das Licht durfte ich dabei nicht anknipsen, obwohl es draußen noch stockdunkel war. Ich zündete also eine Kerze an und ging mit der Seife und der Zahnbürste in der Hand auf Zehenspitzen aus dem Zimmer. Meine Kleider hingen an der Tür auf einem Bügel. Ich nahm ihn und schloß die Tür so leise wie möglich. Alles mußte am Abend vorher gerichtet werden. Vor der Tür stand eine Waschschüssel mit kaltem Wasser, denn das Geräusch fließenden Wassers und das Quietschen der Hähne konnten die weiße Familie aufwecken, und sie würden sich fragen, wieso meine Schwester um diese Zeit schon wach war. Ich erledigte alles, was zu meiner Toilette gehörte, und um halb sechs stand ich mit den Schuhen in der Hand vor der Tür – die zog ich erst an, wenn ich das Tor hinter mir geschlossen hatte. Das verdammte Tor machte auch so viel Lärm. Wie oft habe ich mir schon gewünscht, einfach mit einem Satz darüberzuspringen und mich um nichts mehr kümmern zu müssen.

Während ich mir diese Dinge durch den Kopf gehen ließ, vergaß ich die beißende Kälte und meine triefende Nase ein wenig, bis ich schließlich meine Schwester auf mich zukommen sah.

„Mholo, was treibst du dich denn auf der Straße herum?" begrüßte sie mich. Ich erzählte ihr, was vorgefallen war.

„O Jehova! Manchmal bist du einfach zu blöd! Was hattest du überhaupt im Haus verloren? Du weißt genau, daß du auf mich hättest warten sollen, dann wären wir zusammen reingegangen, und ich hätte behaupten können, du wärst auf Besuch da. Kannst du mir bitte sagen, was ich ihnen jetzt erzählen soll, wenn sie dich wieder mal sehen, hm?"

Wütend ging sie auf das Tor zu, während ich ihr zögernd folgte. Als sie das Tor aufgestoßen hatte, drehte sie sich ungeduldig nach mir um:

„Auf was wartest du denn, du dummes Ding?"

Ich murmelte eine Entschuldigung und ging hinter ihr ins Haus. Wie durch ein Wunder schien uns niemand bemerkt zu haben, und wir verschlangen schnell einen kalten Snack aus Huhn und gekochten Kartoffeln. Danach tranken wir schweigend unseren Tee. Ich hätte am liebsten losgeheult wie ein Hund. Ich sehnte mich nach jemandem: Jemand sollte kommen, mein Freund sein und sagen, daß ich nicht völlig nutzlos wäre, daß meine Schwester mich nicht hassen würde und daß ich eines Tages eine hübsche Wohnung haben würde ... egal was. Am liebsten wäre mir jemand in meinem Alter gewesen.

Ich wußte aber auch, daß meine Schwester sich Sorgen machte wegen mir – und daß sie Angst vor ihrer Dienstherrin hatte. Wenn die nämlich herauskriegen würde, daß ich bei ihr wohnte, würde sie sofort gefeuert werden, und wir würden beide auf der Straße stehen. Die elf Rand, die ich verdiente, würden uns nicht weiterhelfen.

Ich weiß nicht, wie lange ich im Bett lag und nicht einschlafen konnte; ich wünschte mir viele, viele Dinge, während mir die Tränen in die Ohren liefen.

Am nächsten Morgen war ich schon lange, bevor der Wecker klingelte, wach; ich lag einfach nur im Bett und fühlte mich elend und zerschlagen. Wenn es irgendeinen Ausweg gegeben hätte, wäre ich nicht zur Arbeit gegangen, aber es gab da noch dieses andere starke Gefühl oder Verlangen in mir. Es war wie ein Schmerz, der mich alles doppelt so schnell erledigen und zu meiner Toilette rennen ließ. Ich nenne sie ,meine Toilette', denn als das betrachtete ich sie auch. Es kam äußerst selten vor, daß morgens jemand auf meine Toilette ging. Als wüßten alle, daß sie mir gehörte und sie besser das Feld räumten. Wenn ich die Tür öffnete, rechnete ich eigentlich nie damit, jemanden vorzufinden.

Ich spürte, wie meine Stimmung sich hob, als ich vor dem Tor meine Schuhe anzog. Ich vergewisserte mich, ob mein Notizheft auch in meiner Tüte war. In der Aufregung vergaß ich sogar mein Mittagsbrot, aber das machte nichts. Ich ging schneller und schneller, und ich hatte das Gefühl, meine Füße würden immer leichter. Dann konnte ich sehen, daß die Tür frisch gestrichen und die alte, zerbrochene Scheibe durch eine neue ersetzt worden war. Ich lächelte vor mich hin, während ich die Hand ausstreckte, um die Tür zu öffnen. Und kurz darauf saß ich wieder auf dem Klodeckel und schrieb ein Gedicht.

Auf diesen Morgen folgten viele weitere Morgen, an denen ich dort saß und schrieb. Es mußte nicht unbedingt ein Gedicht sein; ich schrieb alles nieder, was mir durch den Kopf ging – so, wie ich mit einem Freund geredet hätte, wenn einer dagewesen wäre. Ich erinnere mich, daß ich an manchen Tagen das Gefühl hatte, etwas vor meiner Schwester zu verbergen. Sie wußte nichts von meiner Toilette im Park, und mein Notizbuch interessierte sie überhaupt nicht.

An einem Morgen wollte ich über etwas, was sich am Tag zuvor bei meiner Arbeit zugetragen hatte, eine Kurzgeschichte schreiben; die Aufseherin hatte mich angebrüllt, weil ich sie nicht gerufen hatte, als ich diese Leute mit den Kleidern hinausgehen sah. Kleider, die sie in der Mittagszeit gestohlen hatten. Ich hatte die Sache wirklich komisch gefunden. Und ich mußte sofort darüber schreiben – ich hoffte nur, daß noch genügend Seiten in meinem Notizbuch waren. Ich sah alles ganz genau vor mir und grinste, während ich nach der Türklinke griff, aber die Tür wollte nicht aufspringen – sie war verriegelt.

Ich glaube, ich akzeptierte zum ersten Mal, daß die Toilette nicht mein persönliches Eigentum war ... langsam ging ich auf die nächste Bank zu, beobachtete, wie die Frühjahrssonne aufging und schrieb trotzdem meine Geschichte.

Aus dem Englischen von Susanne Köhler.
Aus: Gcina Mhlope, *Kind der Liebe*. Geschichten, Lieder.
© Peter Hammer Verlag, Wuppertal 1995.

Michèle Maillet

Michèle Maillet (Martinique) wurde 1959 geboren und lebt heute abwechselnd in Frankreich und auf ihrer Heimatinsel. Schon früh kam sie mit ihren Eltern nach Frankreich und arbeitete als Schauspielerin, als Autorin und Moderatorin beim französischen Fernsehsender *Antenne 2* – als erste schwarze Frau, gegen viele Widerstände. Im Lokalradio *Notre Dame* auf Martinique moderiert sie ihre eigene Sendung. In ihrem Roman *Schwarzer Stern* schildert sie das Schicksal einer schwarzen Frau in einem deutschen KZ – ein Aspekt der Geschichte des Nationalsozialismus, der in Deutschland heute völlig vergessen ist. Für diesen Roman erhielt sie 1991 den *Prix Antiraciste*.

Bibliographie
Bonsoir, faites des doux rêves. Autobiographie.
Schwarzer Stern. Roman. (1991; Orlanda, 1994).

Schwarzer Stern

Vier Stunden, jetzt sind wir schon vier Stunden unterwegs. Der zu kurze Schlaf, die Eiseskälte und Bewegungslosigkeit, die Angst, all das läßt uns blaß aussehen, hier in diesem Wagen, auch mich und meine Kinder. Man kann sehr wohl blaß aussehen unter dunkler Haut, genauso wie frisch und wohl.

Der Lastwagen hält an. Ein Ziviler, der einigermaßen richtiges Französisch spricht, sagt uns, wir könnten jetzt unsere Notdurft verrichten gehen. Wir steigen aus. Désiré, mein kleiner Junge, wird gestoßen und rutscht aus. Ich stürze hinterher, um ihn aufzuheben, denn ich habe Angst vor der Menge, die sich zwängt und drängt und erbarmungslos über alle wegtrampelt, die hinfallen. Meine Hand ist blutverschmiert, und ich wische Désiré mit der anderen das Gesicht ab. Seine Lippe ist verletzt, ein roter Fleck beschmutzt sein Hemd. Er sagt immer noch kein Wort, weint auch nicht, sondern zwinkert mir zu, um mich zu beruhigen. Nicaise beißt sich auf die Lippen und bekommt feuchte Augen. So sind meine beiden, immer leiden sie miteinander, so wie ich mit ihnen leide. Mein Blick fällt auf meine rote Hand, und ein Gedanke will mir nicht mehr aus dem Kopf: Schon jetzt fließt Blut. Blut. Krieg ...

Es muß jetzt nach acht Uhr morgens sein. Ein grauer Tag, so fahl wie unsere Gesichter, bricht an. Die Erde ist weiß. Während der Fahrt im Lastwagen muß es geschneit haben. Ich stelle mir diesen Tagesanfang vor, wie er gewesen wäre ohne diesen Alptraum: Ich ziehe die karierten Küchenvorhänge zurück, und ein unberührter weißer Park liegt vor meinen Augen. Die Äste biegen sich unter der Schneelast. Lächelnd gehe ich zur Kinderzimmertür und öffne sie. Ich hätte eine Überraschung für sie, sage ich und schiebe mit einem Ruck die Gardinen beiseite. Meine beiden hüpfen mit einem Satz aus dem Bett und sind auf den Beinen. Sie rennen zum Fenster und schreien vor Freude ...

Hier beim Lastwagen habe ich gesehen, wie Nicaise ihren Bruder anstieß und ihn lächelnd auf den weißen Boden aufmerksam machte. Für sie ist der Schnee immer noch wie ein Zauber.

Ich weiß nicht, wo wir sind. Hinter uns haben noch weitere zehn Lastwagen angehalten, und Leute steigen aus. Vor uns ein riesiges Gebäude, eine Art Halle mit großen Glasfenstern. Die Türen werden geöffnet. Überall um uns herum die Soldaten, die uns zum Eingang treiben. Die Kinder drängen sich an mich, und ich schmiege mich an sie. In der Vorhalle eine Wolke verschiedener Gerüche, menschliche und tierische: Urin, Sägespäne und Pferdemist. Wir befinden uns in einer Reithalle. Noch nie im Leben bin ich in einer Reithalle gewesen, aber ich weiß, daß es so etwas sein muß. Unter dem gelblichen Licht von Scheinwerfern ist eine Menschenmenge versammelt – einige sitzen, manche liegen, die meisten stehen, und viele sind eingenickt. Wie viele es wohl sein mögen, jetzt, da ich ein Teil dieses Trüppchens geworden bin? Mehrere hundert, scheint mir. Wir sind alle wie erschöpfte Pferde, und unser Atemdunst mischt sich in die eisigfeuchte und erstickende Luft im Raum.

Männer, Frauen und Kinder gibt es hier. Nicaise, Désiré und ich sind die einzigen Schwarzen in dieser Menge. Und wenn ich bisher nie besondere Aufmerksamkeit auf meine Hautfarbe verwendet habe, so denke ich seit heute morgen an nichts anderes mehr.

Weshalb bin ich verhaftet worden? Viele hier tragen einen gelben Stern an ihrer Kleidung. Eigentlich müßte ich dann auch einen tragen, aber keinen gelben, sondern einen schwarzen. So ein Zeichen gibt es nicht, aber ich spüre, daß ich derselben Kategorie zugeordnet worden bin wie die anderen hier. Von nun an gehöre ich zu der uneindeutigen Gruppe, zu der Hitler unterschiedslos die Juden, die Slawen, die ‚Zigeuner' und die Schwarzen zählt.

In den vergangenen vier Kriegsjahren ist mir einiges zu Ohren gekommen – ob das wohl alles wahr ist? Ich habe

227

gehört, daß die Deutschen schwarze Menschen ablehnen und daß sie in ihrem Haß alle Völker in einen Topf werfen. Schwarze Musiker aus den USA hatten in Paris Probleme mit den Deutschen bekommen, die – wie auch gewisse Franzosen – keinen Unterschied zu machen scheinen zwischen afro-amerikanischen Musikern, afrikanischen Soldaten der französischen Kolonialarmee und Martinikanern, die seit Jahrhunderten Franzosen sind, wie ich und meine Kinder.

Beim Anblick der vielen Menschen hier, die sich in ein und derselben Notlage befinden, fange ich an, die Dinge mit der Distanz einer Beobachterin zu betrachten. Das Wort ‚Schande‘ fällt mir wieder ein. Ein Begriff, den Hitlers Propaganda benutzt, ‚Die schwarze Schande am Rhein‘. Diesen Ausdruck prägten die besiegten Deutschen nach dem Krieg von 1914/18, als ein Teil ihres Landes von französischen Soldaten besetzt worden war. Von französischen Soldaten schwarzer Hautfarbe. Warum hat Frankreich schwarze Soldaten zur Besetzung Deutschlands geschickt? Gibt es deutsche Schwarze? Ich habe noch nie davon gehört. Jedenfalls habe ich nur immer weiße deutsche Soldaten gesehen, seitdem Frankreich besetzt ist.

Ob es wohl schwarze Juden gibt? Eine Geschichte meiner Großmutter fällt mir ein. Eine Liebesgeschichte, die von einem König der Juden, Salomon, und der Königin Saba handelt. Aus ihrer Verbindung soll das Volk der Falachas hervorgegangen sein. Stamme ich vielleicht von den Falachas ab?

Also habe auch ich meinen Stern. Und das Gefühl, das er mir gibt, ist neu, aber nicht das der ‚Schande‘ oder der ‚schwarzen Schande‘, denn ich bin stolz auf die Sonne meines Landes, eine Sonne wie sie die wenigsten hier kennen, und habe bisher nie weiter über meine Hautfarbe gedacht – sicherlich eine Frage des Zufalls, der Zeit, der Umstände und der Gewohnheit. Ein einziges Mal in meinem Leben war ich zutiefst unglücklich und verzweifelt wegen meiner Hautfarbe, aufgrund derer mir ein gemeinschaftliches Schicksal bevorsteht, obwohl ich hier die einzige meiner Art bin.

Auch die Kinder, die sich fester aneinanderklammern und an mich drängen, spüren unser Anderssein, da bin ich sicher. Ihnen dürften die Blicke der anderen hier kaum entgangen sein, die sie flüchtig streifen oder eindringlich mustern, oder die halblauten Bemerkungen und angedeuteten Fragen.

Offensichtlich sind wir selbst für unsere Leidensgenossen Außenstehende oder Eindringlinge, eine Anomalie, ein Irrtum. Und was ist mit der christlichen Hilfe in der Not? Hilfe im Kummer, in der Verzweiflung? Selbst hier in dieser Pferdehalle, wo wir alle nicht etwa wie verdächtige, feindliche, jüdische und schwarze Männer und Frauen behandelt werden, sondern wie Tiere, selbst hier bauen sich Trennungen, Abgrenzungen und Mißtrauen auf, stärker als sonst. Ich bin eine Antillerin, eine Martinikanerin, eine Frau aus den Kolonien, eine Negerin, eine Sklaventochter. Ich muß an meine Eltern denken, die mir fast zwanzig Jahre lang beigebracht, gepredigt, eingetrichtert haben, die Sklaverei sei abgeschafft, vorbei und vergessen. Beinahe hätten sie so getan, als habe es sie nie gegeben ...

Die Atmosphäre der Ablehnung, der Neugier und sogar der Aggressivität ist hier wie mit Händen zu greifen. Und das Außergewöhnliche ist, daß sie nicht etwa gegenüber den Deutschen zutage tritt, gegenüber den bewaffneten, erklärten Feinden. Sie bleibt unter uns: Jeder fixiert seinen unmittelbaren Nachbarn, jeder scheint zu glauben, er sei wegen seines Nachbarn hier, und jeder tut so, als kenne er seine Nachbarn nicht, als seien diese zwangsläufig kompromittiert. Jeder verleugnet jeden.

Doch es gibt auch Ausnahmen: Gerade sehe ich, wie ein alter Herr mit weißem Schnauzbart sich zu seiner Nachbarin neigt und ihr ein paar Worte zuflüstert. Ich habe ihn vorhin schon bemerkt, als er mit einer kleinen Bewegung versuchte, Désiré im Hinfallen zu halten, und weil er mich mit seinem Gesicht, seinem Bärtchen, seiner Goldrandbrille und dem Gehrock an eine Fotografie von Anatole France in einem meiner Bücher erinnerte.

Bestimmt hat er gespürt, daß ich ihn anstarre, denn er dreht sich zu mir um und legt die paar Meter, die uns trennen, zurück. Endlich die Wärme eines Blicks, eines Wortes der Mitempfindung, die ich so nötig brauche wie alle hier:

„Sie auch? Warum das? Das muß ein Irrtum sein. Hat sich der Kleine sehr weh getan?" Mit einer Kopfbewegung verneine ich. Und plötzlich stehen Tränen in meinen Augen. Die Not, die Anstrengung und die Niedergeschlagenheit.

Der alte Herr hat sich schon wieder entfernt. Was er mir gesagt hat, heißt doch auch, daß ich nicht so bin, wie die anderen hier. Aber so wie er es gesagt hat, kann ich es gelten lassen. Ich habe nur etwas dagegen, verachtet zu werden, und etwas dagegen, daß meine Kinder verachtet werden, weil wir schwarz sind.

Mein aufsteigender Tränenstrom stockt plötzlich, als ein Schrei vom anderen Ende der Halle her ertönt. Eine Frau brüllt, von Panik ergriffen. Jemand ruft: „Einen Arzt, sie braucht einen Arzt!" Zwei Männer bewegen sich in ihre Richtung. Einer von ihnen ist der ältere Herr mit der Goldrandbrille. Inzwischen habe ich mich hingesetzt. Doudou und Nicaise malen mit den bloßen Fingern Bilder in das Sägemehl am Boden. Schon will ich sie zurechtweisen wegen des Schmutzes – aber wozu? Wichtiger ist, daß sie vergessen können, was hier vorgeht, so lange wie irgend möglich.

Viele, die wie ich eben noch gesessen haben, stehen auf. Die großen Eingangstüren werden wieder aufgeschoben. Wie sollen wir das überstehen, wenn sie noch mehr Menschen hier hineindrängen?

Aber nein, ich höre Befehle auf deutsch. Wir sollen aufstehen und uns in Schlangen anstellen. Gemurmel, Fragen und schließlich eine Antwort: Wir bekommen etwas zu essen. Riesige Kübel mit Suppe werden hereingebracht. Kartoffeln, etwas Speck und viel Wasser, so scheint es. Diese Neuigkeit geht vom Eingang her wie eine Welle durch die Menge. Als ich aufgestanden bin, greife ich unwillkürlich zu einem Taschentuch, um meinen Kindern die Hände abzuwischen.

Alle müssen einzeln zur improvisierten Kantine vortreten. Wir haben Anspruch auf zwei Eßschüsseln: eine für die Nahrung, die andere für das Wasser und dann noch ein Stück Brot. Ein Soldat gibt Anweisungen auf deutsch. Die Frau vor mir dreht sich um: „Sagen sie ihren Kindern, sie sollen hier nicht alles aufessen. Wir werden bis zur Ankunft nichts mehr bekommen." ‚Ankunft', dieses Wort hört sich seltsam, zweifelhaft und gleichzeitig beruhigend an.

Verdanken wir das dem beginnenden Tageslicht draußen? Oder der Annehmlichkeit des Essens? Daß die Zungen sich endlich lösen, Empfindungen ausgedrückt werden und Fragen gestellt, als ob eine Art soziales Leben wiedererwachte. Dennoch, die Suppe sieht ziemlich wäßrig aus, die Kartoffeln sind fast zu Brei verkocht und das Brot ist ganz grau, ohne Geschmack und hart. Wenn ich da an unsere köstlichen antillischen *zacharies* denke ...

Désiré und Nicaise sind immer noch ganz still. Und ich wage es nicht, unseren wortlosen Zusammenhalt, unsere Verbundenheit zu stören. Was könnte ich ihnen auch antworten, wenn sie anfingen, mir Fragen zu stellen?

Die Lautstärke in der riesigen Halle hat allmählich zugenommen – Stimmengewirr, das Geklapper der Eßgeschirre, und zum erstenmal werden auch Proteste laut. Eine Gruppe von Männern hat zwei oder drei deutsche Soldaten beiseite gedrängt. Sie schimpfen nicht, aber sie befragen sie. Fragen, die wir uns alle stellen. Ich höre sogar: „Wir verlangen eine Anwort ..."

Abrupt tritt Stille ein. Ein Offizier ist hereingekommen. Er sieht elegant aus in seiner gutgeschnittenen Uniform mit den frisch geputzten Stiefeln. Die Soldaten haben Haltung angenommen. Auch die Protestierenden stehen wortlos da, fast wie Befehlsempfänger. Alle Forderungen sind verflogen. Zum erstenmal sehe ich einen SS-Offizier aus der Nähe. Damit beginnt für mich der Krieg, an diesem Morgen, den 13. Dezember 1943, um 11 Uhr. Mir fällt die Küchenuhr zu Hause im Schloß ein. Heute morgen hätte ich sie wieder aufziehen müssen. Sie ist sicher wieder stehengeblieben.

„Ruhe!" gibt der Offizier von sich.

Désiré und Nicaise pressen sich an mich. Doudou schiebt seine eiskalte Hand in meine, und ein Kälteschauer geht durch mich hindurch. Nicaise fängt an zu zittern und schmiegt sich an meinen Wollrock. Ich nehme meinen Schal ab und wickle meine Tochter darin ein. Sie weicht meinem Blick aus.

Wie kann ich meine Empfindungen in diesem Moment

anders ausdrücken als in einem Bild. Dem Bild vom langen Arm des Schicksals, das seine Hand gegen uns erhoben hat. Und mein Blick fällt unwillkürlich auf die lederbehandschuhte Hand des Offiziers. Welches Schicksal?

Aber immer noch habe ich Hoffnung im Herzen, und der alte Arzt hat ihr Ausdruck verliehen: Meine Kinder und ich sind nicht jüdisch. Alles war nur ein Irrtum. Sie werden es überprüfen. Ich habe so oft gehört, daß die Deutschen so peinlich genau sein sollen. Dann werden sie sehen, daß ich eine harmlose Martinikanerin von fünfundzwanzig Jahren bin, halb Studentin, halb Hausangestellte, die mit ihren Kindern in der Nähe von Bordeaux lebt.

Aber man kann doch auch nicht einfach alle Juden und diejenigen, die bei ihnen arbeiten, verhaften. Was will man denn mit all den Menschen machen? So große Gefängnisse gibt es ja gar nicht! Und außerdem sitzen dort schon die Diebe, Mörder und Verbrecher ... Wozu sich eine Frau und zwei Kinder schnappen? Man muß uns freilassen ... Wohin werden wir jetzt noch fahren? Was werden wir machen? Was wird aus den anderen, von denen wir getrennt wurden? Ich verschiebe diese Fragen auf später.

Der Offizier geht an mir vorbei, sieht mich scharf an und mustert dann meine Kinder. Ein schwaches Lächeln erscheint auf seinem Gesicht. Ich will zu einer Frage ansetzen, aber dieses seltsame Lächeln macht es mir unmöglich, auch nur einen Ton herauszubringen. Jetzt ist nicht der Moment dazu. Später, später ...

Die Soldaten fangen an, uns zu zählen, so gelassen, systematisch und scheinbar ohne sich zu irren, als sei es ihre tägliche Routinearbeit. Dann ertönen von neuem kurze Befehle. Etwa fünfzig Bewaffnete kommen in die Halle, umstellen uns und treiben uns brutal zum Ausgang. „Raus! Schnell, schnell! In den Zug!"

Der Anblick draußen erschreckt mich richtig. Eine wuchtige Lokomotive mit unzähligen Reisewaggons steht etwa zwanzig oder dreißig Meter von der Reithalle entfernt unter Dampf. Auf Schienen, die ich bei der Ankunft nicht gesehen hatte. Es ist ein sonderbares Schauspiel, das sich da bietet: die flache, verschneite und nebelverhangene Ackerlandschaft

ringsum, dann wir, zu Hunderten aus Nasen und Mündern
dunstend wie diese Lokomotive, die aus dem Nichts heraus
so dasteht – ohne Bahnhof, ohne Bahnsteig, ohne Schalter.

Wir müssen einige Meter durch den Schnee am Zug
entlanggehen, bis befohlen wird, einzusteigen. So geht es vor
uns los. Meine Kinder machen kleine Fäuste, sie frieren an
den Händen. Wir haben die Handschuhe vergessen. Hinter
dem Nebeldunst muß die Sonne scheinen, denn er schimmert
schwach gold-gelblich. Désiré und Nicaise rutschen ein bißchen in dem festgetretenen Schnee. Zum Glück haben sie
ihre Stiefel an. Wir alle bewegen uns mit gemessenen, möglichst genauen Schritten, doch mehr wegen unserer Unsicher-
heit, als aufgrund des Schnees. Etwas Berührendes geht von
diesen sich bewegenden Reihen aus, ein Gefühl von Gemeinschaft, das in einer reglosen, eingekreisten Menge nie auf-
kommen kann. Trotz der Koffer, Bündel, Taschen und all
der Dinge, die ihren Schritt verlangsamen, sehen diese Frau-
en und Männer nicht wie Reisende aus.

Ich selbst habe nur eine Stofftasche dabei, die mich nicht
weiter belastet. Ich weiß nicht einmal mehr, was darin ist,
so sehr ist sie ein Teil von mir. Nur kann ich wegen der Tasche
nicht meine beiden Kinder an die Hand nehmen. Daran
werde ich brüsk durch Nicaise erinnert: Sie ist mit dem Fuß
im Schal hängengeblieben und der Länge nach hingefallen.
Désiré und ich beeilen uns, sie aufzuheben. Ihr Gesicht ist
weiß vom Schnee. Doudou wischt es ihr liebevoll ab und
bückt sich lachend nach unten. Er greift eine Handvoll
Schnee, die er sich ins Gesicht tupft. „Guck mal, Mama, ich
bin ganz weiß!"

Dieses Spiel macht mir angst und bestätigt mich andererseits. Mir ist nicht nach Scherzen zumute, aber ich sage
mir, Désiré, so klein er auch sein mag, hat begriffen, weshalb wir hier sind, und versucht auf seine Art, dem Schicksal zu entkommen.

Das Lachen von Nicaise versetzt mich in diesem Augenblick in meine eigene Kindheit bei den Hügeln von Saint-
Pierre zurück. Und eine plötzlich reißende Sehnsucht nach
zu Hause läßt mich beinahe laut aufschreien. Zum Glück ist
das nur ein Augenblick, niemand hat etwas bemerkt. Ich

trockne den Kindern das kalte Schneewasser von ihren Gesichtern ab, und wir gehen weiter.

Ob es nicht besser ist, einfach immer weiterzulaufen, oder sollen wir sofort in den Zug steigen? Meine Gedanken überschlagen sich. Vielleicht aufgrund der Müdigkeit oder der Absurdität, der Brutalität dessen, was uns zugestoßen ist. Bilder prallen aufeinander: der Schnee, der Nebel und meine Sonne zu Hause, das Gesicht meines Vaters, die Gesichter der Zwillinge. Warum bin ich überhaupt in Frankreich? Meine Insel scheint mir unerreichbar weit weg und geschützt. Niemals hätte dieser endlos lange Zug mich dort holen können. Die Situation ist absurd. Ein heftiger Wunsch ergreift mich: Flucht! Davonlaufen und zurückkehren, zur Sonne, nach Martinique. Am liebsten würde ich sofort aus der Reihe treten, ohne zu fragen oder mich umzusehen, und weggehen. Weil ich hier einfach nichts zu suchen habe, ich habe keinen Zug zu besteigen.

Aber da sind die Soldaten, ihre Gesichter, ihre Blicke, die an allen vorbeisehen, ihre seltsamen Kappen und ihre schwarzen Patronentaschen. Da sind vor allem die beiden Kinder, die ich als mein persönliches Abenteuer betrachte und die keine weiteren Abenteuer erlauben.

An diesem Zug hier gibt es weder Gedränge und zu spät Kommende noch Gerangel. Wie gerne würde ich mich in meine Träume und Erinnerungen zurückziehen, doch jetzt heißt es „Einsteigen!", jetzt sind wir dran. Ich klettere als erste auf das Trittbrett und helfe Désiré und Nicaise hinauf. Als sie ihre Arme nach mir ausstrecken, fällt mir meine Mutter ein. „Mama, du fehlst mir ..." Was sie jetzt gerade wohl macht?

Im Gang müssen wir abwarten, bis die anderen sich hingesetzt haben. Ich achte sehr auf die Ellbogen und die Kofferecken, die so dicht an den Gesichtern meiner beiden Kleinen vorbeigleiten. Victoire, mein Mutter, wo bist du nur! Seit fünf Monaten habe ich nichts mehr von ihr gehört. Bestimmt hungert sie auch. Selbst wenn es bei ihnen zu Hause keine Soldaten gibt, die Menschen in einen Zug hineinstoßen, den Krieg werden sie dort auch spüren. Und hungern. Im Krieg wird getötet, gestorben, gelitten. Frankreich ist im

Krieg, und Martinique ist es auch. Aber ich hatte keine
Ahnung, daß Krieg bedeuten könnte, in einen Zug einsteigen zu müssen und eine Reise in Ungewisse anzutreten.

„Tür zu. Schnell!"

Ein Pfiff ertönt, durchdringend und gleichzeitig nicht
zu vergleichen mit den Abpfiffen, die ich sonst von Reisen
her kenne. Langsam setzt sich der Zug in Bewegung und
gewinnt allmählich an Geschwindigkeit. Wir stehen noch im
Gang, wir haben keine Fahrkarte, doch es scheint, als seien
unsere Plätze uns allen im voraus bestimmt.

Aus dem Französischen von Bettina Schäfer.
Aus: Michèle Maillet, *Schwarzer Stern.*
© Orlanda Frauenverlag, Berlin 1994.

Ken Bugul

Ken Bugul (Senegal) ist das Pseudonym von Marietou Mbaye, die 1948 in der Region Ndoukoumane im Senegal geboren wurde. Nach einem kurzen Sprachstudium wanderte sie nach Belgien aus. Mbaye wählte das Pseudonym, das aus dem Wolof stammt und mit ,die, die niemand will' übersetzt werden kann, um sich vor allzu heftigen Reaktionen auf ihren autobiographischen Roman *Die Nacht des Baobab* zu schützen. Ihre Vorsicht war nicht unbegründet – ihre schonungslose Darstellung eines Emigrantinnenschicksals in Belgien, das in Prostitution und Drogenabhängigkeit führt, wurde überaus kontrovers aufgenommen. Heute arbeitet sie als nationale Koordinatorin für Familienplanung in Dakar, der Hauptstadt Senegals.

Bibliographie
Die Nacht des Baobab. (Unionsverlag, 1986).

High Life

In einem Restaurant lernte ich eines Tages Jean Wermer kennen. Er kam daher wie ein arabischer Prinz. Sofort interessierte er sich für mich, und weil er zu Leonoras Freunden gehörte, stellte sich schnell Vertrautheit zwischen uns her. Er machte mir diskret den Hof, augenzwinkernd, wie manche Belgier das so können. Es herrschte noch immer eine Winterkälte, die einen freudezitternd in warme Arme stieß.

Es war noch nicht lange her, seit ich diese Abtreibung überstanden hatte; sie hatte mich mitgenommen, und ich dachte, mit Jean Wermer könne ich wieder mein Gleichgewicht finden. Ich verbrachte die meiste Zeit mit ihm; er war Maler und lebte allein in einem Haus, das ihm als Atelier, Wohnung und Galerie diente. Das Erdgeschoß war mit Teppichen und Decken aus dem Hohen Atlas ausgestattet; im ersten Stock lagen die große weiße Küche und orangefarbene Wohnzimmer; im zweiten Stock war das Atelier, hell und mit einem Erkerfenster über dem Volvoendal-Park. Es schien, als ob das Haus mitten im Park liege. Licht, Weiß und Grün. Das Dachgeschoß, eine Mansarde mit Halbstock und Fenstern, die sich zum Himmel öffneten, diente als Schlafzimmer.

Als ich ihn kennenlernte, war Jean Wermer gerade frisch geschieden. Durch seine drei Kinder lernte ich seine Ex-Frau kennen, und uns verband vom ersten Tag an herzliche Kameradschaft. Sie lebte jetzt mit einem Tutsi aus Ostafrika zusammen. Bald ließ ich die Rue de Toulouse und alles, was mit ihr verknüpft war, zurück und zog zu Jean.

Zum ersten Mal wohnte ich mit einem Mann zusammen. Ich entdeckte neue Menschen, ein neues Milieu, und dieses neue Leben schien mir wunderbar. Frühling und Sommer verschmolzen für mich. Ich wurde mondän: Einladungen annehmen und geben, Vernissagen, Begegnungen mit Menschen aus einem anderen Universum. Nichts war mehr so, wie ich es in meinen Schulbüchern gelernt hatte. Jean und ich paßten scheinbar gut zusammen. Nach und nach erzählte er mir sein Leben. Ich fühlte mich wohl.

Er wollte nicht, daß wir ein bürgerliches Paar seien. Was meint er damit? Ganz offensichtlich waren wir daheim im Dorf nicht genau auf dem laufenden, was die Lebensweise unserer ,Vorfahren' anging. Ich lernte meine Lektion in Liberalität, denn ich wollte mithalten. Jean lachte und unterhielt sich mit anderen Frauen, ging mit ihnen aus, verbrachte einen Teil der Nacht auch bei ihnen.

„Warum machst du das nicht auch?" fragte er.

Ich war schockiert und antwortete: „Ich langweile mich nicht mit dir."

„Das ist keine Frage der Langeweile; es geht darum, völlig frei zu leben und das zu tun, was du willst."

„Genau das tu ich ja; ich möchte daheim bleiben, lesen, schreiben, warten, und ich langweile mich nicht."

„Das ist doch kein Leben!"

„Mir ist es recht so, Jean."

„Oh nein, du willst nicht selbständig sein, das mußt du zugeben."

Von da an schloß ich eigene Freundschaften, ging auf eigene Faust mittags und abends zum Essen aus, telefonierte mit Freunden, verbrachte die Abende mit anderen Leuten.

Künstlerleben! Für mich war das etwas Neues, und es gefiel mir. Nur hin und wieder meldeten sich Erziehung und Tradition, gewannen die Oberhand, und dann fühlte ich mich hin- und hergerissen, uneins mit mir selbst.

Ich spielte das Spiel der westlichen Welt so gründlich, daß wir das Gefühl hatten, Jean und ich, es gäbe nichts mehr zu erklären. Die kleinen Vögel im Park, der Wind mit all seinen Gerüchen von Natur – ich hätte springen und jauchzen wollen wie ein sorgloses Kind. Die Tage, die Abende waren ausgefüllt mit Entdeckungen und Begegnungen. Trotzdem war ich nicht restlos zufrieden; ich suchte im stillen nach einer Erklärung für die Leere in mir.

Eines Abends ging Jean allein aus. Ich blieb zu Hause, las,

hörte Musik und genoß die Wohltat, allein zu sein. Es wurde sehr spät, Jean kam nicht zurück, und ich fing an, mir Sorgen zu machen, dachte jedoch nicht an einen Unfall, sondern daran, wo und mit wem er nur sein mochte.

Die schreckliche Unruhe des Wartens. Ich wollte ja dieses Leben, also mußte ich mich daran gewöhnen, aber einfach war es nicht. Daheim im Dorf betrogen die Männer ihre Frauen nicht. Man verbrachte die Abende zusammen, bis vor den Blicken aller anderen Leute und seiner Ehefrau der Mann eben ein Auge auf eine andere Frau warf.

Die Stunden zogen sich endlos hin. Ich legte mich im Wohnzimmer auf den Diwan, aber ich schlief schlecht und wachte am frühen Morgen frierend und zerschlagen auf. Endlich erschien Jean, gab mir zur Begrüßung zwei flüchtige Küsse auf die Wange und bat mich, in die Galerie hinunterzukommen. Mein Herz klopfte, daß es mir beinahe den Atem abschnitt, dabei wollte ich doch ganz ruhig bleiben. Wir gingen die Stufen hinunter, die er selbst leuchtend schwarz gestrichen hatte in diesem Haus aus Weiß und Licht. War jemand gestorben? Aber er schien eher verlegen als erschüttert zu sein. Noch nie zuvor hatte er mir auf solche geradezu feierliche Weise erklärt, er habe mit mir zu reden. Das war rätselhaft und verstärkte meine Unruhe. Wir verbargen niemals irgend etwas voreinander. Böse Vorahnungen überfielen mich.

„Ich habe mir überlegt, daß ich es dir sagen muß", begann er. „Du weißt, ich fühle mich wohl bei dir, und ich kann dir auch nicht alles erklären, es hängt mit meiner Kindheit zusammen: Ich bin gern mit Männern zusammen."

„Was ist denn dabei?"

„Du hast mich nicht verstanden. Ich habe homosexuelle Neigungen."

Ich sank beinahe um, auf dem niedrigen Diwan, wo wir nebeneinandersaßen, zwischen bunten Kissen und auf einer schwarzen Leinendecke, die wir zusammen ausgesucht hatten. Homosexuell!

„Ich liebe die Frauen, aber das ist nicht das gleiche, nicht die gleiche Art Beziehung. Ich bin glücklich, wenn ich mit dir zusammen bin, aber ich brauche auch die Zuneigung, die Zärtlichkeit eines Mannes. Wenn ich mit einem Mann zusammen bin, genieße ich seine Umarmung, aber weiter geht das nicht. Es ist ein Bedürfnis nach Zärtlichkeit. Ich bin gestern abend nicht nach Hause gekommen, weil ich die Nacht mit einem Mann verbracht habe."

Was sollte ich ihm darauf antworten? Ich wußte, daß es Homosexuelle gibt, auch im Senegal gibt es sie. Ich hatte selbst einmal einen homosexuellen Sklaven, wie ein Erbstück aus einer langen Tradition, übernommen. *Gor Djigen*, so wurde er genannt. Für mich war das eine sehr unklare Vorstellung geblieben. Und Jean war verheiratet gewesen, hatte drei Kinder und benahm sich nicht wie die *Gor Djigen*.

„Ich habe homosexuelle Neigungen, nur Neigungen", beharrte er. „Und du bist meine Schöne." So nannte er mich, oder seine ‚Prinzessin'.

Unser Leben verlief weiter wie bisher, mit Vernissagen und mondänen Anlässen, auf denen man, ich weiß nicht warum, über alles, einschließlich der Farbe des Toilettenpapiers, reden mußte. Ich hatte den Eindruck, daß Jean im Grunde genommen nur versuchte, Homosexueller zu werden, weil das damals bei Künstlern und Intellektuellen in Mode kam.

Ich spielte mit und prahlte sogar damit, daß ich mit einem Homosexuellen zusammenlebte. Dabei blieb mir das alles sehr fremd. Wir verkehrten in den Homosexuellen-Lokalen rund um die Grande Place in Brüssel; ich ging so weit, Bekanntschaften für Jean aufzulesen, und war bald bekannt mit diesem Milieu, in dem man gleichermaßen auf einzigartige wie auf gemeine Menschen stoßen konnte.

Ich entdeckte die besondere Freundlichkeit und Aufmerksamkeit der Homosexuellen zu Frauen. Das Milieu mißfiel mir nicht; es war mir eine neue Welt, aber ich wurde immer mehr darin verwickelt. Meine Landsleute schienen mir sehr weit weg.

Zwischen zwei Gläsern Champagner in einer Ausstellung in der Galerie Empain lernte ich Laura kennen; Haare so lang wie die Lianen der Savanne, ein hübsches Gesicht, lachende Augen, blitzende Zähne, braune Haut wie eine Polynesierin. Laura beeinflußte mein damaliges Leben ein wenig, so wie viele andere auch. Sie bedeutete mir Offenheit und Toleranz, ich besuchte sie eifrig. Ihre Lebensweise gefiel mir, bei ihr fühlte ich mich nicht in der Fremde. Lag das an ihren Sofakissen aus

Zaire? Wir schienen die gleiche Sprache zu sprechen, die gleiche Musik zu hören. Es waren die Jahre, in denen die westliche Welt Geschmack an Exotik fand. Was uns unterschied: Sie war eine Weiße, reich, verheiratet, hatte gleichzeitig seit zehn Jahren einen Liebhaber, und ich war eine Schwarze, ‚leicht verrückt‘, eine Abenteurerin.

Eine Künstlerin. So war eben das Leben der Künstler und Großbürger. Der Künstler war immer ein wenig wie der Großbürger: Er durfte sich alles erlauben.

Zu dritt leben war nichts Besonderes in meinem Dorf, ein Mann konnte drei oder vier Frauen im gleichen Haus haben. Aber eine Frau mit zwei Männern!

Ich war oft bei Laura zu Hause, aß dort, schlief sogar manchmal dort. Meine Beziehung zu ihr war ein bißchen verworren; ich wußte nie, welche Gefühle ich nun wirklich für sie hegte, aber von ihr erfuhr ich immer nur Freundlichkeit, Zuneigung, vermischt mit einer Art Schuldgefühl. Warum?

Laura kümmerte sich auf andere Weise um mich als Leonora; Laura bedauerte mich, Leonora half mir. Laura gefiel alles, was mir gefiel; sie brachte mich sogar dazu, Launen zu zeigen, und sie beugte sich meinen schrulligen Einfällen. Ich fragte mich, ob sie vielleicht in mich verliebt war, ob sie mich richtig gern hatte oder nur mit mir herumspielte; jedenfalls wußte ich nicht, woran ich mit mir selbst war. Ich entdeckte Luxus-Restaurants, Luxus-Wochenenden, Luxus-Leute – den Westen in seiner freizügigen Dekadenz. Und ich spielte meine Rolle sehr gut! Ich war der Spielstein, den diese Menschen brauchten, um ihre uneingestandenen Schuldgefühle loszuwerden. Ich war überall gleichzeitig und fiel überall auf, denn ich war eine Schwarze und obendrein elegant und hübsch und kannte ihre Sprache und Zivilisation. Man staunte ...

Von ihrer Dekadenz hatte ich mir – vorher – kein Bild machen können, weil ich zwanzig Jahre lang nichts anderes über sie gelernt hatte als ihre Überlegenheit. Warum spielte ich weiter ihr Spiel, wo ich doch all das im Grunde begriffen hatte?

Die Begegnung mit einer Argentinierin in einem griechischen Restaurant brachte mir die Bekanntschaft mit Drogen. Es war ein billiges Restaurant, ein Schmelztiegel der Rassen und Ideen, Treffpunkt für echte und falsche Intellektuelle, echte und falsche linke Studenten, Hippies und Homos, all diese westlichen Randexistenzen, die sich gedankenlos in Alkohol, Drogen und Gruppensex stürzten.

Ich war an dem Abend allein und geriet an eine Clique, die mir wie Zigeuner von wer weiß wo vorkamen, darunter ein Mädchen mit dichtem, langem Haar, das mich unentwegt anlächelte. Wir kamen ins Gespräch, und sie gaben mir ihre Adresse. Also besuchte ich sie eines Abends, um unter Leute zu kommen, wie Jean das wünschte, und auch um zu sehen, wie ich mit meiner neuen Lebensweise zurechtkam.

In dem Haus lebten über zehn Personen, und tausend andere gingen ständig ein und aus. Alle Nationalitäten trafen sich dort, vor allem Verfolgte aus Südamerika. Es gehörte zum guten Ton, einen Chilenen zu beherbergen.

Diese Wohngemeinschaft wurde von einem Mäzen geleitet, einem Beamten bei der Europäischen Gemeinschaft. Alle halfen beim Kochen, und im Eßzimmer stand ein riesiger Tisch für zwanzig Personen. Ich schloß so leicht Bekanntschaften, als hätte ich sie alle schon seit immer gekannt. Das Abendessen verlief vergnügt, die Unterhaltung nach dem mir schon vertrauten Schema: ,Mein Land, meine Rasse, bei uns, bei euch', aber keineswegs in der Art, daß einer dem andern die Hölle heiß machte. Ich beherrschte mein Repertoire, weil es wirklich überall gleich war. Das ,Bei euch' ärgerte mich allmählich, weil ich immer mehr begriff, daß die Gallier keineswegs meine Vorfahren waren; gleichzeitig war das eine Waffe, denn ich war anders und fühlte mich manchmal sogar überlegen; ein vergebliches Gefühl allerdings.

„Du hast so zarte Hände, Gelenke; von welchem Stamm kommst du?" Der Westen interessierte sich für Afrika. Die Buchhandlungen quollen über von Büchern über Afrika, und jeder Europäer wußte, daß es Pygmäen gibt, die Massai-Frauen sich den Kopf rasieren und die Peuls feingliedrig gebaut sind. Der Europäer wollte sich mit dem Afrikaner arrangieren, aber vorher wollte er von jedem einzelnen genau wissen, woher er kam, um diese Beziehung rechtfertigen zu können. Es war Mode, einen echten Tutsi oder Peul zu kennen.

Zum Nachtisch rauchte ich zum ersten Mal Haschisch; die Zigarette, die sie ,Joint' nannten, ging von einer Hand zur anderen wie eine indianische Friedenspfeife. Plötzlich packte mich ein Lachanfall, den ich nicht unterdrücken konnte, ich lachte und lachte wie noch nie zuvor, ein unendliches Lachen, bis die Leute mich fragten, was mir denn fehlte, weil das Lachen anfing, wie Weinen zu klingen.

Niemand hatte mich vorher gefragt, ob ich schon einmal geraucht habe; sie setzten als selbstverständlich voraus, daß jemand, der mit ihnen verkehrte, auch rauchte. Stammte ich nicht obendrein aus den tropischen Ländern, in denen das Kraut wuchs? Sie wußten nicht, daß wir die Dinge mit anderen Augen betrachten. Der Westen entheiligt alles; in Afrika werden Drogenkräuter nur bei Zeremonien und Heilungen verwendet, beides sakrale Handlungen.

Jean Wermer schien über beide Ohren in François verliebt zu sein, wollte sich das aber genausowenig eingestehen wie seine Homosexualität. Wir diskutierten ganze Abende darüber, und ich hatte Angst, er könnte meinen, ich wäre eifersüchtig. Was mich betraf, so änderte diese Geschichte nichts an unseren Beziehungen. Ich war sogar teilweise froh darüber, weil sich jetzt nicht mehr alles nur um mich drehte und ich Ruhe fand für die Suche nach meinem wirklichen Ich – meine einzige Sorge.

An den Abenden, an denen ich in der Mansarde allein blieb, las, lernte oder nähte ich, bis ich darüber einschlief. Jean und François kamen einzeln, um mir gute Nacht zu sagen.

Zu Beginn dieses Lebens zu dritt schlief Jean Wermer oft mehrere Nächte hintereinander nicht mit mir. Das erinnerte mich an die Sitten in meinem Dorf. Wenn ein Mann eine zweite Frau heiratete, bat er die erste Frau um Erlaubnis, mehrere Nächte mit der Neuen zu verbringen, ehe sie sich in regelmäßiger Reihenfolge bei ihm abwechselten, wie es Tradition war. Wo konnten sie sich besser kennenlernen, sich aneinander gewöhnen, Gefühle entwickeln. Der Mann konnte die Zeit der Fruchtbarkeit mit der jungen Frau verbringen und wurde nicht gezwungen, bei einer anderen seiner Frauen zu sein, während er nur an seine neue junge Frau dachte.

Aber mein Leben mit zwei Männern war anders. Wenn meine Mutter das wüßte! Oder meine Brüder und Schwestern daheim im Dorf, meine Schulkameradinnen! Warum konnte ich nicht nach den vertrauten Sitten meines Volkes leben? Ich war immer aufgeschlossen gewesen für Experimente, aber so anders hatte ich mir mein neues Leben nicht vorgestellt.

Sommer in Belgien, mein erster Sommer in Europa. François und ich hatten Arbeit in einer Töpferei gefunden. Das war interessant, staubig, aber lustig. Ich entdeckte dabei die Formen, und mein Tastsinn entwickelte sich.

Abends nahmen wir ein wohlverdientes Bad, manchmal zu dritt mit Jean, und wir amüsierten uns wie die Verrückten, wenn wir uns gegenseitig einseiften. Hinterher fanden wir uns in der Küche ein, alle drei in frische indische Baumwollgewänder gehüllt, und tranken Tee mit Jasmin oder Zitrone. Wir waren offensichtlich glücklich. Später gingen wir zum Essen aus, gekleidet wie für einen Ball und sicher, daß wir auffallen würden. Wir waren nicht gekleidet, sondern verkleidet. Wir gingen jeden Sonntag auf den Flohmarkt, und die armen Trödler schüttelten noch die Köpfe über diese Vorliebe für alte Gewänder aus verflossenen Zeiten, die jetzt Mode wurden. Jean und François ließen sich gern mit mir sehen, prahlten mit mir. Aber unser Leben zu dritt dauerte nicht sehr lange, François und ich machten es zunichte.

Eines Abends kam er wie gewohnt zu mir herauf, um mir gute Nacht zu sagen, und fing an, mir von sich zu erzählen, von der einzigen freundschaftlichen Beziehung, die er jemals zu einem Mädchen hatte, einer Weißen aus Südafrika. Er hatte noch niemals eine Frau körperlich geliebt.

François verbrachte die Nacht mit mir, und am Morgen wollte er mich heiraten, weil er sich von mir verstanden fühlte. Er glaubte, eine Schwarze oder eine Araberin wäre die einzige Frau auf der Welt, mit der er ‚aus der Sache herauskommen' könnte. Und er wollte heraus aus seiner jetzigen Lage, er wollte ein Mann wie alle anderen Männer sein.

Beim Frühstück erlebten wir eine Überraschung, weder François noch ich hatten damit gerechnet, bei unseren liberalen Sitten. Die Wut der Männer, sobald es um eine Frau geht! Jean Wermer fluchte, wie ich ihn noch nie zuvor gehört hatte.

„Ich beherberge dich bei mir, und du spielst mir so einen niederträchtigen Streich. Ken ist meine Frau, Ken gehört mir. Ich will dich nicht mehr sehen", sagte Jean.

François regte sich auf, nicht weil Jean ihn hinauswarf,

sondern weil er wegen ihm in solch einem Zustand war. Jean hatte Angst, François zu verlieren.

Der Vormittag verlief bedrückend, furchterregend. Die beiden ließen sich verzweifelt zwischen ihren Instinkten hin- und herreißen. Ach, dieses Labyrinth von Gefühlen, wohin sollte das alles führen? Ich hatte nichts dazu zu sagen und schwieg; ich hörte ihnen zu und beobachtete. Bis jetzt waren sie für mich immer weiß wie andere Weiße auch gewesen, nun wechselten sie auf seltsame Weise die Farbe, nahmen von Zeit zu Zeit furchterregende Blässe an.

Daheim im Dorf gab es solche Szenen nicht, und die Menschen trugen nicht solche Farben. Wie und warum war ich nur in solch eine Situation geraten? Ich wäre am liebsten geflohen, vor diesen Wesen, die nichts Menschliches mehr hatten. Und ich hatte geglaubt, bei ihnen wäre alles wunderbar; dabei war die Wirklichkeit ganz anders. Diese Leute waren Wilde, wenn es wie jetzt um den Einsatz ihres Lebens ging und sie an die Grenzen ihrer Existenz stießen.

Und doch gefiel mir ja diese Leben. Aber wem konnte ich darüber erzählen?

François packte seine Koffer und nahm seine Zeichnungen von Hockney mit. Jean und ich konnten nicht mehr zusammenleben; wir kamen nicht mehr miteinander aus, und er ging sogar so weit, mich zu schlagen. Das Haus voll Ruhe, in dem ich das Glück gesucht hatte, stürzte ein.

Seit François' Abschied gab Jean seinen homosexuellen Neigungen immer mehr nach, ging öfter allein aus, blieb immer öfter über Nacht aus. Meine Anwesenheit hinderte ihn offensichtlich daran, sich zu Hause auszuleben, und ich sagte mir, daß es schließlich sein gutes Recht war, in seinem eigenen Haus zu tun und treiben, was ihm Spaß machte. Dafür hatte man ja ein Zuhause. Bei all den Zwängen und Verboten und Spielregeln draußen war es die Zuflucht. ‚Zu Hause', das hatte mir mein ganzes Leben lang gefehlt.

Wir einigten uns darauf, daß es besser sei, wenn ich von nun an anderswo wohnte. Als der Herbst begann, zog ich aus.

Aus dem Französischen von Inge M. Artl.
Aus: Ken Bugul, *Die Nacht des Baobab*.
© Unionsverlag Zürich, Taschenbuchausgabe 1991.

Joan Riley

Joan Riley (Jamaika) wurde 1958 in St. Mary geboren, als jüngstes von acht Kindern, und kam als Kind mit ihren Eltern nach England. Sie studierte englische Literatur und arbeitete mehrere Jahre als Drogenberaterin und Sozialarbeiterin in den ,problematischen' Stadtteilen Londons. In ihren Romanen und Erzählungen analysiert und erzählt sie immer wieder von der Situation schwarzer Frauen in dem Einwanderungsland Großbritannien, ohne falsche Sentimentalität und immer aus dem Gefühl der Gemeinsamkeit heraus. Joan Riley lebt heute, als alleinerziehende Mutter, mit ihrem Kind in London; neben ihrer Arbeit als Schriftstellerin unterrichtet sie ,schwarze' Geschichte und Kultur.

Bibliographie
The Unbelonging. Roman. (Women's Press, 1985).
Warten im Zwielicht. Roman. (1987; Forum Verlag, 1993).
Romance. Roman. (Women's Press, 1988).
A Kindness to the Children. Roman. (Women's Press, 1992).

Warten im Zwielicht

Sie saß in ihrem Sessel und überlegte, was sie tun sollte. In dem Augenblick, als Stanton von der Arbeit zurückkam, war sie noch verzweifelter.

„Was ist los mit dir?" fragte er irritiert. Er band die Krawatte der Arbeitsuniform ab und setzte sich auf das kleine Sofa. „Du weißt, ich arbeite seit früh, un du sitzt hier rum und hast kein Essn gemacht!"

Adella sah ihn leer an. Seine Beschwerde nahm sie kaum wahr; sie war einfach zu sehr von ihren eigenen Problemen in Anspruch genommen, als daß sie ihm wirklich hätte Aufmerksamkeit schenken können.

„Hab die Arbeit verlorn", sagte sie mit ausdrucksloser Stimme. Mit der heilen Hand hielt sie krampfhaft das Stück Papier fest, das sie immer wieder gelesen hatte, in der Hoffnung, es wäre alles nicht wahr, was da stand.

Ungeduldig zuckte er mit den Schultern und beugte sich vor, um die Schuhbänder losmachen. „Na un? Mußt dir eben nen neuen Job suchen."

Sie sah ihn traurig an. Ihr war klar, daß er sich deswegen keine Gedanken machte. Sie wußte, die Sache war nicht so einfach, wie er gesagt hatte. Die Tatsache, daß sie jetzt als Krüppel galt, würde ihr langsam immer mehr bewußt. Wenn ihr nicht das Unternehmen, für das sie so lange gearbeitet hatte, eine Chance gab – wer sonst würde sie haben wollen? Sie konnte ja nur noch eine Hand benutzen, ausgerechnet diejenige, die eigentlich nicht ihre Arbeitshand gewesen war. Was für eine Arbeit sollte sie damit finden?

„Glaub nich, daß mir jemand Arbeit gibt. Warum solln die nen Knüppel nehm, wos doch genug gesunde Leute gibt?"

Während er seinen Fuß aus dem Schuh befreite, sah er

ungeduldig auf. „Was soll ich da tun?" gab er ihr zur Antwort. „Hab schon gesagt, wern Job habn will, der find auch ein. Aba jetz will ich was essn. Du weißt ja, wenn Gladys mit den Kindan kommt, dann will ich ausgehn mit ihr."

„Ich würd mich auch mal ausführn lassn!" Der Satz war schon aus ihrem Mund, bevor sie ihn noch aufhalten konnte. Die Worte waren voller Sehnsucht und Ablehnung.

Stanton sah zu ihr auf – voller Überraschung und Verachtung. „Dich ausführn!" sagte er. „Wie solln das gehn, mit deiner krankn Hand und dem krankn Fuß?"

Adella fuhr zusammen. Er kam zu ihr herüber und kniete sich neben sie; das, was er eben gesagt hatte, tat ihm schon leid. „Du weißt doch, Süße, wie sehr ich dich lieb. Aba Sache is, daß du jetz krank bist. Wenns dir wieda bessa geht, sehn wir weita."

Sie wollte ihn eigentlich darauf hinweisen, daß er sie ja auch nicht ausgeführt hatte, bevor sie krank geworden war, verkniff es sich aber. Plötzlich empfand sie Eifersucht.

„Wozu mußt du grad Gladys mitnehm?" fragte sie argwöhnisch.

Er schien getroffen, als hätte er die Frage nicht erwartet. Seine dunklen Augen wanderten ruhelos unter ihrem inquisitorischen Blick umher, als er nach einer Antwort suchte.

„Du weißt, was sie alles für uns gemacht hat", antwortete er mit schmeichlerischer Stimme. „Sie hat ihr Zimma aufgegebn un is zu uns gekomm, um auf die Klein aufzupassn, un dann is sie hiergeblieben zur Gesellschaft, als sich niemand um dich gekümmert hat."

Sie hielt ihre Lippen zusammengepreßt, als sie merkte, wie sehr er ihre Kusine mochte. Und doch wünschte sie, sie könnte ihm sagen. Die andere Frau solle gehen. Soweit sie sehen konnte, diente alles, was Gladys getan hatte, dazu, die Kinder durcheinanderzubringen. Abgesehen davon, daß sie die Kleinen zu ihren Betreuerinnen brachte und von dort wieder abholte, benutzte sie ihre ganze Zeit dazu, sich den einen oder anderen Körperteil auszumalen, und Adella wunderte sich oft, wieso sie sich überhaupt die Mühe gab zu baden, wenn sie hinterher ohnehin nur die Farbe wieder draufschmierte.

„Kann mir nich denkn, daß der Schmutz überhaupt durch die Maske durch kann, die sie sich aufs Gesicht schmiert", sagte sie später zu Lisa, als ihr Mann gegangen war und die Kinder alle im Bett lagen. Seit sie das Krankenhaus verlassen hatte, war ihre Freundin fast jeden Tag vorbeigekommen. Adella war froh über die Gesellschaft, die sie dadurch hatte.

„Trau bloß nich der Frau, Adella", sagte Lisa. „Ich sag dir, die wird dir noch großn Ärga machn! Kusine hin, Kusine her, ich tät Stanton sagn, daß se gehn soll."

Adella dachte darüber nach und sah ein, daß Lisa recht hatte. Gladys war und blieb ein Ärgernis. Seitdem sie da war, ging Stanton immer öfters aus. Es gab kaum einen Abend, an dem er nicht mit ihr auf irgendeine Party ging. Schon bevor Lisa das gesagt hatte, war Adella klar, daß sie Gladys loswerden mußte. Aber dadurch, daß ihre Freundin ihre Besorgnis ausgesprochen hatte, war es noch klarer geworden.

„Die ham mich rausgeschmissn", erzählte sie Lisa nach einer kurzen Pause. Ihre Freundin nickte ohne Anzeichen von Überraschung.

„Hab ich mir schon gedacht", antwortet sie. „Ich wollt bloß nix vorher sagn. Du hast schon so genug um die Ohrn gehabt, dacht ich. Aba du weißt ja selbst: wenn die rechte Hand nich mehr funktioniert, kannste nix mehr machn."

Adella war ein bischen enttäuscht, aber sie sah ein, daß ihre Freundin recht hatte. „Wird wohl so sein", sagte sie mürrisch. „Aba trotzdem: nach sechs Jahrn, hätten die nen bißchen Mitleid habn könn, oda?"

Lisa schnaubte verächtlich. „Du sagst doch imma, Weiße kenn kein Mitleid. Ach, Adella, is doch klar: Mit der schlimmen Hand kannste nich nähn. Keiner kauft Sachen, wo die Stiche dran krumm sin. Da gibsts nur eins: dir was andres suchn!"

„Warum willste nich putzen gehn? Sin doch imma so viele Anzeigen in der Zeitung. Wenns auch wenig Geld gibt, so schlecht is es auch wieda nich."

Adella war nicht begeistert. Wie sollte sie ihren Eltern schreiben und ihnen erzählen, sie wäre jetzt Putzfrau? Sie war auf ihren Job so stolz gewesen, und ihre Familie war immer so stolz auf sie. Sie hatte ihnen berichtet, wie sie in der Arbeit weiterkam und daß sogar von einer Beförderung die Rede war. Jetzt war das alles vorbei – zu Ende an dem Morgen, als sie mit dem Schlaganfall aufgewacht war. Das alles war nicht gerecht. Sie hatte keine Vorstellung, womit sie das verdient hatte. Klar, das Leben war hart, wenn sie nur an die Arbeit und an die Probleme mit dem Haus dachte; aber sie hatte ihr Bestes getan und war sicher, andere Leute hatten es noch schwerer und bekamen doch niemals einen Schlaganfall. Sie empfand plötzlich Bitterkeit. Es war nicht gerecht. Es war nicht in Ordnung, daß gerade ihr das passiert war.

„Ich weiß nich, ob ich für andre Leute saubermache", sagte Adella verkniffen.

„Seh nich, was da dran vakehrt sein soll", protestierte ihre Freundin. „Zum Schluß rettest du nix als dein Stolz. wenn ich rausgeflogn wär, dann fänd ichs nich falsch, als Putze zu arbeitn."

Adella wünschte, sie könnte es ihr erklären. Bilder von ihrer Großmutter gingen ihr durch den Kopf. Oma war so stolz gewesen, als sie Jamaika verlassen und dann geschrieben hatte, sie sei in ihrem Beruf geblieben. Ihre Antwortbriefe waren voller Begeisterung. Als die alte Dame hörte, Adella habe jetzt Mieter, schrieb sie ihr, sie habe dem ganzen Dorf von dem Erfolg ihrer Enkelin erzählt. Selbst Claudia, die in Highgate unterrichtete, sprach davon, wie sehr sie manchmal wünschte, sie wäre auch nach England gegangen.

„Du brauchst es doch dein Leutn zu Hause gar nich erzähln", sagte Lisa freundlich. „Kannst dir sicher sein, wenn du nix sagst, die kriegns nich raus." Sie lächelte ermutigend. „Denkst du, ich hab meina Mutta gesagt, ich arbeite in ner Fabrik und pack Currypulver ein? Sie tät vor Scham den Kopf hängenlassn, wenn sie das wüßte. Ich sag dir, Adella, du weißt ja gar nich, wie froh du sein kannst. Ich mein, wie viele Leute kennst du übahaupt, die rüberkommen sin un alles so eingerichtet konntn, wies ihn mal vorgeschwebt hat?"

Adella mußte ihr zustimmen. So viele von den Leuten, die mit ihnen zusammen herübergekommen waren, landeten schließlich in den Fabriken – wenn sie auch Ausbildung und Schulzeugnisse hatten. Wie viele davon hatten ihr erzählt, sie hätten nach Hause geschrieben und ihren Familien berichtet, wie gut es ihnen gehe! Hatte sie nicht dasselbe mit dem Haus getan? Ihnen geschrieben und ihnen gesagt, wie schön es sei, daß sie es sich hatte leisten können. Sie hatte sogar gelogen und behauptet, sie hätte eine Lohnerhöhung bekommen. Wie hätte sie ihnen sagen sollen, daß es ihr erst durch das Geld, das sie von ihren Mietern bekam, möglich wurde, Sachen nach Hause zu schicken? Wie oft hatte sie Gott schon um Vergebung gebeten für die Lügen ihnen gegenüber!

„Ich denk, du hast recht. Die Frau von der Wohlfahrt, die neulich da war, hat was von Invalidengeld gesagt, das sie Krüppeln gebn. Aber ich will kein Almosen. In meina Familie hat noch nie eina Almosen gekriegt, un ich will nich, daß die Kinda mit sowas groß werd."

Lisa nickte mitfühlend. „Stimmt. Aba wird Zeit, daß Stanton endlich auch was beiträgt. Der Mann is dochn Nichtsnutz. So wie Stanton zu dir war im Krankenhaus, un dann das mit deina Kusine – der Kerl sollte sich wirklich was schäm!" Ernst sah sie Adella an. „Du mußt ihm zeign, wer du bist, nich bloß sein Fußabtreter. Mehr Geld muß er gebn. Was er dir gibt, is bloß Fliegendreck, damit kannste nich die Kinda großkriegn un der Bank das Geld zurückzahln."

„Du weißt, Lisa, das kann ich nich. Stanton is sparsam, mehr nich. Ich weiß genau, wenns drauf ankommt, gibt er mir was. Ich hab etwas Geld auf der Bank, aufm Konto von uns beidn. Ich brauch bloß seine Untaschrift, wenn ich was davon holn will. Er untaschreibt schon, wenn ich brauch."

Ihre Feundin gab dazu keinen Kommentar, schaute auf die Uhr, die auf dem Kaminsims stand, und machte sich auf die Beine. „Ich muß morgen arbeitn, ich komm aba am Abend noch mal rum; ich will doch sehn, wies dir geht."

Schweigend sah Adella zu, wie ihre Freundin den Mantel anzog. „Lisa, ich werd dir das Geld zurückzahln, das du noch von mir kriegst", sagte sie leise, als sich die andere Frau nach ihren Handschuhen umsah. Lisa richtete sich auf und sah sie an. „Damit hats keine Eile. Was du jetz mußt, is zur Ruhe komm un dir die andre vom Hals schaffn."

Aus dem Englischen von Peter Meier.
Aus: Joan Riley, *Warten im Zwielicht*. Forum Verl. Leipzig.
© Joan Riley 1987.

Mariama Bâ

Mariama Bâ (Senegal) – Mutter von neun Kindern, Frauenrechtlerin, Lehrerin, Schulinspektorin und Schriftstellerin – wurde 1929 in Dakar, der Haupstadt Senegals, als Tochter des späteren ersten Gesundheitsministers des Landes geboren. Trotz ihres schmalen Oeuvres von nur zwei Romanen kommt ihr überragende Bedeutung zu für die Entwicklung der Literatur afrikanischer Frauen. Prägend für sie war die strenge traditionelle Erziehung, die sie, nach dem frühen Tod ihrer Mutter, bei ihren Großeltern erlebte. Nachdem ihre Kinder erwachsen waren, engagierte sie sich in der senegalesischen Frauenbewegung, begann zu schreiben und wurde, für ihren Roman *Ein so langer Brief*, 1980 mit dem NOMA-Award ausgezeichnet, dem wichtigsten Preis für afrikanische Literatur. Mariama Bâ starb, nach langer Krankheit, am 18.8.1980.

Bibliographie
Ein so langer Brief. Roman. (Ullstein Taschenbuch, 1987).
Der scharlachrote Gesang. Roman. (Fischer Taschenbuch, 1993).

Kuskus mit Gongo

Ouleymatou machte Verführungspläne und klügelte sie immer feiner aus, denn Ousmann erfüllte mehr und mehr ihr Herz und ihre Gedanken.

Eines Nachmittags, als ihre Mutter nicht an der Reihe* war und sie Djibril Gueyes Kleider schon nach Gibraltar zurückgebracht hatte, nahm sie sich mehr Zeit als gewöhnlich für ihr Bad. Eine ihrer Schwestern, überrascht von der ungewöhnlich langen Dauer des Bades, neckte sie:

„Du kommst auf zwei Beinen und mit nur einem Kopf wieder heraus. Ich dachte schon, du hättest dich verdoppelt, was die unglaublich lange Zeit erklärt hätte, die du da drinnen damit verbracht hast, dich zu schrubben."

Ouleymatou lächelte. Unter anderen Umständen hätte sie mit einer gesalzenen Erwiderung geantwortet, welche die Halbschwester wieder auf ihren Platz verwiesen hätte, denn sie hatte die Schlagfertigkeit aller Mädchen, die zwischen Mit-Ehefrauen und Halbschwestern aufwachsen. Sie war vertraut mit der Praxis der indirekten Denunziationen, die die Herzen mit Bitterkeit erfüllen, und verstand es, alte Formulierungen den neuen Gegebenheiten anzupassen. Nichts konnte sie zurückhalten, wenn sie es sich in den Kopf gesetzt hatte, den Gegner fertig oder lächerlich zu machen. Ihre Halbschwestern und Stiefmütter fürchteten ihre scharfe Zunge.

Man sagte von ihr: ‚Sie hat Persönlichkeit. Sie verteidigt sich wie eine Löwin.'

*an der Reihe sein: Gemäß des Korans sind die bis zu vier Ehefrauen reihum an der Reihe, die Haushaltsführung der Konzession zu übernehmen und gleichzeitig das Bett mit ihrem Mann zu teilen.

Man sagte aber auch: ‚Sie hat die Schule nicht geschafft. Ihre Intelligenz ist die Intelligenz des Bösen. Wie kann man gleichzeitig Königin sein im väterlichen Haus und in der Schule? Sie ist ein richtiger Teufel …'

Aber für dieses eine Mal lächelte Ouleymatou über die Stichelei ihrer Schwester, anstatt sich darüber zu ärgern. Sie hatte Wichtigeres im Kopf als einen Streit und warf verächtlich hin:

„Ich habe keine Zeit mit dir zu verlieren."

Wenn die Uhr ihres Vaters nicht wie üblich nachging, blieb ihr gerade noch eine Stunde, um Ousman Gueye an seinem Arbeitsplatz aufzusuchen. Ihr Bruder war ein Schüler von Ousman und hatte ihr schuldvoll seinen Stundenplan gesagt: Jeden Dienstagnachmittag eine Stunde Unterricht bei Monsieur Gueye. Und Ouleymatou träumte:

„Ousman an seinem Arbeitsplatz aufsuchen!"

Mit Hilfe einer parfümierten Fettcreme brachte sie ihren ganzen Körper zum Glänzen. Ihre eingekremte Haut wirkte wie ein samtenes Gewand, das sich über ihre kleinen harten Brüste und dem Schwung der Hüften dehnte und einen runden und festen Po einhüllte.

Der Weihrauch stieg aus einem durchlöcherten Tongefäß auf und wand sich in duftenden Wirbeln um ihre leicht gespreizten Beine. Sie bot ihren ganzen Körper dem sanften Streicheln der Dünste dar. Sie entnahm einer Schachtel weiße Perlenketten und schmückte ihr Taille mit diesen klingelnden Gürteln. Sie wählte einen ziemlich leichten Pagne, der ihre Formen erraten ließ und doch dezent war. Sie faltete einen weißen Büstenhalter auseinander, den sie extra gekauft hatte, um ihren Busen zur Geltung zu bringen. Sie knotete in ein Musselintüchlein Gongopuder* und ließ die zart duftende Kugel zwischen ihre Brüste gleiten.

Sie beherrschte die Kunst, sich zu schminken: sie puderte ihr Gesicht, bog ihre Winpern hoch, indem sie ihre Schwärze noch vertiefte, zog zwei dünne Striche anstelle der abrasierten Brauen. Ein bräunlicher Lippenstift betonte die Konturen ihres Mundes. Unter ihre Achseln und zwischen

*Gongo: Aphrodisiakum

ihre Brüste einige verlockende Tröpfchen ‚Sabrina', des Parfüms, das gerade in Mode war!

Ein Bubu aus zartem Material ließ, je nachdem, wie seine Stoffbahnen gerade fielen, mal eine wohlgerundete Schulter, mal die Brust in ihrem Gefängnis aus Spitzen, mal das Hüpfen der Perlenreihen auf ihren Hüften hervorschauen.

Ihre Füße steckte sie in rote Babuschen, welche die schwarze Henna-Färbung noch hervorhoben.

Klickklack! Klickklack! Sie bewegte sich vorsichtig, um nicht den Staub der Straße aufzuwirbeln. Sie lief Mutter Fatim über den Weg, der ersten Frau ihres Vaters, die sie mißtrauisch von oben bis unten ansah. Sie beruhigte sie:

„Ich komme gleich wieder. Ich brauche nicht lange!"

An der Straßenkreuzung rief sie ein Taxi herbei, dessen Fahrer, gelenkt von ihrer durch die Erregung gedämpften Stimme, sie am rechten Ort absetzte.

Ousman Gueye hielt ein offenes Buch in der Hand ... der Widerhall seiner Stimme drang zu ihr. Sie beherrschte ihre Erregung und ging so natürlich wie möglich weiter. Sie erreichte langsam die Tür des Klassenzimmers und lehnte sich an die Wand:

„Ich bin hergekommen um zu hören, wie sich mein Bruder im Hinblick aufs Examen macht."

„Bestens, bestens", sagte Ousman. „Der Schüler ist auf dem besten Weg zum Professor. Er arbeitet vorzüglich mit."

Ouleymatou lachte. Die Duftwolke, die von ihr ausging, reizte Ousmans Nase. Im Hof entging ihm nichts: die glänzende Haut, die in der Sonne leuchtete, die schwarzen Muster aus Henna im Purpur der Schuhe, die zum Knoten geschlungenen Zöpfe unter dem flatternden Kopftuch, die aufgebogenen Wimpern über dem verführerischen Blick, die absichtlich verächtlich vorgeschobenen Lippen. Ein Gemisch aus Weihrauch und Gongo entstieg den Kleiderfalten der Besucherin.

Ousman ließ seinen begehrlichen Blick vom üppigen Busen zu den runden Hüften, vom prallen Hinterteil zu den glatten Achselhöhlen wandern. Er erahnte ihre Köperformen bis zu dem schwarzen Saum, der rund um den kleinen weißen Pagne, dem enganliegenden Unterrock, lief. Ouleymatou redete, um ihre Erregung zu maskieren. Sie erkundigte sich nach dem Ergehen von Yaye Khady, von der weißen Frau, vom kürzlich geborenen Sohn. Sie tat so, als merke sie nichts von der Verwirrung ihres Gesprächspartners.

Ousmann bebte bis auf den Grund seines Wesens. Plötzlich tobte das Verlangen in ihm und er verwünschte berufliche Fesseln, die ihn in diesem Augenblick gefangen hielten.

Er sah Ouleymatou an. Ouleymatou sah ihn an. Verlegenheit kam auf, und Ousman streckte so natürlich, wie es ihm irgend möglich war, seine Hand aus:

„Ich gehe zurück da hinein."

Ouleymatou lächelte:

„Natürlich. Aber gib mir ein bißchen Geld für ein Taxi. Ich habe ein Anrecht auf ‚deinen Schweiß', wo du doch Ousseynous Beschneidungsbruder bist."

Ousman stimmte zu:

„Das ist wahr. Hier! Entschuldige meine Vergeßlichkeit, ich hätte daran denken müssen."

„Danke!" Und Ouleymatou ging mit ihrem Klickklack-Klickklack-Schritt voller Grazie durch den Hof zurück.

In einiger Entfernung vom Gymnasium öffnete sie ihre rechte Hand. Sie sah darin, klein und zerknüllt, einen Blauen*. Sie faltete ihn auseinander, glättete ihn.

„Ein Blauer! Mein kleiner Blauer, werde wieder neu!" trällerte sie. Sie wurde ironisch:

„Djibril Gueye, dein Sohn zahlt reichlich für das Waschen deiner Bubus ... Tausend Francs soll immerhin deine Frau bekommen ... Tausend Francs für meine Mutter!"

Und der Rest? Sie träumte von einem rosafarbenen Bubu auf ihrem schwarzen Körper. Ousmann Gueye würde Augen machen ... Wenn nur alles gutging bis zu ihrem nächsten Besuch, den sie erst in einem Monat plante, um keinen Verdacht zu erregen.

Und schließlich war sie nicht umsonst Frau! Sie hatte Ousmans Verlegenheit wohl bemerkt, und das leichte Zit-

*ein Blauer: bezeichnet in der Umgangssprache einen blauen Geldschein von fünftausend Francs, was heute etwa sechs Mark entspricht.

tern seiner Stimme war ihr nicht entgangen. Seine Eile, sie zu verlassen, verriet seine Verwirrung.

Sie hatte recht gehabt zu glauben: „Allah! Allah! Man muß dem Glück ein bißchen nachhelfen!"

Nach dieser anmutigen und duftenden Erscheinung fiel es Ousman Gueye schwer, sich auf den Aufsatz zu konzentrieren, den er korrigierte. Ein innerer Tumult trübte sein Urteilsvermögen. Er beherrschte seine Erregung schlecht. An jenem Abend wartete er nicht auf Boly, den Kollegen und Freund, den er jeden Dienstag nach Hause brachte.

Zu Hause beschäftigte sich seine Frau mit ihrem Kind. Er nahm das Baby und legte es in sein Bettchen. Er umschlang Mireille und befriedigte im Fleisch der weißen Ehefrau sein Verlangen nach der Negerin.

Sein sexuelles Verlangen setzte ihm schwer zu. Der kleine weiße Pagne, der bis zur Hälfte des Oberschenkels reichte, das Klingeln der Gürtel aus Perlen, die man im Dunkeln zählt, der aufreizende Duft von Gongo, die erregenden Dünste von Weihrauch – alles warb um ihn.

Ousman Gueye träumte ... Und Mireille ging durch Stürme, die nicht sie hervorrief. Diese erneuten erotischen Spiele machten ihn nicht frei von seiner Besessenheit. Unüberwindlich brach sein Verlangen nach der Negerin immer wieder durch und machte ihn verrückt.

Dank eines unerwarteten Umstandes kam Ouleymatou schneller als vorgesehen wieder zur Schule. Ihr kleiner Bruder mußte wegen einer Lebensmittelvergiftung ins Krankenhaus gebracht werden. Ihr Vater schickte sie zur Schule, um die Verwaltung davon zu unterrichten.

Der rosafarbene Bubu erzielte die erwartete Wirkung:

„Rosa und schwarz!" rief Ousman aus. „So schmückst du dich also, um die Krankheit deines Bruders mitzuteilen?"

Sie verteidigte sich:

„Ich geschmückt? Mein Vater hat mich so getrieben, daß ich nicht einmal Zeit hatte, mein Gesicht zu waschen. Du kennst ja den alten Ngom. Wenn er sich etwas in den Kopf gesetzt hat, gibt er keine Ruhe mehr."

Und sie lachte laut auf. Ihr Lachen und ihre weichen Bewegungen unter dem leichten Bubu ließen die Perlen der

Ketten, die ihre Taille umgaben, gegeneinander klingeln. Ihre straffen Brüste strömten den Duft des Gongo aus.

Ousmans Blut kochte. Weder seine Ehe noch seine philosophische Bildung trennten ihn, wie ein einzelnes Kettenglied, von der vom Atavismus geschmiedeten Kette.

Ein in den Mundwinkel geklemmtes oder geschickt über das tätowierte Zahnfleisch geführtes Hölzchen, Zöpfe, die das Oval ihres Gesichts einrahmten, ein überwältigendes Schmachten in den übergroßen Augen, Bewegungen voller Anmut, das Rascheln eines weich fließenden oder durch geübte Gesten gerafften Bubus: Evas Verführungskunst ließ ihren Zauber wirken und Ousmans Widerstand erlahmen.

Was vermochte eine ganz ungekünstelte Mireille gegen das wollüstige Geklingel der *fers** und die erregende Macht des Gongo-Puders? Was vermochte Mireille gegen das vielsagende Hüfteschwingen einer Negerin in den warmen Farben des Pagne?

Er hatte gekämpft, um die verlockende Ouleymatou zu vergessen. Er hatte sich von seiner Besessenheit abgelenkt, indem er sich an seine Frau klammerte. Aber was konnte er tun gegen das Gesetz des Blutes?

Besiegt! Ousman gestand sich ein, das er besiegt war. Sein Leben war ein ständiger Kampf gewesen: gegen das Elend, um die Spitzenplätze, gegen Coumbas Zugriff, um Mireille zu erobern. Noch mehr kämpfen? Wieder beginnen?

Sich verteidigen? Sein ganzes Wesen sträubte sich. Sein Gewissen sagte ihm, daß er die Kraft hätte, noch weitere Siege zu erringen. Aber er wollte keinen Widerstand mehr leisten. Er wollte leben. Endlich leben.

Ouleymatou wurde bange. Würde sie heftig weggeschickt werden wie beim letzten Mal? Oder aber ...?

Ah! Ousmans Gesicht glättete sich. Er ließ sich von seiner Liebe ganz durchfluten. Er streckte seine Hand aus und preßte Ouleymatous Hand. Seine Hand war heiß, zitternd vor unterdrücktem Verlangen. Ouleymatou bebte bei dieser Berührung. Sie sahen sich an. Und es war Ouleymatou,

---

*fer: Ketten, die um die Taille getragen werden.

die sich in unaufrichtiger Verschämtheit aus der Umklammerung löste.

„Ich habe viel zu tun zu Hause.”

„Doch nicht so viel, daß du nicht einen guten Kuskus mit Fisch für mein Abendessen zubereiten könntest? Ich möchte ihn scharf, mit nicht zuviel Tomaten!” sagte Ousman. Er öffnete sein Portemonnaie und suchte einen Geldschein heraus.

„Wieder ein Blauer!” dachte Ouleymatou.

„Nimm das für die Ausgaben. Vergiß nicht, *Oba** und *Yaboye** mitzukochen, wies Ousman sie an.

„Ich weiß, daß du dafür schwärmst”, sagte Ouleymatou. „Aber Vorsicht mit den Gräten! Hast du den Tag vergessen, als eines von diesen winzigen Grätchen in Ousseynous Hals geraten war und nicht mehr heraus wollte?”

Ousman, rätselhaft:

„Nein, ich habe nichts vergessen.”

Und wirklich, er hatte nicht vergessen.

Triumphierend, mit hüpfendem Herzen, machte Ouleymatou sich auf dem Rückweg über die beiden lärmenden Straßen.

Bei ihrer Rückkehr nach Usine Niari Talli zeigte Ouleymatou ihrer Mutter strahlend den blauen Geldschein:

„Ousman Gueye ißt heute abend hier. Bitte Tante Awa, meine kleine Schwester zu sich zu nehmen. Du, du bist an der Reihe, du bist kein Problem für mich.”

Ouleymatou zog den rosa Bubu aus. Sie kaufte Ajax und Seifenpulver und machte sich daran, das Zimmer ihrer Mutter zu schrubben und zu putzen. „Die Toubabs sind sehr sauber”, sagte sie sich immer wieder, und sie wollte in diesem Punkt nicht enttäuschen.

Sie bürstete, wischte, schüttelte, glättete. Ein weißes Laken für das Bett. Das Weihrauchfäßchen wurde mitten im Zimmer aufgestellt. Das Verspritzen von Kölnisch Wasser in alle vier Ecken des Zimmers verfeinerte noch die Atmosphäre. Sie schloß die Tür hinter sich zu.

*Oba, Yaboye: vorzüglicher Meeresfisch, aber voller Gräten.

Sie nahm den Kuskus von den Vorräten ihrer Mutter. Sie feuchtete ihn an und knetete ihn durch, ehe sie ihn über Dampf im Kuskustopf garte.

Sie wählte auf dem nahen Markt zwei Stücke *Thiof** aus. Sie bohrte tiefe Löcher in den Fisch, um sie mit einer Farce aus im Mörser zerstoßener Petersilie, Zwiebel, Knoblauch, Piment, Lorbeerblatt und Salz zu füllen. Dicke rote Tomaten gaben der Soße Konsistenz, in der Maniok, Stükke eines Kohlkopfes, Möhren, weiße Rüben und eine Scheibe Kürbis kochten. Der Kuskus quoll über dem Dampf auf und wurde weich. Ouleymatou schüttete ihn in eine Kalebasse und zerkrümelte ihn mit den Fingern, wo er zusammengeklebt war. Sie streute Pulver von zerstoßenen Baobabblättern darüber, um ihn weich und locker zu machen, und tat die Mischung erneut in den Kuskustopf, der auf dem Herd wartete.

Sachverständig prüfte sie Salzgehalt und Geschmack der Soße mit ihrem rechten Zeigefinger, den sie mit einer schnellen Bewegung in den kochenden Topfinhalt tauchte und wieder herauszog.

Ihrer Mutter, die ihr zusah, rechnete sie ihre Ausgaben vor:

„Es bleiben viertausend Francs übrig."

„Gib sie ihm heute abend zurück. Wer viel will, nimmt wenig. Das wird einen guten Eindruck auf ihn machen", riet die erfahrene Frau.

Ouleymatou ging in die Duschecke.

Dort wurde ihr Körper mit seifigem Seegras bearbeitet. Oh! Ihr Körper! Sie wusch ihn, cremte ihn ein, parfümierte ihn. Sie pflegte ihn – er war ihre Verführungswaffe.

Sie hatte lange genug ihre Jugend bei den ‚alten Frauen' vertrödelt. Ihre Freundinnen vom Brunnen an der Ecke hatten geheiratet, eine nach der anderen. Sie hatten den ersten Bewerber akzeptiert, dazu ermutigt oder auch nicht. Die Kürze ihrer Ehe hatte sie wieder zurückgestellt in den Kreis der unverheirateten Frauen. Es wurde Zeit, daß sie

---

*Thiof: ein vorzüglicher großer Meeresfisch, der im Senegal sehr geschätzt wird.

diesen Kreis endgültig verließ, um ihren Träumen gemäß voll und ganz in die Welt der Erwachsenen einzutreten.

Sie schickte eilends einen ihrer kleinen Brüder zum Haus von Mabo, dem Griot und Khalam-Spieler des Viertels:

„Sag ihm, daß ich einen besonderen Gast habe."

Als Ousseynou aus der Stadt nach Hause kam, fand er eine strahlende Ouleymatou vor.

„Wen erwartest du? Einen Minister?" neckte er sie.

Ouleymatou schüttelte den Kopf.

„Nein, nur Ousman Gueye."

Ousseynou war bestürzt:

„Wen? Sag das noch mal."

„Du hast ganz richtig gehört. Ousman Gueye. Er hat sich einen Kuskus gewünscht und bittet dich, ihm mit ihm zu teilen."

Ousseynou entrüstete sich: Was hatte Ousman Gueye, mit einer Weißen verheiratet, in ihrer Konzession zu suchen?

„Ist deine Mutter auf dem laufenden?" fragte er.

Ouleymatou nickte mit dem Kopf.

„Erscheint dir das eigenartig oder unanständig oder unerhört? Sprich."

„Weder eigenartig noch unanständig noch unerhört", stellte Ousseynou richtig.

„Ich warne dich nur, meine Schwester. Eine Weiße teilt nicht ihren Mann mit einer anderen. Um der Ehre willen lehne es ab, Ousmans Spielzeug zu sein. Er ist mein Freund. Du würdest mir eine schwere Beleidigung, eine unüberwindliche Schande zufügen, wenn Ousman Gueye dich nicht heiratete, nachdem er mit dir geschlafen hat. Wenn Ousman nur zu seinem Vergnügen hierher kommt, wenn er dich erniedrigt, anstatt dich zu erhöhen, wenn du für ihn nur ein Objekt wärst, dann wäre es schlimm, sehr schlimm, verstehst du?"

Ouleymatou verstand. Sie hatte bei sich selbst das Problem schon tausendmal gewälzt. Aber was wollte sie tun: das Schicksal kettete Ousman an ihr Herz. Wo es um Ousman ging, war ihr Wille zum Spielzeug ihrer Gefühle und zum Werkzeug ihres Ehrgeizes geworden. Jetzt entsprach allein Ousman ihren Idealvorstellungen. Im Lauf der Zeit hatte sie ihn als einzigen ihrer Jungfräulichkeit, die sie ei-

fersüchtig gehütet hatte für das ,Erwachen beim Tamtam'
bei Tagesanbruch nach der ersten Nacht, für würdig befunden. Wegen ihrer dreisten Art hatten Verliebte versucht,
sie ihr durch Gewalt oder List zu rauben. Aber sie hatte es
immer verstanden, bis zur Hochzeit unberührt durch die
trüben Wasser der Triebe zu steuern. Heute, konnte sie
niemand mehr ,einsperren'.

Sie liebte und ergab sich, ohne zu fragen. Als kokette
und verliebte Frau stellte sie Fallen, um ihren Ehrgeiz und
ihre Gefühle zu befriedigen. Was bedeuteten schon Ousseynou und seine Würde, seine Ehre und sein *Woléré**. Außerdem, wer konnte mit Sicherheit die Zukunft voraussehen?

Toubabfrauen* hatten schon ihren Mann mit Negerin-
nen ,geteilt' oder waren aus Afrika geflohen, von den Afri-
kanerinnen verjagt. Sie, Ouleymatou, war doch nicht dumm.
Sie würde schon die richtigen Maßnahmen ergreifen. Ihre
Mutter hatte sie erinnert: „Wer viel will, nimmt wenig." Sie
fügte hinzu: „Wer viel will, gibt viel."

Ein Abendessen unter Männern, bei welchem die Grundlagen gelegt werden sollten für eine Lehrer-Vereinigung, fiel
Ousman als Ausrede ein, um Mireille sein abendliches Ausgehen zu erklären.

„An die weiblichen Lehrkräfte wird man sich später
wenden!"

Und um dieses im letzten Augenblick beschloßene
Abendessen glaubwürdig zu machen, hatte er geschimpft:

„Das wird langweilig werden, wenn jeder von sich
glaubt, er allein habe die guten Ideen. Ich wollte, ich könnte
mich drücken."

Mit saurer, unaufrichtig verärgerter Miene hatte er sich
geduscht und angezogen. Er hatte seiner Frau zwei Küsse
auf die Wangen gedrückt und war die Treppen hinunter-
geeilt. Bei seiner Ankunft in Niari Talli wurde er von der
kompletten Konzession begrüßt. Ouleymatous Mutter, die
Vorsicht in Person, riet dazu, den Wagen an der nahen Tank-

Woléré: alte Freundschaft.
Toubab: Weiße/Weißer.

stelle zu parken. Ousman stimmte zu. Der alte Ngom auf seinen Schaffellen erwiderte Ousmans Gruß mit dem Klingeln der Perlen seines Rosenkranzes. Ousman Gueye hatte für jeden ein Lächeln, eine großzügige Geste. Auf diese Weise stellte er von vornherein ‚seine Schritte', seine Absichten klar.

Die Macht, die ihn trieb, ließ keine Geheimnistuerei oder Verborgenheit zu. Was ihn trieb, ging aus von seinem Herzen, von seinem Geist, von seinem Verstand und forderte Größe. Ouleymatou zeigte ihm das Zimmer. Er zögerte beim Eintreten, um besser mit den Weihrauchschwaden, die ihn empfingen, fertig zu werden. Er ließ sich ohne Aufforderung auf das Bett fallen. Aber er wußte, daß er sich diese Kühnheit erlauben durfte. Nach alter Tradition offenbarte gewagtes Benehmen mehr als Worte seine Heiratsabsichten.

Sein Körper schien auf den Wolken von Weihrauch zu schweben. Und Ouleymatou servierte geschäftig das Abendessen. Ein kurzes, tailliertes Mieder hob ihre Formen hervor und reichte absichtlich nur bis auf die Hüften. Der großzügige Ausschnitt dieses Kleidungsstückes offerierte, wenn man nur ein bißchen genauer hinsah, ihren festen Busen. Ihr Po wippte in der Umhüllung des Pagne. Ihre Arme bewegten sich mit Anmut und Biegsamkeit. Ousseynou war wieder besänftigt und kam seinem Freund Gesellschaft leisten. Ousmans bedeutungsvolle Begrüßungsrunde, welche alle Heimlichkeit ausschloß, hatte seinen Ärger beruhigt. Ousman ging nicht durch die Hintertür. Und überhaupt, hatte Ousman es je verstanden, Hintertüren zu benutzen?

Die jungen Mädchen der benachbarten Konzessionen kamen, um den Kuskus mit ihnen zu teilen. Ouleymatou hatte sie eingeladen, um ihre Beziehung offenkundig werden zu lassen und allen männlichen Begierden zu beenden.

Ein Kreis wurde um die Schüssel gebildet: die Frauen saßen direkt auf dem Boden, die Männer auf Bänken und Kissen. Ousmans Jackett hing an einem Kleiderhaken.

Ousman wies Ouleymatous Löffel zurück. Es bereitete ihm kindliches Vergnügen, von neuem mit seinen Fingern zu essen. Er knetete Klößchen aus Kuskus, Fisch und Gemüse und kaute sie langsam. Die Schärfe brannte ihm auf der Zunge, stieg ihm in die Augen, ließ seine Nase lau-

fen, die sein Taschentuch nicht mehr losließ. Ouleymatou
neckte ihn:

„Du hast doch scharfen Kuskus gewollt!"

Die Hände der Frauen häuften vor ihn, den Ehrengast,
die besten Stücke auf.

Er dachte an das Zeremoniell seiner Toubab-Mahlzei-
ten: Teller, Gabel, Messer, rechts und links, kleiner Löffel
für den Kaffee, mittlerer Löffel für den Nachtisch, großer
Löffel für die Suppe. Und wie Mireille murrte:

„Du hast nicht den ‚richtigen Löffel' genommen."

Hier war der ‚richtige Löffel' die Hand. Niemand hatte zu ihm gesagt: „Du hast vergessen, dir die Hände zu waschen". Hier steckte er die rechte Hand in die Schüssel,
wählte nach Belieben, formte, nahm heraus, manschte, alles mitten im Geplauder und Gelächter.

Mit einschmeichelnder Stimme forderte Ouleymatou
ihn beharrlich auf:

„Greif zu, Papa*! Greif zu! Alles ist für dich!" Und lei-
ser: „Greif zu, Oussou!"

„Oussou!" Yaye Khadys Stimme morgens an seinem
Fenster, wenn die Faulheit ihn wieder einschlafen ließ. Oussou? Die wärmenden Flammen in der morgendlichen Kälte,
die Hausaufgaben unter der Sturmlampe. Oussou? Der Zorn
des Vaters, der über die Dummheit oder eine zu liebevolle
Geste von Yaye Khady knurrte. Oussou? Seine leidenschaft-
liche Liebe für Ouleymatou, sein wegen der Ablehnung eines dummen kleinen Mädchens aufgewühltes Jünglingsherz.

Oussou! Das Grollen seiner in einem einzigen Wort
wieder lebendig gewordenen Vergangenheit, das seine Gegenwart aus dem Geleise bringt. Oussou! Ouleymatou wurde nicht müde, ihn einzulullen:

„Oussou, iß, iß doch! Oussou, trinke! Oussou, wasch
deine Hände! Oussou! Oussou!"

Und Oussou aß. Sein Gaumen genoß wieder einmal die
tropische Schärfe und den Geschmack der Gerichte seiner
Heimat. Die Augen tränten ihm, der Schweiß stand ihm auf

Papa: Aus Höflichkeit nennen die Frauen ihren Freund, Liebhaber oder Ehemann nie bei seinem Vornamen.

der Stirn, er war glücklich. Diese starken Empfindungen des afrikanischen Lebens hatte er wahrhaftig vergessen.

Ouleymatou stellte eine Kalebasse mit Wasser und ein Stück Seife vor ihn hin, danach nahm Kölnisch Wasser den Händen ihres Freundes den letzten Fischgeruch. Die Gesellschaft ging allmählich auseinander. Als sie alleine waren, zog Ouleymatou die Vorhänge zu. Nun ließ Mabo Diali sein Khalam ertönen. Seine warm klingende Stimme begleitete seine Finger.

> Oussou, Prinz der Kultur!
> Aber mehr noch als Prinz der Kultur
> bist du Prinz der Lébou.
> Eine Weiße hat ihr Vaterland verlassen,
> um dir zu folgen.
> Aber besser als die Weiße
> paßt das schwarze Mädchen zu dir.
> Betrachte sie, betrachte Ouleymatou,
> deine Schwester in Blut und Haut.
> Sie ist es, die du brauchst.

Die harmonisch gezupften Saiten schläferten ein. Wie oft schon hatten nicht die Töne des Khalam einen unbeugsamen Willen, einen heroischen Entschluß besiegt!

„Verwirre ihn, verwirre ihn, Diali!" sang die junge schwarze Frau.

„Verwirre sein Herz, seine Sinne, Mabo Diali! Hilf mir, ihn zu verführen. Ich gehe zu ihm. Weder ein Messer an meiner Kehle noch eine Flammenmauer werden mich aufhalten."

Ousman hörte den Aufschrei der Liebe, das Bekenntnis, das aus den Tiefen einer Seele hervorbrach und seiner Person galt.

„Verwirre ihn, verwirre ihn, Diali."

Und er schmolz dahin wie ein Klümpchen Karité-Butter über der Glut. Und sein Verlangen überwältigte ihn. Er zog die willige Ouleymatou an sich. Der Diali schlüpfte wieder in seine Babuschen und verschwand diskret. Er hatte schon bei seinem Kommen einen Tausend-Franc-Schein eingesteckt als Lohn für seine Dienste.

Aus dem Französischen von Irmgard Rathke.
Aus: Mariama Bâ, *Der scharlachrote Gesang*.

Foto: Robert Schuler

Lorna Goodison

Lorna Goodison (Jamaika) wurde 1947 in Kingston geboren. Sie studierte zunächst Kunst und Malerei in Jamaika
und in New York, arbeitete als Illustratorin und als künst-
lerische Leiterin von Filmprojekten. Gemeinsam mit Olive
Senior ist sie die wohl wichtigste Autorin ihrer Heimat; besonders als Lyrikerin wird sie zu den herausragenden eng-
lischsprachigen Schriftstellerinnen gezählt. Für ihren Band
I am Becoming My Mother erhielt sie den *Commonwealth
Poetry Prize* 1986. In ihren Gedichten und Erzählungen
nimmt sie das kraftvolle englische Creole Jamaikas auf und
die Erzähltraditionen, die sich zum großen Teil erhalten
haben aus der Zeit, als die Vorfahren der heutigen Bewoh-
ner Jamaikas noch in Westafrika lebten.

Bibliographie
Tamarind Season. Gedichte. (Institute of Jamaica, 1980).
I am Becoming My Mother. Gedichte. (New Beacon, 1986).
Heartease. Gedichte. (New Beacon, 1988).
Der Schwertkönig. Erzählungen. (1990; dipa-Verlag, Unions-
verlag-Taschenbuch 1994).
Selected Poems. Gedichte. (University of Michigan Press, 1992).
Jungfernbraun. Gedichte. (Peter Hammer, 1994).

Und ewig währt der Liebe Macht

Manchmal wachte sie auf und schaute ihn nur an, wie er so neben ihr lag und schlief. Sie stützte sich auf einen Ellenbogen und betrachtete eingehend sein Gesicht. Er schlief wie ein Kind, die Knie angewinkelt, beide Hände zwischen die Oberschenkel gelegt. Sein Mund war immer etwas geöffnet, wenn er schlief, und sein Speichel hinterließ immer einen feuchten Fleck auf dem Kissenüberzug. Gleich wieviele Tage nach dem Abziehen, der Fleck war immer feucht, und jedesmal, wenn sie den Überzug wusch, fuhr sie mit dem Finger über den Fleck, und ihr Gedächtnis empfing das Signal und ging zurück zu dem Bild, wie er schlief. Wenn vom Radio im Zimmer nebenan die erste Morgenandacht zu hören war, wußte sie, daß es Zeit war, mit der Arbeit anzufangen. Ihre Tage fingen von Montag bis Samstag allesamt so an. Sie ging in die Küche und machte ihm sein Frühstück, dann ließ sie es auf dem Herd über einer Schale mit heißem Wasser für ihn zurück. Danach ging sie ins Bad, wusch sich im kalten Wasser des frühen Morgens und zog sich dann an. Kurz bevor sie das Haus verließ, legte sie immer etwas Geld auf die Kommode für seinen Rum und seine Zigaretten, dann sagte sie zu dem Schlafenden, der kaum zu sehen war: „Frenchie, ich geh jetz, paß gut auf dich auf, bis ich zurück bin."

Dottie fragte sich manchmal, wie sie zu dem Glück gekommen war, mit Frenchie zusammenzuleben. Er war nämlich wirklich der bestaussehendste Mann in Jones Town, vielleicht in ganz Jamaika, und sie war zehn Jahre älter als er, groß und dünn und ,vertrocknet'. Sie hatte nie viel Glück bei den Männern gehabt und hatte sich vor langer Zeit schon damit abgefunden gehabt, eine alte Jungfer zu werden. Sie war kinderlos, ,ein Maultier', wie ganz unfreundliche Leute sagten. Sie arbeitete hart und sparte, und sie war eine gute Hausfrau. Ihre zwei Zimmer im großen Yard waren blitzsauber. Sie hatte eine große Truhe mit hübschen Chenilledecken, eine schöne Mahagonikommode, eine große Garderobe mit Spiegeln aus hochwertigem Glas und im vorderen Zimmer, aufgestellt an einer besonderen Stelle, ihr ganzer Stolz: der Porzellanschrank. Niemand im Yard, vielleicht in Jones Town, vielleicht in ganz Jamaika, hatte eine Porzellanvitrine voller solch wunderschöner Dinge. Dottie hatte sie im Laufe der Jahre sorgfältig gesammelt und nie benutzt. Einmal im Jahr, wenn sie ihr Haus für die Weihnachtsfeiertage herrichtete, nahm sie ihr Porzellan heraus, die Teller, die Tassen und die Untertassen, die Terrinen, ihre Gläser, ihr Limonaden-Service, ihre Servierplatten und ihre Teekannen, und sie wusch sie sorgfältig. Dazu brauchte sie fast den ganzen Morgen. Sie wusch sie in einer Schüssel mit warmem Seifenwasser, spülte sie in kaltem Wasser, dann trocknete sie sie mit einem sauberen Handtuch ab. Schließlich arrangierte sie sie kunstvoll in der Vitrine. In jener Nacht leistete sie sich einen kleinen Schluck Portwein. Sie setzte sich dazu allein ins kleine Wohnzimmer und schaute auf ihre Porzellanvitrine, erfreute sich an den Schätzen, die sie barg, an den hübschen Farben und dem Licht, das sich an den Gläsern brach. Ihre Schwester sagte immer, sie bete ihren Besitz an. Vielleicht tat sie das auch, aber was hatte sie denn sonst? Bis sie Frenchie traf.

Es gab noch etwas, das Dottie wirklich mochte: sie ging gern ins Kino, und so traf sie auf Frenchie. Sie stand an einem Samstagabend in der Schlange vor dem *Ambassador* und wartete darauf, für die Dreierkombination eingelassen zu werden, als sie mit ihm ins Gespräch kam. Er stand in der Schlange hinter ihr, und sie erinnerte sich, wie gut es ihr tat, daß sich ein so gutaussehender Mann mit ihr unterhielt. Sie kamen schließlich zur Kasse, sie vor ihm, sie zog zehn Schilling heraus, um für sich zu bezahlen. Es war die natürlichste Sache der Welt, für ihn mitzubezahlen, als er plötzlich schrie, man habe ihn bestohlen. Hätte sie einen klaren Blick gehabt, hätte sie bemerkt, daß manche Leute lachten, als er schrie. Aber sie sah nur den gutaussehenden, braunhäutigen Mann mit glattem Haar, einer geraden Nase und einem Mund, wie ihn Frauen haben. Es war die beste Dreierkombinaton, die Dottie je gesehen hatte. Er begleitete sie nach Hause. Auf dem ganzen Weg redeten sie über Filme. Sein Lieblingsschauspieler war Ricardo Montalbán; sie mochte Dolores Del Río, denn genauso hätte sie gerne ausgesehen, heißblütig und spanisch, und dann wären sie und Frenchie ein auffallend schönes Paar gewesen, genau wie zwei Filmstars. Wie die Dinge lagen, sah sie etwa so aus wie Popeyes Freundin Olive Oyl, und er sah wahrscheinlich besser aus als Ricardo Montalbán.

Frenchie ging nicht arbeiten. Er erklärte ihr, daß er einen Job am Hafendock hatte, daß ihm dann aber gekündigt worden war, als er sich beim Verladen von Frachtgut am Rücken verletzte. Sie hatte Mitleid mit ihm, und in manchen Nächten rieb sie die glatte Oberfläche seines Rückens mit Wintergrünöl ein. Er sagte, er mochte das Gefühl ihrer starken Hände. Frenchie zog etwa zwei Wochen, nachdem sie sich begegnet waren, zu Dottie. Zuerst war sie so wie jede andere Frau im Yard. Um genau zu sein, sie war besser dran als alle anderen, denn Frenchie sah so gut aus. „Sie kümmert sich echt um ihn. Dottie kauft ihm alles bis zur Unterhose, die Frenchie trägt", sagte ihre Schwester, „der Mann kauft sich nicht mal ein Taschentuch von seinem eignen Geld."

Die Leute im Yard lachten hinter ihrem Rücken über sie, sie fragten sich, ob Frenchie außer von ihr noch von anderen Frauen ausgehalten wurde. Winston, ihr Neffe, sagte: „Von wegen, der Rum is Frenchies Frau, haste je gesehn, wie der eine Rumflasche in Arm nimmt?"

Das war schon wahr. Frenchie liebte den Rum, und der Rum liebte ihn, denn er schien nie betrunken zu sein. Um genau zu sein, er verbrachte wie ein Mann, der zur Arbeit geht, täglich gut acht Stunden in Mister Percys Bar an der Ecke. Nachdem sich Dottie zu dem Haus in St. Andrew, wo sie für irgendwelche braunhäutigen Leute im Haushalt arbeitete, auf den Weg gemacht hatte, wachte Frenchie auf. Er nahm ein Bad, aß das Frühstück, das Dottie für ihn vorbereitet hatte, und zog sich an, wie jeder andere Mann, der zur Arbeit geht. Er trug immer kurzärmelige weiße Hemden, die Dottie weißer als „Pelikanscheiße" wusch; ansonsten zog er khakifarbene Hosen vor, so daß sie sowohl Hemd als auch Hose sehr sorgfältig bügelte.

Er zog sich sehr, sehr sorgfältig an, rieb etwas grüne Brillantine in sein Haar und bürstete es, bis es das Aussehen eines Zinkzauns bekam oder, wie jemand im Yard sagte: „Frenchie, jedesmal, wenn ich dein Haar seh, werd ich seekrank." Frenchie lachte dann, zeigte die Goldkronen auf seinen Schneidezähnen, fuhr sich mit der Hand übers Haar und sagte: „Wellen, die sich zu benehm wissen, Junge, Wellen, die sich zu benehm wissen."

Wenn er seine Toilette beendet hatte, ging er allmählich die Straße hinauf zur Bar. Das einzige, an dem man erkennen konnte, daß er nicht wie jeder anständige Mann zur Arbeit gehen konnte, waren seine Schuhe: Er trug Schlafzimmerpantoletten, die hinten offen waren. Frenchie saß dann in der Bar und gab Verlautbarungen von sich, deren Themen vom Privatleben der Königlichen Familie – Prinzessin Margaret war ein bevorzugtes Thema –, über Cricketsport auf den westindischen Inseln – er besaß in diesen Fragen stets ein Insiderwissen –, zur Weltpolitik und, am häufigsten, bis zum Film reichten.

Alle bewunderten sie Frenchie ehrfurchtsvoll, er war einfach so hart, so gutaussehend, hatte das Leben so fest im Griff. Sein Tag in der Bar endete gewöhnlich gegen fünf Uhr nachmittags wie bei jedem arbeitenden Mann. Dann ging er nach Hause und beteiligte sich am Dominospiel, das ständig im Yard gespielt wurde. In der Regel fand ihn Dottie am Spieltisch, wenn sie durch das Tor rannte, immer in Eile, und begierig, nach Hause zu kommen, um ihm sein Abendessen zuzubereiten. Sie sagte immer das gleiche, wenn sie durchs Tor kam: „Papa, ich bin da", und er, er sah cool und abwesend aus, mit Augen, die vom Zigarettenrauch schmal waren, und sagte: „Oh, du bist da."

Dottie durchlief es immer heiß, wenn er das sagte, es war ein Signal des wiederholten Besitzergreifens, die Spur eines drohenden Untertons in seiner Stimme war aufregend, weißt du, es gab ihr das Recht zu sagen: „Frenchie wird sauer, wenn ich spät nach Haus komm ..."

Sie beeilte sich, ihm das Abendesesen zu machen, und

stellte es vor ihn auf den Tisch. Sie aß fast nie mit ihm, sondern saß bei ihm und sah ihm beim Essen zu. „Frenchie ißt jeden Tag ein Sonntagsessen," sagte Winston immer. Und es war wirklich so, Dottie kochte nur das Beste für Frenchie. Mindestens dreimal die Woche aß er Reis mit Erbsen, während alle anderen das nur sonntags aßen. Dottie weichte Erbsen über Nacht ein und kochte sie am Morgen halb gar, so daß sie sie am Abend schnell weichkochen konnte, wenn sie nach Hause eilte. Er bekam auch zweimal die Woche Beefsteak oder ,Qualitätsfisch' und Huhn für den Rest der Woche.

Dotties Lebensinhalt bestand darin, Frenchie zu Gefallen zu sein. Sie hatte eine Rolle in einem Film, *Und ewig währt der Liebe Macht*. Dann wurde der Film eines schönen Tages in Mister Myers Bar Wirklichkeit. Frenchie saß gerade mit seiner Freundesclique zusammen, die bereit und willens war, sich zu besaufen, und redete von einem Film, den er gesehen hatte, als ein Fremder die Bar betrat. Bei Licht besehen war er ein gewöhnlicher Mann.

Er besaß ein gemeines und bedrohliches Gesicht, denn er war arbeitslos, und bei ihm zu Hause lief es gar nicht gut. Er ging in die Bar und bestellte einen weißen Rum, saß finster auf einem Barhocker, verzog bei jedem Schlückchen, das er von dem hochprozentigen Zuckerrohralkohol zu sich nahm, das Gesicht, und plötzlich begann ihn Frenchies unablässiges Reden zu stören; je mehr Frenchie redete, desto mehr störte es ihn. Er blickte in Frenchies hübsches Jungengesicht und auf seine Hände mit der weichen Haut, und er haßte ihn.

Dann kam Frenchie zum Höhepunkt der Geschichte, die er zum besten gab. Er malte gerade ein lebendiges Bild des Helden, dem von einem Mann Unrecht getan wurde, der seine Integrität bezweifelt hatte, und Frenchie war mittendrin, er selbst wurde zum Helden, dem man vor aller Augen Unrecht tat, seine Stimme zitterte, seine Augen weiteten sich ungläubig, während sein Publikum ihn fasziniert anstarrte. „Dann sagt der Star", sagte Frenchie, „der sagt: ,Für was fürn Mann halten Sie mich denn?'" Der Fremde an der Bar brauchte nicht lange; er antwortete: „Für ne Schwuchtel." Und die ganze Bar brach in schallendes Gelächter aus. Das Gelächter war mehrere Straßenzüge weit zu hören. Die Barkeeperin lachte, bis man ihr Wasser ins Gesicht schütten mußte, damit sie nicht vor lauter Lachen hysterisch wurde. All die Leute, die Frenchie schon immer mal auslachen wollten, taten das nun. All die Leute, die ihn schon immer um sein Leben als ausgehaltener Liebhaber beneideten, lachten ihn aus. Alle lachten sie ihn aus.

Der Aufruhr dauerte fast eine halbe Stunde, und Leute, die ihn hörten, kamen aus allen Straßen gerannt, um herauszufinden, was geschehen war. Ein Mann nahm es auf sich, allen Neuankömmlingen die Geschichte zu erzählen. Frenchie saß benommen da, er versuchte, sein Gesicht zu wahren und seine Fassung wiederzufinden, indem er murmelte, der Mann sei ein verdammter Narr, aber niemand hörte zu.

Schließlich ging der selbsternannte Geschichtenerzähler zu ihm rüber und sagte: „Hey, verträgst du keinen Spaß?" Dann senkte er die Stimme, nutzte den Vorteil, den ihm der gestürzte Held verschaffte, und sagte: „Trotz allem, weißt du, alle müssen sich doch wundern, wie du, so ein gutaussehender Mann wie du, mit so einer dürren, vertrockneten Frau wie Dottie zusammenlebst. Sie könnt ja n Mann sein, so flach und dürr wie sie iss." Als er das hörte, wurde Frenchie noch wütender, und er war, seltsam genug, nicht auf den Mann wütend, er war wütend auf Dottie. Es war wahr, sei verdiente ihn nicht, sie war dürr und ausgetrocknet und wirklich keine Frau, bei der ein gutaussehender, begehrenswerter Mann bleiben sollte. Kein Wunder, der verdammte, häßliche Kerl konnte sich über ihn lustig machen. Er verstand, was der Held im Film meinte, wenn er sagte, er sehe rot. Frenchie fühlte sich, als ob er in einem Meer von Blut ertränke, er wollte Dottie umbringen! Er stand auf und ging aus der Bar nach Hause.

Als Dottie an jenem Abend durch die Tür rannte und außer Atem ihr „Papa, ich bin da" sagte, wurde sie mit folgendem Anblick konfrontiert: Frenchie stand an der Tür zu ihrem Eingangszimmer mit ihrer besten Suppenterrine in der einen Hand und vier ihrer besten Becher mit Goldrand, die er ineinandergestappelt hatte, in der anderen, und sobald er sie sah, warf er alles auf die Straße. Er ging wieder hinein und kam mit weiteren kostbaren Gegenständen aus ihrer Porzelanvitrine heraus, die er auf die Straße warf, wo sie laut auf dem Asphalt aufschlugen. Nach einer Weile entwickelte er einen regelmäßigen Rhythmus. Er fing an, mit gleichmäßiger Zahl von Schritten ins Haus zu gehen, dann kam er mit etwas Töpferware oder Glas heraus, ging bis zum Ende der Veranda und warf mit der gleichen Anzahl an Schritten und einem Unterarmschwung wie beim Kegeln die Gegenstände auf die Straße. Dottie schrie laut auf, rannte die Stufen empor und krallte ihre Finger in seinen Körper. Er gab ihr eine Ohrfeige, die sie die Treppe hinunterstürzen ließ. Alle Umstehenden schrien auf. Die Männer sagten immer wieder, daß sein Verstand völlig im Arsch sei, niemand versuchte aber, ihn zurückzuhalten, denn aus seinen Augen blickte schiere Mordlust, und er hörte nicht auf, bis er alle von Dotties kostbaren Gegenständen zerschlagen hatte, und dann verließ er den Yard.

„Frenchie iss n sauübler Kerl. Haste gesehn, wie er die Sachen einfach in die Luft geschmissen hat?" Frenchies Name wurde zu einer großen Legende in der Nachbarschaft, niemand hatte je einen gesehn, der es so ‚zusammengeschmissen' hatte; niemand hatte je einen gesehn, der in einem so herrlichen Wutanfall ‘das Ganze bis zum Gehtnichtmehr so zusammengeschmissen' hatte. Niemand erinnerte sich mehr an sein Wort: „Für was fürn Mann halten Sie mich denn?" Sogar die arme, gebrochene Dottie erinnerte sich an seinen herrlichen Wutanfall, wenn sie an ihn dachte. Sie hätte ihm vergeben, daß er ihre kostbaren Gegenstände zerbrochen hatte, sie hätte gerne die Geschichte erzählt, wie schlimm ihr Mann war und wie er eines Tages alles aus ihrer Porzelanvitrine zerschlagen und sie die Treppe hinuntergeworfen hatte. Aber er gab ihr nicht die Möglichkeit dazu. Sie ging weiterhin Sonntag nacht in die Dreierkombination ins *Ambassador*, aber sie sah ihn nie wieder, und danach nahm sie eine Arbeit an, bei der sie im Haus ihrer Herrschaft wohnen konnte, und gab ihre Zimmer im Yard auf.

Aus dem Englischen von Wolfgang Binder.
Aus: Lorna Goodison, *Der Schwertkönig*.
© dipa-Verlag, Frankfurt/M. 1990.

Foto: Marion Ettlinger

Gloria Naylor

Gloria Naylor (USA), geboren 1950, wuchs in New York auf: in Harlem, in der Bronx und in Queens, in den schwarzen Ghettos dieses ‚Schmelztiegels‘, der eher ein explosiver Hochdruckkessel ist. Ihre Eltern hatten als Kleinstbauern in Mississippi gelebt, bevor sie in den zwanziger Jahren in den Norden der USA zogen, wie so viele schwarze Amerikaner dieser Generation. Die tiefe Religiosität ihres Elternhauses prägte sie – für sieben Jahre unterbrach sie ihr Studium an der Elite-Universität Yale, um als Predigerin der Zeugen Jehovas zu arbeiten. Mit ‚Erweckungsliteratur‘ haben ihre sensiblen Romane allerdings nichts gemein, obwohl Gloria Naylor in originellen Konstellationen durchaus Anleihen bei der Bibel macht. Sie müsse Gottvertrauen haben, sagt sie – schließlich sei sie Schriftstellerin. Für ihren Erstling *Die Frauen vom Brewster Place* erhielt sie den begehrten *American Book Award for First Fiction*.

Bibliographie
Die Frauen von Brewster Place. Roman. (1982, Knaur Taschenbuch, 1984).
Linden Hills. Roman. (Harcourt Brace Jovanovitch, 1985).
Mama Day. Roman. (Harcourt Brace Jovanovitch, 1988).
Baileys Café. Roman. (Harcourt Brace Jovanovitch, 1992; Hanser, 1994).

Fünf Sterne

Das Gesetz der Natur machte sie schließlich zur Witwe; der Mann war dreißig Jahre älter als sie. Aber es war die menschliche Natur, die drohte, ihr das Zuhause wegzunehmen. Die zwei Töchter, die nie geschrieben hatten, brachten es fertig, nach der Beerdigung mit der Übertragungsurkunde für die Hütte bei ihr aufzukreuzen. Sie hätten sich sehr anstrengen müssen, um einen anderen Interessenten dafür zu finden, und sie hätten sie Sadie vermieten können, wie sie sie gebeten hatte. Ihr nur vermieten zu jedem Preis, den sie festsetzten, bis sie genug Geld verdient hatte, um sie zu kaufen. Nein, sie wollten nicht vermieten; sie wollten verkaufen. Sie sahen keine Veranlassung, Rücksicht auf die junge Frau dieses alten Trunkenboldes zu nehmen. Hatte sich nicht geschämt, eine Frau zu heiraten, die jünger war als seine Töchter, nachdem er ihre Mutter ins Grab gebracht hatte. Und wer konnte wissen, wieviel Geld sie dem vergreisten Trottel schon abgeluchst hatte. Kauf oder verschwinde.

Das Gesetz der Menschen griff ein und sagte, ganz egal was, sie müßten ihr dreißig Tage Zeit geben. Doch nirgendwo wirkte das Gesetz Gottes dabei mit, sonst hätten Blitze um die Gleise herum getanzt, als Sadie alles verkaufte, was die beiden Töchter nicht beanspruchen konnten: seinen altersschwachen Klepper und den Wagen, alle seine Kleider, alle von ihren entbehrlichen Kleidern, die Töpfe und Pfannen, die Möbel. Sie räumte das Haus leer, um es zu retten. Sie brauchte zehn Tage, um alles loszuwerden, was in fünfundzwanzig Jahren zusammengetragen worden war, und es brachte alles in allem 97,50 Dollar ein. Aber sie verlangten 200 Dollar für das Haus. Und nur noch zwanzig Tage, um das restliche Geld aufzutreiben. Sadie schwirrte der Kopf, als sie das Haus nach weiteren Sachen durchsuchte, die sich noch verkaufen ließen. Sie konnte das Bett hergeben und auf dem Fußboden schlafen, aber da schon alle Decken weg waren, konnte sie sich keine Schlafstelle mehr herrichten. Und der eine Stuhl und der ramponierte Küchentisch würden, selbst wenn sie Glück hatte, nicht mehr als einen Dollar bringen. Hinten im Küchenschrank fand sie die zersprungene Zuckerdose, die sie die Jahre über als Sparbüchse benutzt hatte. Sie schüttelte eine Handvoll Pennys aus, und egal, wie oft sie sie zählte, es wurden nie mehr als fünfundzwanzig. Nun, sie würde sich Arbeit suchen. Das war alles, was sie tun konnte. Sie würde sich die Seele aus dem Leib schuften, bis sie hatte, was sie brauchte, um am Stichtag das Haus bezahlen zu können. Aber sie blickte auf und sah voller Panik, daß die Sonne schon fast untergegangen war am ersten der zwanzig Tage.

Sie versuchte es zuerst bei ihren Nachbarn, klopfte an jede Tür. Ein bißchen Arbeit im Hof? Töpfe scheuern? Wäsche waschen? Könnte sie auf ihre Kinder aufpassen? Es war Freitag abend, und sie wußte, daß sie gerne ausgingen. Manche freuten sich über ihre mißliche Lage: mußte das arrogante Ding endlich zu Kreuze kriechen. Sie ließen sich ihre Macht auf der Zunge zergehen, während Sadie ängstlich darauf wartete, daß sie die Arbeit, die sie für ein paar Pennys angeboten hatte, übernehmen durfte, und kosteten es weidlich aus. Der Geschmack war frisch und neu, und da sie ihn nicht gleich wieder mit einem Nein verlieren wollten, sagten sie nach einer langen Wartezeit: Versuchen Sie's später noch mal. Morgen? Ja, kommen Sie morgen noch mal. Und sie setzten sich zum Abendessen hin und genossen die Vorfreude auf morgen. Aber manche bedauerten, daß sie nicht helfen konnten: Wenn sie sich jemand leisten könnten, der für sie arbeitete, würden sie dann an einem solchen Ort leben? Und sie beschrieben ihr den Weg zu Häusern, in denen sie selbst putzen gingen, Häuser auf der anderen Seite der Stadt.

Das Herbstlicht wich schnell der Dämmerung, als sie sich an diesem Freitag abend auf den Weg durch die Stadt machte. Und es war schon dunkel, als sie die Straßen erreichte, wo alle möglichen Zäune die grünen Rasen und Blumenbeete einsäumten. Die Luft wurde kühl, und sie war ohne die eine Jacke, die sie nicht verkauft hatte, losgerannt. Jedesmal, wenn eine Tür mit neugierigen oder argwöhnischen Blicken geöffnet wurde, ließ sie die Wärme aus dem Haus erzittern, und ihr Magen knurrte, wenn sie die Düfte von den Braten und Backkartoffeln einsog. Manche glaubten, sie sei nicht richtig im Kopf, und schlugen die Tür sofort zu. Einige sagten ihr, sie solle am Montag zu einer anständigen Zeit wiederkommen – mit Empfehlungen. Aber es reichte schon einer, der die Polizei rief, und sie wurde ermahnt, aus dieser Gegend zu verschwinden und dahin zurückzugehen, wo sie hingehörte.

Sie verirrte sich auf dem Rückweg zu den Eisenbahngleisen und landete in Straßen, wo die Rasen noch grüner und größer waren, wo die schmiedeeisernen Zäune hoch über ihrem Kopf aufragten. Die erleuchteten Fenster der Steinvillen beobachteten sie mit ungerührtem Blick, als sie den Kopf einzog und ihren Schritt beschleunigte. Sadie wußte, daß sie sich die Mühe sparen konnte, an diese Türen zu klopfen. Sie kämpfte gegen die Verzweiflung an, versuchte zu rechnen, während sie dahineilte: sie würde ihre Anstrengungen morgen verdoppeln müssen, um den vergeudeten Tag aufzuholen. Oder vielleicht könnte sie ihn über die nächsten neunzehn Tage gutmachen. Neunzehn Tage, um über 100 Dollar zu verdienen. Wieviel am Tag? Aber diese Rechenaufgabe war zu schwierig ohne Papier. Sie würde die ganze Nacht aufbleiben, falls nötig, und die Zahlen ausrechnen, wenn sie nach Hause kam.

Sie war so in ihre Gedanken vertieft, daß sie beinahe mit den zwei Frauen zusammengestoßen wäre, die durch eins der schmiedeeisernen Tore kamen. Erst als sie ihnen auswich und eine Entschuldigung murmelte, bemerkte sie die schwarze Limousine, die im Leerlauf am Bordstein stand. Aber es war das Lachen der einen Frau, das sie plötzlich stehenbleiben ließ. Das blonde Haar war von Silbersträhnen durchzogen und mit perlenbesetzten Kämmen aufgesteckt, und obenauf saß ein schwarzer Glockenhut. Die Perlen waren echt und die Nerzstola auch. Der Ehering war aus Platin. Und die grünen Augen waren noch immer schön, das Make-up geschickt genug aufgetragen, um die zahlreicher gewordenen Krähenfüße zu verbergen. Diese Augen blickten verwundert, als Sadie die Hand ausstreckte, um nach dem Arm unter dem Nerzärmel zu fassen.

„Ich bin Sadie," sagte sie.

Der Blick war völlig leer und wurde ängstlich, und der rot geschminkte Mund wollte sich zum Protest öffnen…

„Ich bin Sadie," wiederholte sie. „Wer frisiert jetzt ihr Haar?"

Es dauerte weniger als eine Sekunde: Das Wiedererkennen, der Mund bog sich zu einem Lächeln nach oben, die Augen forderten Beifall heraus für die erleuchteten Villenfenster, für die Tochter, die einmal auf die Universität gehen würde, die leise surrende schwarze Limousine, den Ehemann hinterm Steuer. Unmittelbar nach dieser Sekunde fragte die Tochter: „Mutter, wer …?" „Niemand," sagte die blonde Frau, als sie Sadies Hand abschüttelte und das Mädchen zum Auto trieb.

„Ich brauche Arbeit," rief Sadie ihr hinterher.

Ohne den Kopf umzudrehen, antwortete sie: „Es tut mir leid; mein Personal ist vollzählig." Die schwere Türe ging auf, und die langen Beine glitten hinein. Sadie machte einen Schritt vorwärts, ihre Stimme wurde lauter, ihre Absicht war deutlich:

„Ich komme morgen trotzdem. Ich brauche die Arbeit."

Aber der letzte Blick, den sie aus diesen grünen Augen erhaschte, als der Wagen losfuhr, verriet ihr, daß ihre Drohung keine Gefahr barg. Er war ein alter Freier, Sadie, sagten die Augen. Ein kluger Freier, der wußte, daß wir die besten Ehefrauen abgeben. Sadie blieb stehen und sah hinterher, bis der Wagen das Ende des langen Blocks erreicht hatte. Sie zitterte und klatschte in die Hände, damit sie warm wurden, klatschte, bis die Rücklichter der Limousine verschwunden waren.

Es war längst nach Mitternacht, als sie schließlich zu Hause ankam. Und sie war am Morgen des neunzehnten Tages schon weg, als der 5 Uhr 15 vorbeiraste. Sie bekam den vorläufigen Lohn von 2 Dollar an diesem Sonnabend für das Putzen eines Hauses. Sie würde ihn auf 2,50 Dollar erhöhen, nachdem sie Referenzen gebracht hätte, sagte ihr die Frau, denn immerhin gehe sie ein Risiko ein. Und die Frau war so angetan von ihrer Gründlichkeit, daß sie nichts für das Mittagessen abzog, das sie ihr gab. Sadie steckte die verkrumpelte Dollarnote und die vier Vierteldollarstücke in ihre Stoffbörse. Brauchte noch jemand in der Nachbarschaft heute Hilfe? Ja, sie wußte, daß es schon fast dunkel war, aber sie brauchte die Arbeit heute abend. Nun, vielleicht die alte Frau an der Ecke mit den vielen Katzen. Weiß Gott, dieses übelriechende Haus konnte jederzeit eine gründliche Reinigung gebrauchen. Sadie bekam weitere 1,50 Dollar dafür. Und keine Sorge wegen der Abzüge; sie hatte Angst, das Essen anzurühren, das ihr dort angeboten wurde. Wieder war es längst nach Mitternacht, als sie sich nach Hause schleppte und das Portemonnaie auf dem Tisch ausleerte. Zwei verkrumpelte Dollarnoten, vier Vierteldollar, vier Zehncent- und zwei Fünfcentstücke. Sie war zu müde, um auszurechnen, wieviel ihr noch fehlte. Und sie hatte sowieso vergessen, den Sonntag abzuziehen. Niemand arbeitete am Sonntag – außer in den Rüstungsfabriken. Ja, dort würde sie es versuchen.

Sicher, sie könnten sie gebrauchen, sagte man ihr am nächsten Tag. Sie sollte den Antrag ausfüllen, ihnen eine Woche oder so Zeit geben für eine Überprüfung, und am Ende des Monats würde sie an einer Maschine stehen. Nein, früher ging es nicht. Diese Dinge brauchten Zeit, aber sie würde gut verdienen, sobald sie einmal dabei war – über 30 Dollar in der Woche. Einen Vorschuß? Hatte sie den Verstand verloren? Erst mußte sie den Job haben, bevor sie überlegte, wie sie das Geld ausgeben konnte. Sadie füllte die Bewerbung nach bestem Vermögen in der Hoffnung aus, daß irgendwas geschehen würde und sie die Sache beschleunigten.

Sie verdiente trotzdem 25 Cents am Sonntag, indem

sie herumliegenden Abfall für eine ihrer Nachbarinnen auf-
sammelte, die ihre Fragerei leid geworden war, und sie tat
sie zu einem Zehncentstück dazu, das sie im Rinnstein gefunden hatte. Wieder zwei Münzen für den wachsenden
Haufen. Sie trank ihr Abendessen aus heißem Wasser und
Zucker, während sie Bleistift und Papier holte, um auszurechnen, wieviel sie noch verdienen mußte. Sie hatte noch
siebzehn Tage, um 98,40 Dollar zu verdienen. Bei 5,79 am
Tag hätte sie am Schluß 3 Cents übrig, also rundete sie die
Summe auf 5,80 Dollar am Tag auf. Nach dem ersten Tag
hätte sie vier Cents über. Und dann hätte sie jeden Tag zu-
sätzlich einen Penny über, um noch ein bißchen Zucker
zum Auflösen in heißem Wasser zu kaufen. Und nach diesem ersten Tag, wenn sie keinen Extrapenny verdienen
konnte, brauchte sie sich keine Sorgen zu machen. Nach
dem ersten Tag waren es wirklich nur 5,79 Dollar am Tag.
Sie prüfte und rechnete noch mal nach. Ja, 5,79 Dollar am
Tag. Sie sagte diese Zahlen immer wieder leise vor sich hin.
Sie wiederholte diese Zahlen so, wie manche Menschen
beten.

Am Montag, als sie ihre 2 Dollar für einen weiteren Tag Putzen einsteckte, hörte sie von einer Wäscherei in der South
Side, die mit Abendschicht arbeitete. Der Besitzer war damit
einverstanden, sie in bar nach jeder Schicht auszubezahlen,
da sie bereit war, die Dampfmangel für den halben Lohn zu
bedienen. Kriege keine gute Mangelhilfe, sagte er, weil die
chinesischen Wäschereien groß genug geworden sind, um ihre
eigenen Leute zu beschäftigen. Passen Sie nur auf Ihre Finger
auf, sagte er zu ihr. Sie verbrannte sie sich trotzdem. Aber sie
machte die Schicht zu Ende und versicherte ihm, nein, die
Verbrennungen würden nicht schmerzen. Sie würde am nächsten Abend pünktlich wieder da sein. Weitere 1,75 Dollar
kamen in das zuschnappende Portemonnaie. Sadie wußte, daß
sie für diesen Tag noch im Rückstand war, und es war schon
kurz vor Mitternacht. Die anderen Arbeiter fuhren mit der
letzten Straßenbahn nach Hause, während sie auf der Bank
saß und so tat, als würde sie darauf warten, abgeholt zu werden, damit sie nachdenken konnte.

Sie glaubte nicht, daß sie den langen Weg zurück zu den Eisenbahngleisen schaffen würde. Und wenn sie auf der Bank schlief, hätte sie morgen vielleicht mehr Kraft, um schneller zu arbeiten – zwei Häuser zu putzen –, bevor sie zur Wäscherei ging. Das würde genau hinkommen - zwei Häuser und die Wäscherei. Aber sie mochte es nicht, wenn man die Hausarbeit schnell erledigte. Sie würden vielleicht nicht für einen ganzen Tag bezahlen. Sie sah nicht ein, warum – eine Tagesarbeit war eine Tagesarbeit. Es war ihre Sache, wie schnell sie arbeitete; das Haus würde sauber sein. Sie konnten mit weißen Handschuhen überall nachprüfen, wenn sie fertig war. Aber sie war noch immer im Rückstand für heute. Heute brauchte sie noch ... Sadies Gedanken wurden unterbrochen, als der Mann sich räusperte. Sie erschrak, als sie merkte, daß sich eine dunkle Gestalt von hinten über sie beugte.

„Ein bißchen spät noch draußen, Zuckerpüppchen, wie?"

Ihre Hände umklammerten das Portemonnaie in ihrer Jackentasche, als sie von der Bank aufsprang. Mit pochendem Herzen konnte sie schließlich die glänzenden Knöpfe und den Schnitt der Soldatenuniform ausmachen. Er stand lächelnd da, seine Zähne in scharfem Kontrast zu seinem ebenholzschwarzen Gesicht. Aber sie hielt noch immer die Faust fest um das Portemonnaie geballt und wich ein Stück zurück.

„He, ich werd dir nichts tun. Hast die Bahn verpaßt?"

Sie schüttelte verneinend den Kopf, während sie noch weiter zurückwich. Der Soldat sah an ihrem Körper runter, und sein Blick blieb auf ihrem vollen Busen haften.

„Das hab ich auch nicht angenommen."

Sadie fing an, die Straße hinunterzulaufen. Er ging im gleichen Schritt neben ihr her. Sie beachtete ihn nicht, aber sie sagte ihm auch nicht, er solle weggehen.

„Mein Schiff läuft morgen aus. Und heute nacht will ich mich noch ein bißchen amüsieren."

Sie kamen unter eine Straßenlaterne, und als sie endlich sein Gesicht bei vollem Licht sah, sprach sie das aus, was ihr als erstes durch den Kopf ging: Du bist jung genug, um mein Sohn zu sein. Er brach wieder in dieses breite Grinsen aus.

„Ja, aber ich mag es, wenn sie Erfahrung haben."

Sie schüttelte ihn ab, indem sie flink in eine dunkle Gasse einbog, die zu einem anderen verlassenen Häuserblock führte. Keine Angst, er wird dir nicht folgen. Sie erinnerte sich an diese Worte. Sie folgen dir niemals in eine dunkle Gasse, es sei denn, sie sind zu zweit. Sie denken, dein Lude wartet. Aber sie werden nicht mehr Lude genannt, Mama, dachte sie; jetzt nennt man sie Strizzis. Eine zweite Gasse zwischen den Lagerhäusern mit verschlossenen Rolläden führte sie ins Herz der South Side. Die Brandwunden an ihrer Hand schmerzten, als sie hastig durch die Straßen lief, die sich trotz aller Veränderungen nicht verändert hatten. Die Musik, die aus den Saloons drang, war eine andere, und es waren auch keine Saloons mehr. Linoleum hatte die Holzdielen und die Sägespäne ersetzt; hohe Glaskrüge statt Bierhumpen wurden über die fleckigen Eichentresen gereicht. Der Geist der über ihre Klaviertasten gebeugten Ragtimemusiker lebte weiter in den roten und blauen Jukeboxlichtern, die die Wände sprenkelten, aber der Rhythmus war schnell, sehr schnell, mit Trompeten, die genauso kreischten wie der 5 Uhr 15. Es kam ihr vor wie Samstag nacht wegen der Soldaten. Hunderte von ihnen liefen am nächsten Morgen aus und veranstalteten auf den Bürgersteigen der South Side eine einzige große Party. Die Uniformen hatten die Farbe gewechselt: von getrocknetem Dung zu der von alten Oliven, aber die Körper darin waren noch immer dunkel und jung. Sadie stieß andauernd mit Gruppen von ihnen zusammen, eine Ecke – He, Süße, wo bleibt dein Pepp? – nach der anderen – Wenn du ein bißchen langsamer gehst, spendiert Papa dir einen Drink. Eine Frau ist eine Frau - erinnerte sich auch an diese Worte –, und eine Frau ist eine Hure, wenn sie nicht weiß, wo sie nach Mitternacht langläuft.

Sie blieb an einer Ampel stehen, um wieder zu Atem zu kommen. Sie lehnte sich an den Eisenpfahl und fühlte, wie ihr schwindelig und schwarz vor Augen wurde, und sie fürchtete, ohnmächtig zu werden. Ihr Kopf war leer, während sie zusah, wie die Ampel von Rot auf Grün und wieder auf Rot umsprang. Sie wußte nicht, wie oft sie umgesprungen war, bevor er auf sie zutrat. Er war kein Soldat. Und er war nicht jung. Der einfache Straßenanzug war ein wenig verschlissen am Revers. Und sein Filzhut war reif für die Mülltonne. Er stand mit den Händen in den Taschen neben dem Pfahl und sah mit Sadie dem Umspringen der Ampel zu. Von Rot auf Grün wieder auf Rot. Sadie zählte zusammen, was sie heute verdient hatte: 3,75 Dollar.

Von Rot auf Grün wieder auf Rot. Aus dem Augenwinkel sah sie, daß er zappelig war, ein nervöses Lächeln spielte um seine Lippen. Einer von den schüchternen Weißen, dachte sie. Er wartete nur darauf, die Straße überqueren zu können, kümmert sich um nichts weiter, bis ich mich ihm an den Hals werfe. Wenn er die Hände aus den Taschen zieht, wird er einen Ehering tragen. Und er wird mir danach die Photos von seinen Kindern zeigen. Er muß mir diese Photos danach zeigen. Ja, manche Dinge auf der South Side würden sich niemals ändern. Von Rot auf Grün wieder auf Rot.

„Schon was vor heut nacht?" fragte sie, ohne ihn anzusehen.

„Nein," sagte er. „Wieviel?"

Sadie schloß die Hand um ihr Portemonnaie in der Tasche, dachte an das vollgekritzelte Papier auf ihrem Küchentisch.

„Zwei Dollar und vier Cents."

Sie schrak zusammen, als er plötzlich loslachte. „Du nimmst mich auf den Arm, Schwester," sagte er. Und einen Moment lang glaubte sie, er würde ihr sagen, sie habe sich verrechnet, sie wolle ihm zuviel abknöpfen. Aber nein, es stimmte: siebzehn Tage geteilt durch ...

„Zwei Dollar und vier Cents," wiederholte sie bestimmt. „Und bezahl mich im voraus."

Er schüttelte den Kopf, während er drei Dollarnoten aus der Brieftasche nahm: „Du liegst weit unter dem derzeitigen Preis." Da war ein Ehering, und da waren Photos. „Nimm drei," sagte er. Aber sie bestand darauf, ihm das Wechselgeld zu geben, und zählte es bis auf den Penny genau ab. Er steckte die Münzen ein, bevor er seine Jacke zurückschlug und ihr die Dienstmarke zeigte. Und dann nahm er sie fest.

Zwei Wochen im Frauengefängnis. Und nur noch zwei Tage übrig, als sie in die ungepflasterte Straße einbog, die zu der Hüttensiedlung führte. Alles Rechnen hatte für Sadie aufgehört. Sie fiel in einer Ecke des Hofs auf die Knie und legte ihre Stirn auf die trockene Erde im Blumenkasten. Die Blütezeit war vorbei, und die samtigen Blätter der Geranien waren verdorrt und mit einer dicken, schwarzen Ruß- und Ascheschicht bedeckt. Die unverriegelte Fliegentür hatte so lange im Wind geschlagen, daß sie nun aus den Angeln hing. Die Fenster waren von Staub und Ruß verschleiert. Die vorbeidonnernden Züge verschmolzen zu einem einzigen Zug. Die Nachbarn, die versuchten, sie vom Boden aufzuheben, wurden zu einem einzigen Paar Arme. Als sie sahen, daß sie in Ruhe gelassen werden wollte, ließen sie sie allein. Sie blieb die ganze Nacht über so liegen.

Mein Vater hat mir immer erzählt, daß jedesmal, wenn einem Menschen ein Traum entrissen wird, ein Stern am Himmel stirbt. Träume waren für Sadie ihr ganzes Leben lang zerronnen. Und der letzte Stern für sie verglühte schnell. Der letzte, der sie davon abgehalten hatte, sich selbst auszulöschen, ein endloser Sturz durch die endlose Weite eines schwarzen Lochs, das darauf wartete, sich in ihrem Herzen aufzutun. Es gab keine Träume mehr. So kniete sie die lange Nacht hindurch mit dem Kopf in dem vertrockneten Blumenbeet und betete, daß ein Wunder geschehe. Laß es mich behalten, flehte sie; laß es mich behalten.

Die Schritte knirschten laut auf dem trockenen Schotter in der Stille der Nacht. Sie kamen langsam vom Rand der Siedlung näher. Ein Paar Knie streiften ihre gebeugten Schultern, und eine Hand faßte hinunter, um ihr Haar zu streicheln. Die Handfläche war breit wie die eines Mannes, die Berührung sanft wie die einer Frau. Eine zerschlissene Decke wurde ihr über den Rücken gelegt und eine zerknitterte Papiertüte neben sie gestellt. Als Sadie schließlich aufblickte, war sie allein, die Schritte nur noch ein entferntes Echo.

Sie wickelte die Decke um sich und griff nach der Papiertüte. Der verschmutzte weiße Anstrich ihres Hauses leuchtete in der Dunkelheit, als ihre vor Müdigkeit verschleierten Augen einen Heiligenschein darum formten. Regenbögen zogen Streifen über das Dach und füllten den Hof mit Grün und Blau, sprenkelten die Geranienblätter mit hellroten Flecken. Das erste, was ihre Finger ergriffen, war ein Stück Bratfisch zwischen gebutterten Maisbrotscheiben. Sie aß die Brot- und Fischgabe in kleinen Bissen, während die Dämmerung durchzubrechen und die Visionen der Nacht zu zerstören drohte. Aber dann griff sie erneut in die zerknitterte Tüte und zog die Sterne daraus hervor. Fünf Stück zierten ein Etikett, das röter war als ihre Geranien. Und die fünf Sterne wurden die einzigen, die sie noch brauchte, als sie den Deckel von der flachen Halbliterflasche schraubte und den süßen Wein trank.

Die Dämmerung brachte keine Veränderung. Das Haus war noch immer schön, und es gehörte noch immer ihr. Sie erhob sich von ihren wunden Knien, taumelte zum Spirituosenladen und kam mit einem Vorrat an Sternen zurück, um ihr Haus in Ordnung zu bringen. An diesem Tag schaffte sie es, zwischen dem 11 Uhr 35, 15 Uhr 12 und 20 Uhr 40 die Veranda zu fegen, die Fußböden zu wischen, die Fenster zu putzen, die Wäsche zu waschen, die Töpfe zu schrubben, die Fliegentür einzuhängen, das Dach zu reparieren, das ganze Haus zu streichen, den Hof umzugraben und mit Rasen zu bepflanzen, einen Lattenzaun zu bauen, den Gehweg mit Backsteinen auszulegen, alle Blumen neu zu pflanzen und zum Blühen zu bringen. Sie war so müde, daß sie gleich am Tisch einschlief. Ihr Kopf dröhnte, ihre Kehle war trocken, und ihr Atem roch nach faulem Obst, aber das Haus sah endlich hübsch aus. Sie wußte, sie hatte eine zweite Chance bekommen, und sie würde keine Fehler mehr machen. Sie würde dafür sorgen, daß sie immer genug Geld hatte, um ihr Heim zu behalten.

Aus dem Amerikanischen von Angelika Kaps.
Aus: Gloria Naylor, *Baileys Café*.
© Carl Hanser Verlag, München Wien 1994.

Foto: Joël Weislinger

Alice Walker

Alice Walker (USA) geboren 1944, gehört mit Toni Morrison in die erste Reihe der US-Autorinnen. Sie wuchs als Tochter eines Kleinpächters in Georgia auf. Diese Erfahrung des Südens prägte sie für ihr gesamtes Leben: Ihr Engagement als Feministin und Bürgerrechtlerin hat seine Wurzeln im brutalen Rassismus, den sie in ihrer Kindheit erlebte. Vor dieser Folie, die sie auch in vielen Essays entwickelt hat, sind ihre Gedichte, Erzählungen und Romane zu sehen, die immer das Leben einzelner Menschen erzählen, mit großem Einfühlungsvermögen, mit viel Gefühl – was ihr zuweilen den Vorwurf der Sentimentalität einträgt. Zu den vielen Ehrungen und Preisen zählen u.a. der *Pulitzer*-Preis (1983) und der *American Book Award* (1983). Seit 1977 geschieden, lebt sie mit ihrer Tochter in San Francisco.

Auswahlbibliographie
Once. Gedichte. (Harcourt Brace Jovanovitch, 1968).
Das dritte Leben des Grange Copeland. Roman. (1970; Frauenbuchverlag, 1988).
Roselily. 13 Liebesgeschichten. (1973; Frauenbuchverlag, 1986).
Meridian. Roman. (1976; Frauenbuchverlag, 1984).
Die Farbe Lila. Roman. (1983; Rowohlt, 1984).
Auf der Suche nach den Gärten unserer Mütter. Essays. (Frauenbuchverlag, 1987).
Beim Schreiben der Farbe Lila. Essays. (Frauenbuchverlag, 1987).
Die Erfahrung des Südens. Das schwarze Amerika erzählen. Essays. (Frauenbuchverlag, 1988).
Und sie hüten das Geheimnis des Glücks. (Rowohlt, 1993).

Olivenöl

Orelia war dabei, das Abendessen zu machen – Ratatouille, und sie hatte alle Hände voll zu tun: Auberginen und Zucchini schneiden, Knoblauch klein hacken. Im Fernsehen gab es George Winston, und im Herd knisterte das Feuer. Als sie das Olivenöl in die Pfanne träufelte, lief ein wenig davon über ihren Daumen. Geistesabwesend rieb sie es mit ihrem rauhen Zeigefinger in die Nagelhaut, und sie bemerkte, daß sie rissig war. Sie hatte im vergangenen Monat wirklich viel gearbeitet. Sie hatte den Wintergarten bepflanzt; das Wetter war an den meisten Tagen mild gewesen, aber auch trocken und ab und zu ein bißchen windig. Deshalb waren ihre Hände so trocken.

Darüber dachte sie nach, als sie ihr Gesicht berührte, während sie herumwerkelte, das Feuer nachlegte und einen Topf aufstellte für die Nudeln. Über ihren Backenknochen schien die Haut zu rascheln, so trocken war sie. Sie massierte ihre Nagelhaut, die schmerzhaft trocken war und nahm die Flasche mit dem Olivenöl. Sie roch daran, ob es frisch war, und goß einen Eßlöffel voll in ihre Hand. Sie rieb es auf die Hände, dann rieb auf ihren Hals und in ihr Gesicht. Danach rieb sie es sich auf ihre Handgelenke, auf ihre Arme und auch noch auf ihre Beine.

Als John vom Holzhacken hereinkam, sog er hoffnungsvoll die Luft ein – er wollte den Duft der Ratatouille geniessen, eines seiner Lieblingsgerichte. Als er das Holz abgesetzt hatte und Orelia küßte, fiel ihm auf, wie glänzend ihre Haut aussah, beinahe wie poliert. Es tat ihm leid, daß er sie mit seinem Schnupfen nicht riechen konnte, denn ihr süßer, frischer Duft gefiel ihm immer sehr.

„Du kannst immer noch nichts riechen, was?" fragte sie.

„Nö."

Worauf sie mit Nachdruck sagte: „Gut!"

Eines der traurigen Dinge in ihrer Beziehung war, daß sie John zwar liebte, aber nicht unbedingt das Beste erwartete von ihm. John dachte manchmal, daß das allein seine Schuld sei. Aber das stimmte nicht. Orelia war aufgewachsen in einer Familie und in einer Umgebung, in der Männer sich nicht allzu oft von ihrer besten Seite zeigten, wenn es um Frauen ging. Was sie taten, war so etwas wie der krampfhafte Versuch, ihren männlichen Vorbildern nachzueifern. Außerdem, als sie sehr jung war, gerade sieben Jahre alt, hatte ihr älterer Bruder Raymond, der immer freundlich und liebevoll war, sie betrogen. Ihre anderen Brüder, die ziemlich unsensibel und wild waren, hatten einen bösen Spitznamen für sie erfunden: „Rhino" (weil sie schon als kleines Mädchen so trockene Haut hatte, daß ihre Knie und Ellbogen grau und dick aussahen). Den Namen hatte sie ertragen, so gut sie konnte, bis eines Tages auch Raymond sie 'Rhino' nannte. Das hatte sie erschüttert, und seither traute sie jedem Mann zu, sie aus heiterem Himmel zu verletzen, ganz egal, wie sehr sie ihn liebte.

Deshalb fehlte ihr das Vertrauen zu John, ganz egal, was er tat, und manchmal beschwerte er sich darüber bei ihr, aber meistens hielt er den Mund. Ganz egal, wie oft er zeigte, daß er anders war als andere Männer – in ihren Augen schien es diese Unterschiede nicht zu geben, und das deprimierte ihn. Aber er liebte Orelia und verstand, daß sie von ihrer Umgebung und ihrer Familie häufig verletzt worden war, und er fühlte mit ihr.

Beim Essen erwähnte er, wie strahlend sie aussah, aber sie lächelte nur und stopfte sich den Salat schüsselweise rein. Er war überrascht, daß sie ihm nicht sofort sagte, was sie mit sich angestellt hatte – normalerweise tat sie das.

Bevor sie zu Bett ging, wusch sie sich von Kopf bis Fuß in der Zinkwanne, die er gekauft hatte. Es faszinierte ihn jedesmal, wie sie das machte, weil sie es tatsächlich schaffte, mit weniger als einer halben Gallone Wasser sauber zu werden. John dagegen warf jeden Abend den Boiler an und ließ es sich in der Dusche gut gehen, die das Wasser gallonenweise verbrauchte. Während er draußen im Badehaus duschte, flippte sie in der Küche mit dem Olivenöl aus – sie massierte es in ihre Kopfhaut, zwischen ihre Zöpfchen, auf Gesicht und Körper, in ihre Füße. Sie glühte wie eine Lampe, als sie vor dem verzauberten John die schmale Leiter zur Schlafkammer hochkletterte.

Leider mußte irgendwann der Tag kommen, an dem John wieder riechen konnte; seine Erkältungen dauerten selten länger als eine Woche. Orelia dachte jeden Tag daran, wenn sie sich mit dem Olivenöl einschmierte. Sie liebte das Zeug. Anders als ihre verschiedenen wohlriechenden Öle und Cremes, ging es los auf die übermäßige Trockenheit ihrer Haut, und es gewann den Kampf. Seine Reinheit brachte ihrer Haut den Schimmer von Gesundheit.

Orelia und John waren sich schon so lange eng vertraut, daß jedes kleine Geheimnis, das sie vor ihm hatte, ihm einen Stich versetzte, wie ein spitzer Strohhalm in der Socke. Eines Abends, als der schlimmste Teil der Erkältung überstanden war, duschte er schon früh, um mit ihr in der Küche zu sein, wenn sie sich wusch. Über den Rand seiner Ausgabe von *Natural History* schaute er zu, wie sie ihren dunklen, schimmernden Körper aus der malvenfarbenen Thermounterwäsche schälte und die Wanne mit heißem Wasser aus dem Kupferkessel füllte, der fast die gleiche Farbe hatte wie ihr Gesicht. Er schaute zu, wie sie den Waschlappen einseifte und wie sie begann, ihr Gesicht, ihren Hals und ihre Ohren zu waschen – eifrig, aber auch irgendwie gedankenverloren. Er schaute zu, wie sie ihre Brüste einseifte und betastete, und er wünschte sich nichts mehr, als dort zu sein, wo die Seife jetzt war und ihre dunkelbraunen Brustwarzen mit seiner Zunge zu bedecken. Sie schaute zu ihm herüber, als sie mit dem Waschlappen ihren Körper entlangfuhr und sich dann über die Schüssel kauerte. John wandte die Augen ab; er meinte, sie müßten schon dampfen, und las eine Geschichte über die Eigenart von Flamingos, kopfüber zu essen. Als er wieder hochschaute, saß sie bequem auf einem Stuhl und badete die Füße in der Schüssel. Und dabei rieb sie sich etwas auf die Haut.

„Was ist das?" fragte John.

Es ist traurig, aber wahr, daß Orelia sich überlegte, ob sie ihn anlügen sollte. Und eine Menge Erinnerungen und unschöne Befürchtungen schossen ihr durch den Kopf. Sie dachte an die Zeit, als sie ein kleines, schwarzes Mädchen war, mit kleinen, dünnen, aschfarbenen X-Beinen, und wie ihre Mutter ihr jeden Morgen eingeschärft hatte, sie mit Vaseline einzureiben. Vaseline war billig und sehr wirkungsvoll. Dummerweise nahm Orelia aber immer zuviel davon, oder sie vergaß, die Reste abzuwischen – und alles, was sie anzog, und alles, worauf sie sich setzte, bekam einen dünnen Fettfilm. Diese Schmierigkeit an sich und an ihren Spielkameraden, von denen die meisten genauso aschefarben waren wie sie selbst, widerte sie irgendwann an, besonders als Fernsehen und Kinofilme ihr klar machten, daß einen alle Formen von Öligkeit automatisch ausschlossen von allem, was gesellschaftlich akzeptabel war. Die besten weißen Leute waren niemals ölig, beispielsweise; und sie wußte, daß diese Leute sofort jeden armen Weißen und jeden Schwarzen verachten würden, der ölig wäre. Also stieg Orelia auf zu Pond's und Jergens Cremes, die jetzt den Kampf gegen ihre trockene Haut führten – allerdings nicht annähernd so gut oder so billig wie einfache Vaseline.

Während sie mit einer Antwort für John zögerte, dachte sie auch über dieses Männerbedürfnis nach, wohlriechende Frauen zu haben. Besonders darüber, wie John ihren Körper genoß, wenn sie gut parfümiert war. Wo sie gerade daran dachte: Ihnen beiden war es zuzutrauen, in einer Chanel-Wolke ins Bett zu gehen.

Dann schaute sie in seine Augen, die voll tiefem Zutrauen waren. Was John auch immer von ihr erwartete, er dachte nicht daran, daß sie ihn belügen könnte. Er erwartete das Beste von ihr. Scheiß drauf, dachte sie.

„Kannst du wieder riechen?" fragte sie, während sie sich die Füße trocknete.

„Ja", sagte John.

„Na, dann komm doch her."

John kam zu ihr herüber und schaute ihren glänzenden Körper an mit den vollen Brüsten, die Kinder gestillt hatten und jetzt ein bißchen herabhingen, und dann stand er vor ihr. Sie stand auf, wobei sie ihn berührte.

„Riech mal", sagte sie. Wenn er mich enttäuscht, dann ist es so, wie ich es erwartet habe, dachte sie und wartete darauf, daß John den Verrat von Raymond wiederholte.

John roch an ihrer Wange und an ihrem Hals, und er rieb seine Nase sehnsüchtig an ihrer Schulter. „Hm", sagte er, ziemlich leidenschaftlich.

Sie hielt die Flasche hoch. „Es ist Olivenöl."

„Olivenöl, was?" sagte er und schaute die Flasche an und die hübsche Schrift. „Aus Italien. Steht dir verdammt gut."

„Wie findest du den Geruch?" insistierte sie.

„Erdig. Wie Sandelholz, nur nicht so süß. Gefällt mir."

„Wirklich?" Auf einmal strahlte sie. Ihre Liebe zu John ergoß sich in ihr Herz.

Er schaute sie verwirrt an. Er wußte nie, was sie glücklich machen würde. Manchmal dachte er, daß er einfach vor sich hin pfuschte und, mit Gottes Hilfe, ab und zu einen Volltreffer landete.

„Ich kann dich von deinen Schuppen erlösen," sagte sie munter und nahm einen Kamm. „Setz dich zwischen meine Knie."

„In welche Richtung soll ich schauen?" fragte John hinterlistig, stülpte seine Lippen vor und berührte ihren Nabel, als er sich bückte und ein Kissen auf den Boden vor dem Stuhl legte.

Orelia legte sorgfältig ein Handtuch auf Johns Schultern und war bald dabei, große Flocken aus seiner Kopfhaut zu kämmen, (peinlich große und peinlich viele, für John) und ihm zu erklären, daß Schuppen, besonders bei Schwarzen, nicht nur von mangelnder Feuchtigkeit, sondern auch von einem Mangel an Öl hervorgerufen werden. „Wir sind trockener als andere Menschen," sagte sie, „jedenfalls in Amerika. Vielleicht wird das Problem in Afrika durch das andere Essen gelöst." Sie riet ihm, sein Tegrin-Shampoo und sein *Head & Shoulders* wegzuwerfen.

Vorsichtig wie ein Chirurg teilte sie sein Haar auf in verschiedene Segmente und goß ein bißchen Olivenöl dazwischen. Mit ihren Fingern und besonders mit ihren Daumen massierte sie dann kräftig seine Kopfhaut, dabei summte sie ein Liedchen.

Nachdem sie seine Kopfhaut sorgfältig eingeölt und massierte hatte (zum ersten Mal seit Wochen juckte sie nicht mehr), machte sie sich einen Spaß daraus, auf seinem ganzen Kopf kleine Korkenzieher-Löckchen zu drehen, die sie „Baby-Dreadlocks" nannte. Sie erklärte ihm, daß er morgen das restliche Öl auswaschen könnte, (obwohl das Öl überraschenderweise völlig eingezogen schien, weshalb es offensichtlich keinen Rest gab), dabei werde seine Kopfhaut angenehm bleiben und sein Haar glänzend – aber ganz und gar nicht wie die strähnigen „Jerri Curls", die gerade in Mode waren. Die konnte man nur mit harten Chemikalien zum Entkrausen und mit Haarfett hinbekommen und beide fanden, daß Schwarze damit minderwertig aussahen. „Wie Hyänen," sagte Orelia immer.

Alles war wunderbar für John – zwischen Orelias Knien zu sitzen, ihre Hand auf seinem Kopf zu fühlen, ihr Summen zu hören und ihre sanften Worte; es war eine Vertrautheit zwischen ihnen, wie er sie sich sein Leben lang gewünscht hatte. Aber er hatte nie geglaubt, daß er sie jemals spüren würde. Wenn seine Schwestern mit ihren wirren Locken herummachten, hatten sie die Geborgenheit zwischen den Knien seiner Mutter genossen, oder sie hatten einander zwischen die Knie genommen oder zwischen den bequemen Knien seiner Tante gehockt. Aber er, als Junge, war davon ausgeschlossen. Er stellte sich vor, wie er wohl als kleines Kind zwischen den Knien von irgendjemanden hatte hocken wollen; er stellte sich vor, wie er die ersten paar Male dazu verleitet worden war, und wie er dann weggescheucht wurde. Er wußte, daß er nur lange genug in seinen Erinnerungen kramen mußte, um auf sein kindliches Ich zu stoßen, das wegen dieser Zurückweisungen weinte und sie nicht verstand.

Nun aber. Schau mal.

John wußte, daß gerade Vollmond war. Er konnte es fühlen, weil sein Körper besonders sensibel reagierte. Das Feuer im Herd machte ein freundlich knisterndes Geräusch;

die Flammen hüpften und warfen Hitzeschatten über sein Gesicht. Er fühlte sich warm und geborgen und aufgenommen in ein altes Frauenritual, das wie für ihn gemacht schien. Es machte ihn an, und plötzlich hatte er eine Idee.

„Lass' uns woanders weitermachen," sagte er.

„Wo?" fragte Orelia lächelnd.

Während Orelia sitzenblieb und mit dem Kamm baumelte, holte John den Futon vom Gästebett und legte ihn vor dem Feuer auf den Boden; er warf Kissen darauf und deckte alles mit großen Handtüchern ab. Er zog seinen Bademantel aus und ließ Orelia sich auf dem Futon austrecken, und gesellte sich sofort dazu, mit der Flasche Olivenöl in der Hand.

Nach kurzer Zeit ölten sie sich gegenseitig ein, wie Kinder, die jemand mit Fingerfarben alleingelassen hat. Orelia ölte besonders Johns Knie und Ellbogen ein, und als er das auch tat, fühlte sie, wie Raymonds Verrat aus ihrem Herzen verschwand. John, der vor langer Zeit gelernt hatte, daß wir bei einem anderen die Stelle massieren, die uns selbst besonders weh tut, arbeitete sich an Orelias Knien ab, rieb viel, knabberte an ihr und küsste sie. Sie waren bald ineinander verschlungen, und das Olivenöl verhalf ihnen zu vielen sanften und mühelosen Vereinigungen. Sie lachten bei dem Gedanken daran, wie sie nach Ratatouille und gebratenen Champignons schmeckten, und sie kicherten, weil sie aneinander abglitten und glitschten, wie Kinder im Schlamm. Und viel, viel später schliefen sie glücklich ein, engumschlungen, so ölig und zufrieden wie ein Prolo nur sein konnte. Und sie war von einer kleinen Verletzung in ihrem Leben geheilt, und er auch.

Übersetzt von Monika Trebert und Holger Ehling.
Aus: Miriam De Costa-Willis, Reginald Martin, Roseann P. Bell (Hg.), *Erotique Noire – Black Erotica*. © Doubleday, New York 1992. Deutsche Ausgabe: Marino Verlag, München 1995.

Foto: Klaus Morgenstern

Toni Morrison

Toni Morrison (USA), als Chloe Anthony Wofford 1931 in Lorain (Ohio) geboren, erhielt als erste schwarze Autorin den Nobelpreis für Literatur (1993). Schon diese Auszeichnung weist auf den überragenden Rang hin, den sie in der amerikanischen Gegenwartsliteratur einnimmt. Dabei fing sie erst recht spät an, zu schreiben: 1970 wurde ihr erster Roman veröffentlicht. Nach ihrem Studium an der Elite-Universität Cornell unterrichtete sie an verschiedenen Universitäten und arbeitete, nach ihrer Scheidung, als Lektorin beim Verlag Random House. Seit 1989 ist sie Professorin an der Universität Princeton. In ihren Werken bemüht sich Toni Morrison um eine Analyse der Geschichte der Schwarzen in den USA – die Frage, wie es zu der heutigen, schlimmen Situation kam, in der sich die meisten von ihnen befinden, treibt sie um. Sie wird als „sprachgewaltige Erzählerin, die sich eine ganz eigene Form geschaffen hat", bezeichnet – eine brillante Schriftstellerin, deren Prosa zu dem schönsten gehört, was heute in englischer Sprache geschrieben wird.

Auswahlbibliographie
Sula. Roman. (1974; Rowohlt, 1980).
Solomons Lied. Roman. (1977; Rowohlt, 1979).
Teerbaby. Roman. (1983; Rowohlt, 1983).
Menschenkind. Roman. (1987; Rowohlt, 1989).
Jazz. Roman. (1992; Rowohlt, 1993).
Playing in the Dark: Whiteness and the Literary Imagination. Essays. (Random House, 1992).

Interview

Da die Nobelpreisträgerin des Jahres 1993 es grundsätzlich nicht zuläßt, daß Ausschnitte aus ihren Werken in Anthologien erscheinen, möchten wir diese Autorin mit einem Interview vorstellen, das Holger Ehling mit ihr noch vor der Bekanntgabe des Nobelpreises führte.

Das Nachrichtenmagazin Newsweek hat Sie vor kurzem aufgenommen in die Liste der 100 Amerikaner, die zur Elite gehören. Wenn eine schwarze Schriftstellerin wie Sie heute als Teil der Elite in den USA angesehen wird – heißt das, daß sich die Gesellschaft ein wenig verändert hat?
Toni Morrison: Wahrscheinlich kann ich stolz sein, auf dieser Liste zu stehen – ich würde sie aber nicht allzu ernst nehmen. Ich bin nicht sicher, was Newsweek mit „Elite" meint, oder was dieses Wort in einer angeblich egalitären Gesellschaft überhaupt bedeutet. Wenn es bedeutet, daß ich eine Schriftstellerin bin, deren Bücher viel gelesen werden, daß ich manchmal in der Zeitung erscheine und hier und da zitiert werde, dann stimmt es. Ich hoffe, es heißt, daß Frauen und schwarze Amerikaner als Schriftsteller ernst genommen werden – dann hätte sich wirklich etwas geändert in den USA.

Das würde bedeuten, daß Teile der schwarzen amerikanischen Kultur inzwischen zum Mainstream gehören – um welchen Preis?
Es ist für Künstler durchaus ein Ziel, zum Mainstream zu gehören – vorausgesetzt, man muß deshalb nicht die eigene Identität aufgeben. Ich möchte nicht „ent-afrikanisiert" werden – der Mainstream muß sich verändern, nicht ich.

Und der amerikanische Mainstream hat sich in den vergangenen Jahren verändert; es sind nicht nur ein paar vereinzelte schwarze Schriftsteller und Künstler, die da hinzugekommen sind. Die Veränderungen sind strukturell – der kritische Diskurs insgesamt hat sich verändert durch die herausragenden schwarzen Denker, die sich einen Platz an Universitäten wie Harvard oder Princeton oder Yale erobert haben. Dort können sie sich nicht auf den Rückhalt von schwarzen Studenten verlassen, sondern müssen täglich ihre Ideen in der Auseinandersetzung mit weißen Studenten überprüfen lassen.

Für mich ist aber auch die Begeisterung, mit der sich weiße amerikanische Studenten mit der Geschichte der schwarzen Amerikaner beschäftigen, ein Phänomen. Ich glaube, sie haben begriffen, daß die schwarze Kultur ein integraler Teil der Vereinigten Staaten ist – nicht zweitrangig, keine Randerscheinung. Afro-amerikanische Kultur ist ein Teil dessen, was dieses Land ausmacht.

Dem steht aber eine völlige Vernachlässigung der Belange eines großen Teils der schwarzen Amerikaner gegenüber, des Teils nämlich, der in den Slums der Großstädte jenseits der Armutsgrenze leben muß. Wie kann man als Schriftstellerin damit fertig werden?

Das ist natürlich schwer. „Schwarz" ist in den USA ein Synonym für eine Klasse geworden – es ist leichter, „die Schwarzen" zu sagen, anstatt „die Armen". Die Arbeitslosigkeit bei jungen Schwarzen ist atemberaubend hoch, viele sind bewaffnet und das Leben für sie wird immer gefährlicher. Gleichzeitig sind heute viele Schwarze in einflußreichen Positionen und können Entscheidungen treffen über Dinge, die ihnen immer vorenthalten wurden. Daraus ergibt sich eine neue Klassentrennung innerhalb der schwarzen Gesellschaft, und daran kann man sich nur schwer gewöhnen.

Sie wohnen in der Nähe von New York. Dort ist der Zusammenprall der Kulturen besonders heftig. Was bedeutet für Sie eine Stadt wie New York, die so oft in Ihren Romanen auftaucht?

New York hat große Probleme, und es hat die etwas zweifelhafte Ehre, daß es in den USA in nahezu jeder Beziehung an der Spitze steht. Die Probleme New Yorks sind die Probleme, die wenig später auch alle anderen Städte in Amerika haben. New York ist aber auch in einer anderen Beziehung an der Spitze: es ist eine richtige Stadt. In den USA leben die Armen im Herzen der Städte, und dort wird gespart – an den sozialen Einrichtungen, am Schulsystem. Aber in New York gibt es auch noch echte Nachbarschaft in den Stadtteilen. In Soho gibt es eine große asiatische Bevölkerung, die schon seit Generationen dort ist. Es gibt eine alteingesessene italienische Bevölkerung, eine neue Latino-Bevölkerung, sehr reiche Leute und bedeutende Künstler-Kommunen. Ich muß nur die Straße hinuntergehen und bin mittendrin in dieser unglaublichen Mischung von allen möglichen Menschen. Man kann solche außergewöhnlichen Stadtteile überall finden in New York. Dort gibt es diese Mischung aus Reichen und Armen, Schwarzen, Latinos, Asiaten und Weißen, wie sie andere Städte auch haben sollten. Das ist aufregend – dagegen sind die Stadtteile, in denen die einzelnen Gruppen getrennt leben, steril und langweilig.

Das würde den Mythos von New York als Schmelztiegel bestätigen?
Die Idee des Schmelztiegels hat mich noch nie begeistert, weil sie impliziert, daß es ein Schmelzprodukt gibt, eine Art 'repräsentativen Amerikaner'. Zur Zeit der großen Einwanderungswellen war der Anpassungsdruck in Amerika enorm hoch. Damals ging es zunächst einmal darum, eine amerikanische Identität zu schaffen, eine Bevölkerung, der das Wort 'amerikanisch' wichtiger wurde als die individuelle ethnische Identität. Das eigentliche Problem sind aber heute nicht die kulturellen oder ethnischen Unterschiede, sondern die Hierarchie, in die diese Unterschiede gebracht werden: Wenn wir die Über- und Unterlegenheitsgefühle der einzelnen ethnischen Gruppen gegenüber anderen überwinden wollen, müssen wir uns etwas anderes ausdenken als die Metapher vom großen Topf – wobei mir auch die Ersatzmetaphern, wie 'Regenbogen' oder 'Mosaik', nicht gefallen.

Dies setzt einen Umgang mit Geschichte voraus, der die individuelle Vergangenheit aufarbeiten läßt – dies ist aber nicht unbedingt das amerikanische Prinzip, das eher dazu tendiert, Vergangenes ruhen zu lassen?

Schauen wir in die Geschichte: Ursprünglich sollte durch die Kolonisation in Amerika ein Land für Menschen entstehen, die hier einen Neuanfang wagen wollten – die Wurzel des „American Dream". Die Menschen, die nach Amerika kamen, waren eher die Armen Europas: Soziale Randgruppen, Brüder in zweiter Reihe, die zu Hause nichts erben konnten – es war der Überhang Europas, aus dem sich die ursprüngliche Bevölkerung Amerikas zusammensetzte. Sie wollten neu beginnen, vergessen, welche Unbequemlichkeiten, Armut oder Tod auf sie in Europa warteten. Diese neuen Amerikaner konzentrierten sich nur auf die Gegenwart. Mit der ungeheuren Zahl kostenloser Arbeitskräfte, den schwarzen Sklaven, katapultierte sich das Land in die industrielle Revolution – Amerika mußte sich seinen Reichtum nicht erst langsam erarbeiten. Durch diese Umstände wurde der Umgang, den Amerikaner mit der Vergangenheit pflegen, beeinflußt. Erst seit kurzem – und gegen heftige Widerstände – gibt es Versuche einer kritischen Aufarbeitung, in denen die amerikanische Vergangenheit und die Verbindung zu Europa in ein anderes Licht gerückt werden.

Ich möchte noch über Ihren neuesten Roman, JAZZ, sprechen. Sie erzählen darin eine Liebesgeschichte aus den zwanziger Jahren, aus der Blütezeit der „Jazz-Ära". Welche Bedeutung hat diese Ära für die Identität der Schwarzen in Amerika heute?

Die Jazz-Musik ist so schnell vom Mainstream aufgesogen worden, daß mein Impuls, Jazz zu schreiben eigentlich der war, die Wurzeln des Jazz wiederzuentdecken – die Musik, die ganze Periode. Damals wurde schwarze Kultur über das ganze Land und in die ganze Welt verbreitet – ein besonderer historischer Moment. In dem Buch geht es also um Jazz und die schwarzen Amerikaner in den großen Städten der 20er Jahre. Sie hatten ihre eigenen Banken und

Schulen, sie hatten eine eigene städtische Infrastruktur und eine komplette Kultur entwickeln.

Ich hatte den Eindruck, daß es heute vielen Menschen nicht mehr bewußt ist, daß der Jazz eine echte schwarze Bewegung war – keine Hintergrundmusik zu einer Epoche, sondern eine starke Kraft in der Kultur eines Volkes.

So, wie sie es beschreiben, gibt es Ähnlichkeiten in der ideologischen Struktur der Jazz-Ära und der wichtigsten Entwicklung in der heutigen schwarzen Musik, dem Rap. Sehen Sie solche Ähnlichkeiten?
Beides ist ursprünglich eine jugendliche Musik, beides ist Musik zum Mitmachen. Jazz benötigt keinen Text, er ist dazu gemacht, zu erfinden, zu improvisieren, sich auf der Bühne zu verändern. Jazz besitzt eine starke Sinnlichkeit, Zügellosigkeit, Wut – das gibt es auch im Rap. Ich war sehr überrascht, wie schnell Rap die jungen Leute erfaßt hat – er ist der Schlüssel zum Verständnis der jungen Schwarzen.

Der frühe Rap war der Anfang einer völlig neuen Art von Musik und Texten. Rap ist wirklich die Art, wie schwarze junge Leute miteinander sprechen, vom einen Ende des Landes zum anderen. Jemand in der Bronx mag nicht wissen, wie es in South Side, Chicago, aussieht, oder was es bedeutet, in Milwaukee zu leben, oder in Austin, Texas, oder in Los Angeles. Durch den Rap entsteht Kommunikation – es gibt reale Mitteilungen in der Musik, manches ist verspielt, einiges aggressiv und manches Warnung. Die Informationen sind nicht im Fernsehen zu sehen, nicht in der Zeitung zu lesen, aber die Rapper unterhalten sich auf ihre Weise von einem Stadtteil in Los Angeles zu einem Stadtteil in New York. In vieler Beziehung ist Rap wie ein Untergrund-Kommunikationssystem, mit dem diese bedrohten jungen Menschen – die jungen Schwarzen in den USA sind täglich vom Tode bedroht – sich austauschen. Und so war das ja auch beim Jazz: Er begann als Musik der Hinterhöfe, gelangte in die Clubs und gab schwarzen Musikern die Möglichkeit, eine Existenz in ihrer eigenen Kultur zu finden.

Aus dem Amerikanischen von Katrin Thümer.
© Zebra Pressebüro, 1993.

>>Eine Weltliteratur ohne afrikanische
Literatur ist wie ein Orchester,
dem einige Instrumente fehlen.<<

Doris Lessing

216 Seiten. SP 1654

Überraschend und sinnlich, witzig und anrührend,
aufschlußreich und spannend – so präsentieren sich die
Geschichten dieser ungewöhnlichen Anthologie,
die zeitgenössische Autoren aus Schwarzafrika vorstellt –
viele davon erstmalig auf deutsch.

>>Ein Leckerbissen, der Lust auf mehr macht.<<

Wochenspiegel

PIPER

Terry McMillan
und ihre Bücher bei Rogner & Bernhard:

Ab durch die Mitte

Deutsch von Oliver Huzly
492 Seiten, gebunden, DM 34,00

Die Heldinnen der Terry McMillan sind mit ihrem Kampf-
geist und ihrer unsentimentalen Vitalität eine erfrischende
Ausnahme im traurigen Einerlei sogenannter Frauenliteratur.

Abendzeitung

Mama

Deutsch von Christiane Buchner
308 Seiten, gebunden, DM 29,00

Dieses Buch entwirft nicht nur ein bewegendes Porträt der
Mutter der Autorin – es ist einer ganzen Generation
schwarzer Frauen gewidmet.

Die Woche

Breaking Ice
Eine Anthologie zeitgenössischer
afro-amerikanischer Literatur

Deutsch von Barbara von Bechtolsheim, Christiane Buchner,
Barbara Henninges, Gertraude Krueger, Karen Nölle-Fischer,
Helga Pfetsch, Pociao, Eike Schönfeld und Nani Schumann.
1028 Seiten, gebunden, DM 39,00

Eine gloriose Vielfalt, alles von traditionellen, erstklassigen
Stories über Experimentelles und Science-fiction bis zu
Geschichten über Minderheiten in der Minderheit.

Chicago Tribune

Verlag Rogner & Bernhard

Bücher von Rogner & Bernhard gibt es nur bei Zweitausendeins